초의선사의 다도(茶道) 연구

초의선사의 다도(茶道) 연구

초판 1쇄 발행 2023년 4월 24일

지은이   박동춘
발행인   정지현
편집인   박주혜

대표   남배현
본부장   모지희
편집   손소전 주성원
경영지원 김지현
디자인   정면
출판등록 제2007-000078호 (2007. 04. 27.)

펴낸곳   (주)조계종출판사
주소   서울시 종로구 삼봉로 81 두산위브파빌리온 1308호
전화   02-720-6107
전송   02-733-6708
이메일   jogyebooks@naver.com
구입문의 불교전문서점 향전(www.jbbook.co.kr) 02-2031-2070

© 박동춘 , 2023
ISBN 979-11-5580-172-7 93220

초의선사의
다도 茶道 연구

박동춘 지음

조계종
출판사

초의차,
그 오묘함의 근원을 찾아서

  초의선사는 조선 후기 대흥사 승려이다. 사원으로 전해온 차를 연구하고 발전시켜 초의차[草衣茶]를 완성한 초의는 한양 근교의 사대부와 교유하면서 음다(飮茶)의 공덕을 널리 알려 차 문화를 중흥시키는 데 큰 역할을 하였다. 대둔사(현재의 두륜산 대흥사)에 주석하던 초의가 1815년에 상경하여 이들에게 차를 선물했고, 1830년에 다시 상경했을 때는 당시 영향력 있는 사대부들과 교유를 넓히면서 초의차를 선보이며 차에 대한 그들의 인식을 바꾸었다. 특히 초의가 교유했던 경화사족(京華士族)은 대부분 북학에 관심을 가졌는데, 초의차를 경험하면서 우리 차의 우수성을 알게 되었고 담백한 차의 품성이 자신들이 지향하는 이상세계와 상통한다고 생각하여 차를 애호하게 되었다. 차를 즐기는 사대부가 증가하면서 점차 부를 축적한 중인층까지 차 문화가 확산하였다.

조선 후기, 자칫 사라질 위기에 놓여 있던 우리 차 문화는 초의차로 인해 부활했다. 그렇다면 초의는 어떻게 차 이론을 체화하고 제다의 오묘한 원리를 터득하여 최고 품질의 초의차를 완성했던 것일까. 또 초의차를 경험한 이들은 초의차에서 어떤 가치를 발견하고 매료되었던 것일까. 이 두 가지 의문은 조선 후기 차 문화의 흐름을 이해하는 데 중요한 단서가 된다. 이 단서들을 좇아가다 보면 좋은 차를 만들고자 했던 초의의 열정과, 초의가 완성한 초의차가 얼마나 높은 수준의 명차인지에 대해서도 밝혀낼 수 있을 것이다.

필자가 초의차에 대해 관심을 가지게 된 인연은 1979년 여름, 응송 노스님과의 만남에서 비롯되었다. 노스님의 차 연구서인 『동다정통고(東茶正統考)』를 간행하면서 차에 대한 이해가 깊어졌고, 1985년 노스님께서는 필자에게 『다도전수게(茶道傳授偈)』를 내리시며 다법(茶法)을 전수하였다.

無傳而傳　　전한 것이 없이 전했고
無受而受　　받은 것이 없이 받았다.
無傳故眞傳　전함이 없는 고로 참으로 전했고
無受故眞受　받음이 없는 고로 참으로 받은 것이다.

하지만 필자는 노스님이 전한 전다게의 큰 뜻을 헤아리지 못했다. 노스님이 1990년에 열반하고, 홀로 차를 만들면서 노스님이 전하려 했던 깊은 속내를 조금이나마 헤아리게 되었다.

1980년 봄, 해남 백화사에서 노스님과 함께 만든 첫 차의 맛과 향기를 지금도 잊지 못한다. 초의차를 마신 추사 김정희는 "심폐가 시원하다"라 했다. 백화사에서 느낀 첫 차의 맛과 향기, 그리고 추사가 말한 심폐가 시원해지는 차의 덕성은 좋은 차의 표리(表裏)이다. 이 두 가지가 바로 필자가 만들고자 하는 차의 원리이자 기준이다. 어쩌면 이것이 전함이 없이 참으로 전했던 노스님의 깊은 뜻이 아니었을까.

노스님을 만나고 차를 만났다. 그 숙연의 끈을 놓지 않고, 40여 년간 차를 만들고 차를 연구했다. 지난 2010년 출간한 『초의선사의 차 문화 연구』는 노스님이 전하신 귀중한 문헌을 참고하여 필자가 초의와 초의차에 대한 의문을 풀어낸 성과물이다. 절판된 지 10여 년이 흘렀지만, 차일피일 재간을 미루는 사이에 초의와 추사에 대한 새로운 자료가 발견되고 초의와 교유했던 경화사족에 대한 자료도 새로 발견되어 더 이상 미룰 수 없게 되었다.

이런 연유로 이전의 연구 성과를 대폭 수정하고 보완하여 『초의선사의 다도 연구』를 조계종출판사에서 상재(上梓)하게 되었다. 무엇보다 이 책은 초의가 탁마를 통해 얻어낸 초의차의 원리를 담고자 했다. 초의가 완성한 다도(茶道)의 정도(正道)를 바르게 이해한다면 조선 후기에 중흥한 차 문화의 근원을 밝힐 수 있고, 더 나아가 초의와 교유했던 경화사족들이 차를 매개로 담론했던 진솔한 인간애는 현대를 살아가는 우리에게 따뜻한 위안이 될 수 있다고 생각한다.

마지막으로 이 책을 조계종출판사에서 간행하게 된 것도 불연(佛緣)이라 생각한다. 열악한 출판 환경에도 불구하고 이 책을 출판해 준 출판사의 대표와 편집자 여러분에게 두 손 모아 감사드린다.

2023년 3월

운니동 용슬재에서

차례

Ⅰ. 들어가며

초의선사(草衣禪師, 1786~1866, 이하 초의로 약칭)는 조선 후기 대둔사(현 해남 대흥사) 승려이다. 선(禪)·교(敎)·율(律)에 밝았던 그는 시(詩)·서(書)·화(畵)·풍수에도 높은 안목을 갖추고 있었다. 또한 초의는 대둔사에 면면히 전해오던 사원차를 복원[1]하고 최상품의 초의차[草衣茶][2]를 완성하여, 사라질 위기에 처한 차 문화를 중흥시켰다. 당시 한양과 경기 지역을 중심으로 활동하던 경화사족(京華士族)이 초의차에 관심을 가지면서 쇠락해 가던 차 문화가 중흥할 수 있는 계기를 마련했고, 다른 한편으로는 북학, 실학, 이용후생(利用厚生)에 관심을 두었던 지식인들의 차에 대한 인식 변화도 음다(飮茶)층이 확산하는 연유가 되었다.

초의는 명대(明代)의 다서(茶書)를 섭렵하면서 차에 관한 이론과 제다(製茶)·탕법(湯法)의 원리를 파악하였고, 이를 토대로 정립한 자신의 제다 이론을 초의차로 발전시켰다. 또한 불이선(不二禪)을 바탕으로 한 초의의 선다사상(禪茶思想)은 다삼매(茶三昧), 명선(茗禪), 전다삼매(煎茶三昧) 등으로 나타났다.

우리나라에 차가 소개된 시기는 대략 6세기 말에서 7세기 무렵으로 추정한다. 대개 당(唐)을 왕래한 도당(渡唐) 구법승이나 관비·사비 유학생, 사신, 상인 등을 통해서였고, 특히 구법승은 적극적으로 차를 유입한 계층이라 할 수 있다. 구법승들은 선종 수행과 융합된 음다풍(風)을 신라에 소개하였는데, 10세기 말경에 이르면 외래문화인 차 문화가 고려인의 기호와 풍토를 함의한 우리 차 문화로 발전하였다. 고려 시대는 우리 역사에서 차 문화가 가장 융성했던 시기인데, 왕실 귀족과 승려들이 차를 향유하며 다사(茶事)를 주도하였다. 문예적 안목이 높았던 고려의 음다층은 세련되고 예술적인 차 문화로 발전시켰고, 이와 더불어 고려의 색채를 띤 차와 다구(茶具)가 생산되면서 송(宋)에 비견할 만한 고려의 차 문화가 완성되었다.

고려 말에 이르면 음다 풍속은 화려함과 사치가 극에 달해 검박한 차의 본질을 훼손한 채 외형적인 화려함을 내세우는 차 문화로 변질하였다. 이에 따른 다세(茶稅)의 과중은 민폐를 초래하는 결과를 낳았으며, 조선 건국 이후 차 문화가 더욱 쇠락하는 길로 접어들게 된다. 고려 말 음다의 말기적 현상이 불러온 병폐뿐 아니라, 고려와는 통치 이념이 달랐던 조선의 지배층이 차가 불교문화를 상징한다고 인식하였던 점도 조선시대에 차 문화가 쇠락하는 요인으로 작용했다. 결국 조선 태종 대에는 왕실의 기신 제사에서 차 대신 술을 사용하라는 조칙을 내렸으니, 이는 조선 시대에 위축될 수밖에 없었던 차 문화의 앞날을 예고한 것이라 하겠다.

물론 고려의 음다 유습이 한순간에 사라진 것은 아니다. 조선 전기에는 수행승이나 문인들 사이에서 차를 즐기는 문화가 남아 있었다. 시간이 흐르면서 차를 마시는 사람이 점차 드물어지고, 임진왜란과 병자호란 이후에는 소수의 문인이나 수행승을 제외하고 음다층의 저변을 확산할 만한 여력이 상실되었다. 수요가 줄어들자 차 산지(産地) 주민들은 차에 돌배, 생강, 귤피 등을 첨가하여 감기나 설사를 치료하는 약으로 활용하였다. 이 시기를 차 문화의 암흑기라고 칭하는 연유이다.

그러나 차 문화의 암흑기라 하더라도 사람을 이롭게 하는 차의 덕성마저 소멸된 것은 아니었다. 가려져 있던 차의 진수를 19세기 초 경화사족과 대둔사 승려들이 재발견하고 차 문화가 부흥하는 계기를 마련하였다. 차에 밝은 승려인 초의와 아암(兒庵, 1772~1811), 이들의 제자뿐 아니라 유학자인 다산과 추사, 그리고 이들의 제자를 비롯하여 실학에 관심을 둔 경화사족들이 조선 후기 차 문화의 확산을 이끌었다.

대둔사는 청허(淸虛, 1520~1604) 이후 차를 마시며 수행하는 풍습을 면면히 이어온 사찰로서, 13대 종사와 13대 강사를 배출할 정도로 조선 중·후기 불교계를 이끈 대찰이다. 대둔사의 음다풍에 영향을 받은 초의는 조주(趙州, 778~897)의 끽다거(喫茶去) 선풍을 복원하고자 차에 관한 이론을 정립하여 초의차를 완성하였다. 초의차는 경화사족 등 당시 지식인들에게 우리 차가 중국차보다 우수하다는 인식을 심어주었고, 초의는 이들이 차를 애호하고 음다층이 확산하는 데 주도적 역할을 하였다. 또한 주자학에 편중된 학문 방법에 대한 반성, 자존의식에 대한 다양한 양상이 표출되던 사회 흐름도 음다층의 확대에 영향을 미쳤다고 생각한다.

이와 함께 주목해야 할 인물로 다산 정약용(茶山 丁若鏞, 1762~1836)과 추사 김정희(秋史 金正喜, 1786~1856)가 있다. 정약용은 초의에게 시학이나 유가의 철학적인 식견을 넓혀 주었고, 김정희는 청(淸)의 신문물에 눈을 떴던 인물로서 초의와 교유하였다. 초의가 경화사족과 교유할 수 있었던 데에는 정약용과 김정희, 그리고 정약용의 두 아들 정학연(丁學淵, 1783~1859), 정학유(丁學游, 1786~1855) 형제가 징검다리 역할을 하였다. 또 초의는 김정희와 신위(申緯, 1769~1845)를 통해 청의 문사와도 교유하였다. 따라서 초의가 조선 후기 차 문화 중흥을 이끌었던 배경에는 그가 좋은 차를 만들 전문 지식과 기술력을 갖춘 차의 전문가라는 점과 경화사족들과 교유를 확대하면서 음다층의 저변을 넓힐 수 있었기 때문이라 생각한다.

이 외에도 초의와 교유한 인물로는 홍현주(洪顯周, 1793~1865), 신헌(申櫶, 1810~1884), 박영보(朴永輔, 1808~1872), 김명희(金命喜, 1788~1857), 권돈인(權敦仁, 1783~1859), 황상(黃裳, 1788~1863), 변지화(卞持華, ?~?), 김유근(金逌根, 1785~1840), 이만용(李晩用, 1792~?), 허련(許鍊, 1808~1893), 김각(金玨, ?~?), 유최관(柳最寬, 1788~1843), 김훈(金壎), 박장암(朴長馣, 1790~1851) 등이 있다. 이들은 대부분 정약용, 김정희와 관계가 깊었고, 북학에 관심을 가졌다. 또한 이들은 차를 향유했던 인사라는 점에서 초의가 차 문화를 확산하는 데 영향을 미쳤다. 초의는 이들과 교유하며 변화하는 시대의 조류를 이해하였고, 이들은 초의를 통해 불교와 차를 이해하였다. 초의와 교유했던 인사들은 대부분 친 불교적인 입장을 드러냈다는 점에서, 신분과 종교를 초월한 이문회우(以文會友)를 실천하여 유불(儒佛)교유로 이어지는 특징을 보인다. 초의와 북학파 경화사족의 교유가 확대된 시기는 1830년 이후로 추정되는데, 이 무렵에 경화사족의 초의차에 대한 찬탄(讚嘆)과 걸명시(乞茗詩: 차를 구하는 시문)가 잇달아 등장하기 때문이다.

이처럼 초의와 초의차는 단지 차 문화로만 국한할 수 없는 시대적 위치를 점하고 있다. 이런 점에서 초의차의 연원, 차에 대한 초의의 인식 변화, 그리고 초의의 다도가 완성되어 가는 과정을 살피는 연구가 요구되어 왔다. 이 책은 초의가 제다와 탕법 연구를 통해 다도를 체화했다는 점을 밝히고자 하였다. 이는 불이선 혹은 일미선(一味禪)으로 정의되는 초의의 다도 사상과 연결된다. 때문에 초의의 다풍(茶風)이 범해(梵海)―금명(錦溟)―응송 박영희(應松 朴映熙)로 이어진 배경과 초의의 다도 사상이 제자들에게 미친 영향을 함께 조명하였다. 이와 더불어 초의가 완성한 초의차의 제다법을 탐구하는 과정에서 한국 차의 우수성과 특성을 도출하였고, 경화사족들이 초의차를 애호했던 경향이 실제로 조선 후기 차 문화 중흥의 토대라는 점도 중요하게 다룰 것이다.

이 연구의 기초 문헌 자료는 초의가 찬술한 『동다송(東茶頌)』, 『다신전(茶神傳)』, 『일지암시고(一枝庵詩稿)』이다. 방계 자료로는 박영보의 「남다병서(南茶幷序)」, 신위의 「남다시병서(南茶詩幷序)」, 김정희·변지화·정학연 등 유학자들이 초의에게 보낸 편지와 승려들의 편지 등이 있고, 범해의 『범해선사유고(梵海禪師遺稿)』, 초의와 교유했던 인사들의 문집 등도 연구의 토대가 된 문헌이다. 또한 『일지암서책목록(一枝庵書冊目錄)』은 초의가 차 문화에 미친 영향 및 유불간(儒佛間)의 교유관계를 다각적으로 조명하는 데 참고가 되었다.

이 중에서 초의가 1837년에 편찬한 『동다송』은 초의의 다도관(茶道觀)이 잘 드러난 다서(茶書)이다. 특히 "체(體)와 신(神)을 나누지 말라"고 한 구절은 다삼매(茶三昧) 혹은 일미선(一味禪) 사상을 극명하게 나타내고 있다. 『동다송』은 차에 대한 초의의 견해뿐 아니라 차에 대한 철학적 사유, 우리 차의 우수성을 드러낸 저술이라는 점에서 초의의 학문적 성향과 다도 사상을 이해하는 핵심 자료라 생각한다.

이 외에도 초의는 『다신전』을 편찬하면서 차의 이론 및 제다와 탕법의 원리를 체화하였다. 『다신전』은 청대(淸代)에 편찬된 『만보전서(萬寶全書)』에 수록된 「다록(茶錄)」을 필사한 것으로, 「다록」은 명(明)의 장원(張源)이 저술하였다. 이에 더하여 초의는 육우(陸羽, 733~804)의 『다경(茶經)』을 고찰하여 차 이론을 참구했고, 당(唐)·송대(宋代) 문인의 다시(茶詩)뿐 아니라 선승의 다시를 탐독하였다.

지금까지 초의에 대한 연구는 선리 문제와 시문 및 『동다송』을 분석하여 그의 다도관을 밝힌 연구가 주를 이루었고, 그의 다도 사상을 중정(中正)·불이선(不二禪)·다선일미(茶禪一味)·선다삼매(禪茶三昧)라는 전제하에 개진하는 경향을 보인다.[3] 1976년 발표된 김상현의 논문에서는 초의의 다도관을 다선일미(茶禪一味)라 하여 조주선사의 다선일미 사상이 초의 다도관이나 선사상에 깊이 스며있다고 하면서, 초의의 선사상을 지관겸수(止觀兼修)라 할 수 있다고 했다.[4] 기존 연구자들의 일관된 주장은 중정(中正)을 유학적인 관점에서 파악하여 논의하였으나, 다선일미 혹은 다선일여에 대한 철학적 전거를 제시한 예는 드물다.

그러나 『동다송』에서 언급한 중정(中正)은 사상적인 측면에서 접근된 것이라기보다는, 제다와 탕법의 정수를 드러내기 위한 이론적 의미로 보는 것이 합리적이라 생각한다. 지금까지 나온 초의 다도 사상에 대한 논문은 김상현의 연구 성과에 의존하는 경향이 지배적이기 때문에, 초의의 다도관을 다선일미로 규정짓는 것이 일반적이다.

'차'와 '선'의 경지가 같다는 의미인 '다선일미'는 그 철학적 배경을 규정할 수 있는 전거(典據)를 제시하지 못했고, 사료에서도 '다선일미'

라는 용례(用例)가 어디에서 연유된 것인지도 제시하지 않은 채 초의의 다도관이 '다선일미'로 규정되는 우를 범했다. 그러나 차에 밝았던 김정희는 초의의 호(號)를 명선(茗禪)이라 지어주고[5] 초의차의 경지를 다삼매(茶三昧)로 규정하였으며, 신위 또한 차를 달이는 경지를 전다삼매(煎茶三昧)라 하였다. 그러므로 초의 다도 사상은 전다삼매 및 다삼매·명선 등으로 표현하는 것이 바람직해 보인다. 이는 초의의 지기(知己)인 김정희와 신위가 차에 대한 안목이 높았던 인사라는 점과 이들이 불교에 대한 탁월한 경지를 드러낸 친 불교 인사라는 점 등을 고려해 보면, 이들의 표현은 초의가 이룩한 다도의 경지를 간명하게 드러냈다고 보는 것이 타당하다고 생각한다.

차는 선의 최종 목적지가 아니다. 차는 선 수행의 장애요소인 잠이나 적체된 몸의 피로감을 해소시키는 '정신음료'이다. 그러므로 차와 선이 궁극적으로 도달할 목표점은 근원적으로 다른 개념이라 하겠다. 물론 차를 만들거나 차를 다릴 때 삼매의 집중성이 필요하다. 그러므로 조다삼매(造茶三昧)와 전다삼매는 삼매(三昧)의 경지에서 차를 만들어 차를 다려야 한다는 점에서는 원리에 맞는 것이지만, 엄격하게 구분한다면, 다선일미란 일치될 수 없는 철학 개념인 셈이다.

초의의 다도 사상은 불이선(不二禪)이다. 율(律)과 선(禪)과 교(敎)에 밝았던 수행승인 초의 다도의 사상적 배경은 불교 사상에 토대를 두고 있다. 하지만 그가 젊은 시절에 정약용에게 나아가 시학과 주역을 배웠고, 김정희와 신위, 정학연, 홍현주 등의 경화사족들이나 김각과 같은 산림처사(山林處士)와의 교유를 통해 고증학과 실학에 대해 영향을 받았을 가능성이 높다는 점을 고려해 보면, 초의의 사상적인 요소는 불·유·선의 상호영향을 받았다는 점에서 유기적으로 살펴봐야 한다고 생각한다.

한편 초의와 북학파 경화사족들과의 교유 확대는 차 문화를 중흥시킨 실질적인 배경임에도 불구하고 이에 대한 연구는 미미하다. 이 점에 착안하여 초의와 교유했던 유학자들의 서간문과 『일지암시고』에 표기된 간지를 시기별로 분석하여 이들과의 교유관계를 분석하였다. 이를 통해 이들의 초의차에 대한 애호가 조선 후기 차 문화를 중흥할 수 있었던 토대였다는 점을 밝히고자 하였다.

1   차[茶]란 음료를 총칭하는 용어이며, '몸에 유익한 마실 거리'라는 의미이다. 차의 종류는 크게 가공 차(차나무의 어린싹을 가공한 차)와 대용 차(구기자차, 인삼차, 당귀차, 화차 등)로 나눌 수 있다. 이 중에서 차 문화에서 언급하는 차는 차나무의 어린싹을 가공해 만든 차를 말한다. 禪宗에서는 정신을 맑게 하는 차의 효능을 수행에 적극적으로 응용하였다. 차가 수행과 융합되면서 획기적인 제다법과 탕법이 개량되었고, 정신 음료로 발전하였다. 이후 차는 한국과 중국, 일본의 생활풍속에 많은 영향을 미치며 차 문화가 확산하였다.

2   黃裳,「乞茗詩」,『厄園遺稿』, "酉山은 좋은 차를 草衣茶라 하였다(酉山茶之善者謂之草衣茶).";酉山은 丁若鏞의 장남인 丁學淵이다. 이 구절에서 草衣가 만든 차는 좋은 차이며 당시 사대부들 사이에서 草衣가 만든 차를 초의차라 불렀다는 사실이 확인된다. 草衣의 제자인 梵海도 「草衣茶」라는 시를 남겼는데, 이를 통해 초의차의 製茶法과 藏法이 드러났다.

3   지금까지 草衣에 대한 연구는 禪理 문제, 시문, 茶道 사상을 논의한 논문이 주를 이루어 왔다. 草衣의 茶道에 대한 연구 논문은 다음과 같다. 학위논문으로는 채정복,「草衣의 茶禪修行論」(연세대 석사논문, 1992); 나남미,「朝鮮後期 茶道思想 硏究: 艸衣禪師, 丁若鏞, 金正喜를 中心으로」(중앙대 석사논문, 1997); 신미경,「『東茶頌』고찰」(성신여대 석사논문, 2002); 김영희,「艸衣禪師의 茶道觀 硏究」(동국대 석사논문, 2003); 박동춘,『草衣意恂의 茶道思想 硏究』(성균관대 석사논문, 2004); 심향옥,「草衣의 茶禪修行에 關한 硏究」(원광대 석사논문, 2008); 송해경,「草衣意恂의 茶道觀 연구─『東茶頌』을 중심으로」(원광대 박사논문, 2007) 등이 있고, 일반논문으로는 김상현,「草衣의 茶道觀」,『사학지』10(단국대, 1976); 김명배,「東茶頌과 茶經採要」,『국회도서관보』145(국회도서관, 1980); 이운희,「艸衣禪師의 茶禪觀」,『東國思想』18(동국대 불교대학, 1985); 김명배,「草衣의 茶道연구」,『한국차학회지』3-2(한국차학회, 1997); 김명배,「『朝鮮의 茶와 禪』의 分析的 硏究」,『한국차학회지』4-2(한국차학회, 1998); 배규범,「불가의 飮茶풍과 草衣 다시의 전개양상」,『한국문화연구』6(경희대 민속학연구소, 2002); 김영두,「草衣意恂의 禪思想과 茶道精神」,『보조사상』26(보조사상연구원, 2006); 채정복,「근현대 한국 차문화를 중흥시킨 草衣와

효당」, 『한국불교학』46(한국불교학회, 2006); 정영희, 「草衣의 禪과 茶의 사상적 연관성 고찰」, 『한국불교학』54(한국불교학회, 2009) 등이 있다.

4 김상현, 「草衣의 茶道觀」, 『사학지』10(단국대, 1976), p.69.

5 黃裳, 「乞茗詩」, 『后園遺稿』(필사본), "茗禪佳號學士贈 秋史贈茗禪之號".

Ⅱ. 초의선사의 생애

1. 삶의 자취

초의선사 영정(김호석 작)

초의는 1786년(병오) 4월 5일 전남 나주군 삼향면 왕산리에서 태어
나, 나주 운흥사 벽봉(碧峰)에게 출가하여 삭발염의하였다. 선교융합(禪敎
融合)의 수행을 실천한 그는 선·교·율에 능통하였고, 틈틈이 범자(梵字)
를 익혔으며,[1] 시(詩)·차[茶]·불화(佛畵)[2] 등에도 일가를 이룬 선백(禪伯)[3]이
었다. 헌종(憲宗)은 초의에게 '대각등계보제존자초의대선사(大覺登階普濟
尊者艸衣大禪師)'라는 시호를 내렸다. 이는 청허(淸虛) 이후 처음 내려진 시
호라는 점에서, 초의의 수행력과 불교계에서의 위상을 짐작할 수 있다.

초의는 선리(禪理)에 깊은 식견을 갖추었으며, 『선문사변만어(禪門四
辨漫語)』를 지어 침체기에 있던 불교계에 새로운 활력을 불어넣었다.
백파(白坡, 1767~1852)가 지은 『선문수경(禪文手鏡)』에서 선리 문제의 오
처(誤處)를 일일이 지적한 『선문사변만어』가 발표되자 백파와 초의의
제자들이 서로의 입장을 옹호하면서 선리 논쟁을 촉발시켰고, 이 논쟁
은 근현대로까지 이어졌다.[4]

또한 초의는 '한국의 다성(茶聖)'[5]이라 칭송을 받았다. 초의는 대둔사
의 선다(禪茶) 정신을 계승하여 차 이론을 정립하고, 초의차를 완성하
였다. 초의와 교유했던 경화사족들은 초의차를 통해 우리 차의 우수성
을 인식하게 되었고, 쇠락해 가던 조선 후기 차 문화는 이들이 차에 관
심을 가짐으로써 중흥의 동력을 마련할 수 있었다.

그뿐 아니라 초의는 차와 시, 불교를 통해 북학파 경화사족은 물론
이고 지방의 유학자들과 교유하면서 새로운 문물과 사조에 눈을 떴다.
김정희와의 교유는 청대의 학예를 대표하는 옹방강(翁方綱, 1733~1818)
과 서적을 주고받는 관계로 이어지고,[6] 도가(道家)의 양생법에 밝았던

대둔사 산내 암자였던 일지암 전경(박동춘 제공). 초의가 1830년 중창한 이래 대광명전이 신축
된 1851년까지 이곳에서 수행했다.

김각(金珏)[7]과 교유하면서 연단술(練丹術)에도 깊은 관심을 두는 계기가
되었던 것으로 여겨진다. 이와 더불어 초의의 장서 목록에 『직지원진
(直指原眞)』 필사본이 있는 것으로 보아 풍수지리에도 깊은 이해가 있었
음을 알 수 있다.[8]

초의의 법명은 의순(意恂)이고 호는 중부(中孚)이다. 이 외에도 자우
(紫芋)·우사(芋社)·해옹(海翁)·해양후학(海陽後學)·해상야질인(海上也耋人)·
해노사(海老師)·초사(艸師)·일지암(一枝庵)[9]·명선(茗禪) 등의 별호(別號)를
사용하였다. 이 중에서 '명선'이 초의의 호라는 사실이 박동춘에 의해

처음 알려지게 되었다.[10] 황상이 보낸 「걸명시(乞茗詩)」에 "명선(茗禪)이라는 아름다운 호(號)는 학사(學士)께서 주신 것이다"라 하였고 이 시구의 하단에 "추사가 명선(茗禪)이라는 호(號)를 주었다"라고 부기되어 있으므로,[11] 학사와 김정희는 동일인이며 그가 초의에게 호를 명선이라고 지어주었다는 것을 확증할 수 있다. 가장 많이 알려진 초의라는 호는 대흥사의 완호 윤우(玩虎倫瑀, 1758~1826)에게 비구계를 수지할 때 받은 법호이다.

초의는 일지암과 용마굴, 쾌년각(快年閣) 등의 암자를 지어 수행하였고, 마지막에 거처하다 열반한 곳은 쾌년각이다. 쾌년각은 1851년에 상량한 대광명전의 부속 별채로 짐작되는데, 초의가 대광명전 상량 이후 일지암을 떠나 쾌년각으로 주처를 옮겼다고 추정해 볼 수 있다.[12]

초의는 세수 81세, 법랍 66세로 열반하였다. 그런데 초의의 열반일에는 두 가지 설이 있다. 이희풍은 「초의대사탑명」에서 초의가 1866년 8월 2일에 열반했다고 기록하였다. 반면에 범해는 『동사열전(東師列傳)』에서 1866년 7월 2일에 초의가 열반했다고 밝혔고, 그의 『범해시초(梵海詩草)』에도 7월 2일로 수록하였다. 뿐만 아니라 「다비계안(茶毗契案)」에 1866년(병인) 7월 2일이라고 기록되어 있으므로, 초의의 열반일은 1866년 7월 2일이라 생각한다.

초의의 행적을 추정할 수 있는 자료로는 「초의대사탑명」, 『동사열전』, 「다비계안」 외에도 신헌의 「초의대종사탑비명」, 홍석주의 「초의시집서」, 신위의 「초의시집제」, 윤치영(尹致英, 1803~1857)의 「초의시고발」, 신헌구(1810~1884)의 「초의시집서」, 허련의 『몽연록』, 박한영(朴漢

해남 대흥사 부도전의 초의선사 부도탑(박동춘 제공).

永, 1870~1948)의 「초의비명」, 이능화(李能和, 1869~1945)의 『조선불교통
사』 등이 있다.

아울러 초의가 찬한 『일지암시고』는 시를 지은 시점(時點)과 장소,
당시의 상황들이 비교적 상세히 기록되어 있으므로 이를 근거로 시기
별 초의의 활동 상황 및 교유 인사들과의 관계를 소상하게 밝힐 수 있
는 자료이다. 이 밖에도 그와 교유했던 사대부들이 남긴 시문과 편지
등도 초의의 생애를 밝히는데 중요한 자료가 된다.

1) 출가

초의는 1786년 전남 나주시 삼향면[13]에서 태어났다. 본관은 흥성 장씨(興城張氏)로 주부공파의 18대손이다. 속명은 우순(宇恂)이고, 아버지의 이름은 주팔(籌八)이다. 그의 속가 가계는 19세에서 손이 끊어졌기 때문에, 아우인 우열(宇烈)의 아들 선규(善奎)가 대를 이었다.[14] 범해의 『동사열전』에 "어머니 꿈에 여섯 개의 별이 품으로 들어왔다. 이어 임신이 되었다"[15]라고 하였다.

그의 유년기는 "5세 때, 급류에 휩쓸려 떠내려가는 것을 구해준 사람이 있었다"[16]라고 한 사실과 "그의 선친이 옛날 살던 산 오른쪽에 새로 집을 마련했다"[17]라는 기록에서 편린을 살펴볼 수 있다. 태어나 출가하기 전까지 초의는 삼향의 새 터[新基]에서 살았던 것으로 짐작된다. 15세에 남평에 있는 운흥사의 벽봉(碧峰, ?~?)에게 출가하였는데,[18] "늙은 무당이 나의 부모를 그릇되게 하여 머리털을 자르고 승려가 되었다"[19]는 기록으로 보아 초의의 명이 짧다는 무당의 말을 듣고 수명 연장을 위해 출가한 것이 아닌가 생각한다.

초의는 월출산에 올랐다가 해가 지고 달이 뜨는 광명을 보고 마음이 모두 열리는 경지를 경험했다.[20] 이에 대해 신헌은 「초의대종사탑비명」에서 다음과 같이 언급하였다.

> 스무 살 때쯤에 월출산을 지나다가 산세의 빼어남에 이끌려 자신도 모르게 따라가 홀로 산정에 올랐다. 멀리 바다에서 만월이

뜨는 것을 보고 황홀하여 마치 종고(宗杲)의 훈풍을 만나 마음에 막힘이 없어진 것 같았다. 이후로 대하는 것마다 거슬림이 없었으니 아마도 그것은 전생의 인연이 있어서 그런 것이리라.[21]

　초의가 월출산 산정에 올라 바다에서 떠오르는 만월을 본 후 마음에 한 점의 걸림이 없었던 것은 대혜 종고(大慧宗杲, 1089~1163)의 훈풍을 입었기 때문이며, 그의 개오(開悟)의 경지는 전생의 인연이 있었기에 가능했다는 것이다. 그렇다면 초의가 월출산에서 큰 깨달음을 경험한 정확한 시기는 언제쯤일까. 신헌이 지은 「보제존자초의대종사의순탑비명병서」에 "속가의 어버이를 뵈러 고향에 가다가 월출산을 지나게 되었는데, 혼자 산마루에 올라 달을 구경하며 노닐다"[22]라는 서술이 있다. 또 1807년(정묘)에 쌍봉사에서 지은 「8월 15일 새벽에 앉아서[八月十五日曉坐]」와 1809년(기사)에 대둔사에서 지은 「봉정탁옹선생」을 참고한다면, 초의가 운흥사를 떠난 시기는 대략 1807년(정묘) 8월 15일 이후부터 1808년 사이일 것으로 추정된다.
　운흥사에서 출가한 초의가 1807년 즈음에 쌍봉사에도 머물렀으므로, 운흥사에서 5~6년 정도 머물다가 쌍봉사를 거쳐 1809년에 대둔사로 수행처를 옮긴 것이 아닌가 생각한다. 초의는 출가 후 제방의 선지식들을 두루 찾아 참구하여[23] 견문을 넓히고 삼장(三藏)에도 능통했는데,[24] 그가 대둔사로 주석처를 옮기게 된 것은 1802년경 운흥사 관음암에서 겨울 한 철을 수행하던 완호를 만난 인연에서 비롯된 것이다.[25]
　이후 초의는 선교융합을 중시하여 교학과 참선을 깊이 참구(參究)함으로써 선의 생활화라는 새롭고도 적극적인 선풍을 드러내었고,[26] 사대부나 도가의 호흡법에 일견을 이룬 사람과도 격의 없이 교유하여 그의 수행 토대를 확장하였다. 이러한 초의의 수행 풍토는 청허 휴정(淸虛休靜, 1520~1604)으로부터 월저 도안(月渚道安, 1638~1715), 환성 지안(喚惺志安, 1664~1729), 연담 유일(蓮潭有一, 1720~1799)과 완호 윤우(1758~1826) 등으로 이어진 대둔사의 선풍에서 영향을 받은 것이라 할 수 있다.

대둔사는 호남의 대표적인 사찰로, 교학 강의와 수선(修禪)을 겸한 선교겸학의 체계를 바탕으로 선주교종(禪主敎從)의 승풍을 이은 대찰이다. 따라서 초의는 휴정의 선교일치를 따르는 한편, 이를 조사선과 여래선으로 연결지으면서도 거기에는 우열이 없다는 독자적인 견해를 보였다.[27] 초의의 선관(禪觀)은 견심즉불(見心則佛)이고, 그의 수행관은 일미선을 통한 평등의 실현이라고 할 수 있다. 이는 「상일미선생서(上一味先生書)」에서 확인할 수 있다.

> 총(摠)은 부처가 이룬 한마음[一心]이며, 별(別)은 부처가 사안에 따라 베푸는 방편이다. 총이 별을 떠날 수 없으니 (이것은) 바로 한 마음이 드러난 것이 곧 법이요, 별은 총을 떠나지 않으니 만법이 모두 일심인 것을 알아야 한다. 법은 마음을 떠나서는 법이 될 수 없고 마음은 법을 떠날 수 없는데, 다만 어리석음이 스스로 (총과 별로) 나눈 것일 뿐이다.[28]

이 글에서 초의는 "총별이 원래 일심이고 법이니 서로 나눌 수 없는 것이고, 분별심은 어리석음에서 일어난다"고 하였고, 대장경에서 제시한 가르침이나 조사서래(祖師西來)는 "다만 사람들이 이 마음을 깨치게 함이니 이 마음을 한번 깨달으면 자연히 차별명상(差別名相)의 장애가 없어진다"[29]고 부연하면서 자신의 입장을 분명히 하였다. 이어서 초의는 "선종(禪宗)의 문하에서는 무수(無修)로서 증(證)하고 증을 끊어서 증한다. 그러나 무수이기 때문에 직견자심(直見自心)하며, 증을 끊는 고로 견심즉불(見心卽佛)한다"[30]라고 하였다. 이처럼 초의의 수행관은 '직견자심'으로 '견심즉불'하는 선종의 입장을 견지하고 있으며, 이 입장은 초의의 다도 사상에서도 일관되게 드러난다.

또한 초의는 금계 원우(錦溪元宇, 1770~1854)의 율맥을 계승하였다. 그가 지은 「대승비니계안서(大乘毘尼戒案序)」에서 초의는 계율의 중요성을 다음과 같이 강조하였다.

> 유가는 예로써 인의를 세우니 이것이 없으면 무너지고, 불가는 계율로 정혜를 지키니 이것을 버리면 상한다. 따라서 인의에서 예를 여읜 자는 함께 유학을 말할 수 없고, 정혜에서 계율을 지키지 않으면 그와 함께 깨달음을 말할 수가 없다. 이러한 이치를 알고 행하는 사람은 잠시라도 계율을 여읠 수 없다.[31]

초의가 계를 내리면서 강조한 것은 "불가(佛家)는 계율로서 정혜를 지킨다"는 것이다. 그러므로 계율을 여읜 사람과는 더불어 깨침에 대해 말할 수 없다고 단언하는 것이다. 이는 초의가 계율의 중요성을 얼마나 강조하였는지 잘 드러낸 문구이다. 나아가 초의는 "계율의 종류도 거사계, 사미계, 비구계, 보살계가 있다. 이것을 합하여 말하면 삼학의 강령이 되고, 이 강령을 나누어 말하면 대·소의 이승(二乘)이다"[32]라고 계율에 대한 자신의 입장을 분명하게 밝히고 있다.

2) 사승 관계

초의의 사승(師承) 관계를 살펴볼 수 있는 문헌으로는 『동사열전』과 『일지암문집』·『불조직전종파(佛祖直傳宗派)』 등이 있다. 이들 문헌에서 확인할 수 있는 초의의 법맥은 부용 영관(芙蓉靈觀, 1485~1574) → 청허 → 편양 → 풍담 → 월담 설제(月潭雪霽, 1632~1704) → 환성 → 호암 체정(虎岩體淨, 1687~1748) → 연담 → 백련 도연(白蓮禱演, 1737~1807) → 완호 → 초의이다.

초의의 은제자(恩弟子)로는 내일(乃一)이 있고, 법제자로는 서암 선기(恕庵善機, 1817~1876)와 월여 범인(月如梵寅, 1824~1894)이 있다. 서암의 법계는 쌍수(雙修)와 상운(祥雲, 1827~1894)으로 이어졌고, 월여의 법계는 야은(冶隱)으로 전해졌다. 이 외에도 초의에게 대승계를 받은 제자로서 상훈(尙薰, 1801~1885),[33] 자흔(自欣, 1804~1875), 보제(普濟, 1828~1875), 수홍(秀洪, ?~?), 무위(無爲, 1816~1886) 등 20여 명이 「다비계안」에 기록되어 있다.[34] 이들 가운데 상훈은 원래 완호의 제자인 환

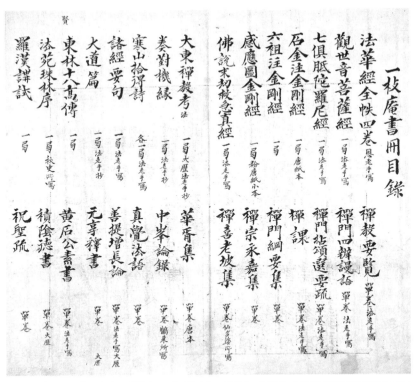

일지암서책 목록(국립광주박물관 소장, 박동춘 기증본). 초의가 소장한 물품 목록으로 그의 법제자 서암이 진불암에서 썼다.

봉의 제자이지만, 초의에게 대승계를 받았다. 당시 호의(縞衣)와 하의 (荷衣), 초의(草衣) 등 삼의(三衣)는 서로 그들의 제자들에게 계를 주고받는 경우가 많았던 것이다.[35] 또 범해 각안(梵海覺岸, 1820~1896)은 호의 시오(縞衣始悟)의 법제자이지만, 초의에게 대승계를 받았기 때문에[36] 초의의 제자 문질에 포함된다.

초의의 유품 목록인 『일지암서책목록』을 통해서도 초의의 사승 관계를 확인할 수 있다. 이 목록에 의하면, 초의가 남긴 가사와 생활용품 중 일부가 은제자인 내일과 법제자인 월여에게 증여되었다. 초의의 유품 중 가사는 총 여섯 벌[領][37]인데 월여에게 두 벌, 내일에게 한 벌이 전해졌고, 세 벌은 진불암에 보관되었다. 초의가 남긴 생활용품은 대왈(大曰), 대접(大接), 접시(接是), 초왈(艸曰), 종자(宗子), 시자(匙子), 전폐궤(前閉樻), 저미대궤(貯米大樻), 주상(舟床), 소반(小盤), 필상(筆床), 병풍(屛風), 장옹(醬瓮), 죽롱(竹籠), 상자(箱子), 옥연갑(玉研匣), 가사(袈裟) 등 총 36종이 「산업물종기」에 기록되어 있다. 이 중에서 내일에게는 총 15종이 증여되었는데, 세부적으로는 대왈 중 유구개 1립[38]과 놋쇠로 만든 대접 1립, 주상 2개[座],[39] 필상 1개, 옥연갑 1개 등이다. 월여에게는 총 6종이 증여되었고, 세부적으로는 대왈 7립 중 유구개 1립과 대접 1립, 접시 3립, 죽왈 1립, 종자 1립, 시자 1립, 전폐궤 1개, 저기궤 1개, 저미대궤 1개,[40] 소반 1개(육방반), 필상 1개, 병풍 1벌(육바라밀 6폭), 장옹 1개, 죽롱 1개, 상자 1개 등이다. 이와는 별도로 월여가 당연갑 1개를 마음대로 가져갔다는 사실도 자세히 기록해 두었다.

특히 이 유품 목록에는 제위답(祭位畓)에 대한 기록도 있는데, 이 자료는 초의의 경제 규모를 파악할 수 있을 뿐 아니라 초의의 법계 연구에 중요한 단서를 제공한다. 초의가 남긴 토지는 서암과 월여, 내일에게 증여되었으므로, 이로써 초의의 직전 제자는 은제자인 내일, 법제자인 월여·서암이었음이 밝혀진 것이다.

이 밖에도 초의의 제자 중에서 상훈과 자흔은 차를 잘 만들었다고 알려졌다. 이러한 사실은 "자흔과 상훈이 각각 멀리서 보낸 것이 있는

데, 그 뜻이 정말로 후하다. 나를 대신해 감사하다고 해주시구려"[41]라
든가, "자흔, 상훈이 있는 곳도 일일이 색출하여 아울러 빨리 보내주
오"[42]라고 한 김정희의 편지에서 드러난다. 이를 통해 초의의 제자 중
에는 제다에 출중한 안목을 가진 인물이 있었고, 이들이 만든 차품도
우수하다는 평가를 받았다는 것을 알 수 있다. 따라서 초의의 차에 대
한 관심과 연구는 대둔사 산내 암자에서 차를 만드는 풍토가 이어지
는데 영향을 주었을 것이라 생각한다.

3) 서상수계

조선 후기는 계학(戒學)의 명맥이 끊기는 상태에 놓여 있었는데, 영
암 도갑사 승려 대은이 서상수계(瑞祥受戒)로 계맥을 중흥하였다. 대은
은 스승인 금담과 함께 1826년 7월 15일 해제 후, 하동 칠불암 아자
방에서 서상수계를 서원하였고, 이로 말미암아 대은―금담으로 계학
이 이어지게 된다.[43] 이들에 의해 서상수계가 이어진 연유는 「경상도
가야산해인사금강계단호계첩문」에서 확인할 수 있다.

> 조선조에 접어들어서는 영암 도갑사의 대은 화상이 그의 스승
> 금담 장로와 더불어 계학이 끊기는 상태에 놓여 있는 실정을 개
> 탄하고, 1826년(순조 26) 7월 15일 해제 후, 하동 칠불암 아자방
> 에서 서상수계를 서원하고 7일간의 기도를 봉행하던 중 7일 만

에 한줄기 상서로운 빛이 대은의 정수리에 내리쬠으로 스승인 금담이 이르기를 "나는 오직 법을 위함이요 사자(師資)의 서열에는 구애받지 않는다"면서 "곧 상좌인 대은을 전계사로 하여 보살계와 비구계를 받았다"라고 하였다. 이와 같이 대은 스님과 금담 스님은 서로 상좌와 스승이었고 나이도 스승인 금담이 16세나 많았지만, 서상수계로 인하여 스승과 제자가 바뀌게 되었다. 이러한 계맥은 대은이 금담에 수계를 주고, 금담이 초의에, 초의는 범해에 전하고, 범해가 선곡(禪谷)에, 선곡이 용성(龍城, 1864~1940)에게 주어 대대로 이어지게 하였다.[44]

위 「호계첩문」에서 드러난 것처럼, 원래 금담은 대은의 스승이었다. 하지만 금담은 오직 법을 위해서 과감하게 사자의 서열을 무시하고 제자인 대은에게 보살계와 비구계를 받았다. 이것은 환성(喚醒) 이후 사라진 율맥을 중흥시키기 위한 금담의 결단이었다.[45] 금담이 대은에게 보살계와 비구계를 받았던 연유는 "서상수계를 서원하고 7일간의 기도를 봉행하던 중 한 줄기 상서로운 빛이 대은의 정수리에 내리쬐였기" 때문이다. 이는 담무참(曇無讖)이 불상 앞에서 계를 설해 주기 이전에 도진(道進)이 이미 계를 수지한 상태, 즉 호상(好相)을 통해 자서수계(自誓受戒)를 증명하였다고 한 『고승전』의 내용과 상통하는 것이라고 생각된다.

『범망경』의 자서수계도 호상에 의한 증명을 필요로 한다. 동아시아 불교의 계율 전승은 『범망경』에서 말하는 호상을 자서수계의 증명으로 받아들였고, 이렇게 수지한 자서수계를 증명하기 위해 더욱 정진하고 계속 참회하게 된 것에서 자서수계를 서상수계라고 부른다.

한국불교의 서상수계에 관한 내용은 인환의 「신라불교 계율사상연구」와 원영의 「삼취정계의 형성과 자서수계」, 그리고 지관의 『한국불교 계율전통』을 통해 확인된다. 인환의 논고에 의하면 한국불교의 자서수계 전통은 진표율사에 의해 확산하였다[46]고 한다. 진표율사는 참회를 통해 지장보살에게 직접 수계를 받는 서상수계를 경험하고 자신의 종교체험에 대한 신념을 근거로 참회에 따른 서상수계를 확산시켰다.[47] 원영의 논고에 의하면 진표율사의 계율은 보살계를 중심으로 이루어지므로 보살계는 출가와 재가를 막론하고 수지한 것이 된다. 그렇지만 중국불교와 한국불교에서는 율맥을 잇는 승단이 엄연히 존재한다고 주장하였고, 남산(南山, 596~667)에 의해 완성된 사분율종(四分律宗)이 한국불교 전통에 면면히 이어져 오고 있다고 하였다. 따라서 금담이 사질(師質)을 무시하고 대은을 전계사로 삼아 율맥을 이어 자서수계의 전통을 이은 것이라고 할 수 있다.

금담의 서원은 조선 후기 미약해진 율맥을 중흥하기 위한 것으로, 대은은 금담에게 수계를 주었고, 금담은 초의에 수계하였다. 초의가 금담에게 수계를 받았던 사실은 범해의 『동사열전』에 "금담 조사에게 수선(受禪)하였다"[48]라는 것을 통해서도 확인된다. 이후 초의의 율맥은 범해에게 수계되었고, 범해의 율맥은 선곡(禪谷)으로 이어졌으며, 선곡은 용성에게[49] 전했다.[50]

2. 저술

    초의가 남긴 저술은 선리 문제를 다룬 선론(禪論), 차의 이론을 정립한 다서(茶書), 그리고 시문(詩文) 등으로 나눌 수 있다. 그의 저술은 조선 후기 불교계의 수행 전통과 강학 전통, 정약용과 김정희 등 유학자들과의 학문적 교류 등에서 많은 영향을 받은 것으로 보인다.

    조선 후기 불교계는 청허 이후 간경(看經)과 참선(參禪), 염불(念佛) 등 복합적인 수행 체계를 바탕으로 한 강학(講學) 활동이 활발하였다.[51] 특히 연담과 인악(仁嶽, 1746~1796) 등에 의해 강원의 전통적인 교육 과정인 사집(四集)과 사교(四敎)에 대한 강론을 정리한 사기(私記)가 활발하게 저술되었다. 이러한 대둔사의 전통적인 수행풍토와 사기의 저술은 초의의 저술에도 많은 영향을 주었다고 생각한다.

    불교 외적으로 초의의 학문적 경향에 가장 많은 영향을 준 인물은 정약용과 김정희라고 알려져 있다. 초의는 정약용에게서 시학과 주역, 유가 사상, 역사관 등을 사사하였다. 이러한 사실은 정약용이 『대둔사지』를 편찬하면서 아암(兒巖, 1772~1811)과 철선(鐵船), 완호와 초의, 호의를 사지(寺志) 편찬[52]에 참여시켰고, 종래의 사지에 비해 뚜렷한 비판 의식을 반영한 『대둔사지』의 편찬 과정에서 정약용의 역사관이 초의를 비롯한 대둔사 승려들에게 영향을 미쳤다는 점에서 확인된다. 초의의 객관적인 역사 인식과 고증을 통한 사료의 분석은 정약용에게 영향을 받은 것이고, 김정희의 고증학도 초의에게 영향을 주었을 것이라 여겨진다.

『대둔사지』의 편찬 과정에 관하여 유추할 수 있는 사료가 근래에 발견되었는데, 바로 『매옥서궤(梅屋書匭)』[53]이다. 1813~1819년경에 정약용이 쓴 서찰 13통과 정학연이 쓴 편지 2통을 묶어 엮은 『매옥서궤』는 당시 대둔사 승려들과 정약용의 교유를 밝힐 수 있는 자료라는 점에서 높은 가치를 지닌다. 특히 이 사료에는 1813년경에 정약용이 『대둔사지』를 편찬하는 데 참고할 만한 사료를 요구하는 서간문[54]이 들어 있다. 이 서간문의 수신자는 호의로 추정되는데, 정약용은 편지에서 『대둔사지』 편찬에 필요한 사료가 불충분하니 더 신빙성 있는 사료를 요구하면서 만력(萬曆, 1573~1620) 이전의 사적에 대한 불신을 드러내었다.

이 외에도 정약용은 『죽미기(竹迷記)』를 비롯한 옛 기록이 근거가 부실하여 자료로서의 가치가 부족하다고 평가했고,[55] 『전등록』을 전거로 삼으려 했다. 『대둔사지』를 편찬하면서 사료의 전거를 매우 강조했던 정약용의 태도는 완호에게 보낸 편지에서도 드러난다.

> 보내온 문적은 비록 소가 땀을 흘릴 만큼 많아도, 모두 거짓말이어서 하나도 근거로 삼을만한 것이 없소. 만력 이전의 사적은 온통 하나도 믿을 글이 없기가 이와 같으니, 무엇으로 사지를 만들

수 있겠소이까? 옛 탑 중에 이름도 없고 주인도 없는 것 한두 곳을 열어 찾아보아 하나의 문적이라도 얻은 뒤라야 비로소 작업에 착수할 수 있겠소. 만약 이 일을 어렵게 여긴다면 사지는 쓸 수가 없소. 또 북암과 상원, 진불암과 도선암 등 네 암자의 판기(板記)도 함께 하나하나 베껴오는 것이 좋겠소. 북암의 탑 속에는 혹 문적이 있었습니까? 만덕사에는 『전등록』이 없으니, 이 또한 어쩔 수 없이 전질을 살펴보아야겠소. 며칠 내로 보내주시오. 홍공은 16일에 와서 보고 바로 돌아갔소. 의순도 19일에 잇달아 오면 좋겠소. 이만 줄이오. 8월 12일.[56]

이 편지에 따르면, 정약용은 대둔사에서 보낸 자료가 신빙성이 부족하므로 자료적인 가치가 있는 것을 추가로 수집하지 못한다면 『대둔사지』를 편찬할 수 없다고 하였다. 그러면서 전거가 될 만한 상원·북암·진불암·도선암의 판기를 일일이 베껴오라고 하였고, 탑 속에 들어 있는 복장 유물을 꺼내서라도 신빙성 있는 자료를 확보하라고 요청하였다. 이를 통해 정약용이 『대둔사지』의 편찬 과정에서 철저한 고증이나 사료의 검증이 우선되어야 한다는 점을 강조했던 사실이 드러난다.

이와 함께 정약용은 『대둔사지』 편찬에 초의가 참여하기를 바라는 뜻을 드러내고, 초의가 사지 편찬에 관여하도록 하였다. 초의는 편찬 작업에 참여하면서 사료를 고증하고 편찬할 수 있는 안목을 길렀을 것이다. 초의가 후일 『진묵조사유적고(震黙祖師遺蹟攷)』를 편찬하면서 자료를 수습하는 과정에서 보인 태도는 『대둔사지』를 편찬하는 과정에서 담론된 것이라 생각한다.

초의는 조사선을 근간으로 하고 청허가 주창한 선교일치의 수행 입장을 견지하는 선리를 내세우며 『선문사변만어』를 저술하였다. 초의의 선리를 드러낸 『선문사변만어』는 치밀한 고증을 통해 이종선(二種禪)의 이론적 바탕을 구축하였는데, 이러한 고증 태도는 정약용과 김정희에게 영향을 받은 고증학의 학문적 방법론에 입각한 것으로 보인다.

초의는 백파가 『선문수경』에서 주장한 삼종선(三種禪)을 반박하고, 이종선을 주장하는 『선문사변만어』를 저술하여 이종선과 삼종선 논쟁을 촉발시켰다. 이는 조선 후기에 벌어진 전통적인 사상과 새로운 사상의 대립이라는 점에서 근현대까지 영향을 미치게 된다.

이와 더불어 초의의 선리 체계를 이해할 수 있는 저술로는 『초의선과(草衣禪課)』가 있다. 『초의선과』는 『선문염송』에서 내용을 가려 뽑은 찬술서이다.

초의가 제다법 및 탕법의 이론적 토대를 기술한 『동다송』 역시 초의의 저술 태도를 확인할 수 있는 저술이다. 초의는 『동다송』을 저술하면서 차의 역사를 기술하기 위해 다양한 문헌을 고증하고, 실증을 통해 체득된 차의 보편적 가치를 드러내는 저술 태도를 견지하였다. 또한 객관적 입장에서 우리 차에 대한 견해를 밝히면서도 우리 차의 우수성을 강조하였다.

현존하지는 않지만 『다보서기(茶譜序紀)』도 초의의 차에 대한 인식을 살펴볼 수 있는 저술이다. 『일지암서책목록』을 통해 이 저술의 존재가 확인되지만, 아쉽게도 서명(書名)만 남아 있고 그 문헌이 전해지지 않아 규모를 파악하기는 어렵다. 다만 『다보서기』의 대략적인 내용이나 목차의 규모는 오대 촉나라의 모문석이 저술한 『다보(茶譜)』와 청대에 저술된 『다보』를 통해 어느 정도 파악할 수 있다. 후일 『다보서기』가 발견되어 내용과 규모를 확인할 수 있게 되기를 기대해 본다.

이 외에도 초의의 저술에는 시문을 엮은 『일지암시고』·『초의시고』 및 『일지암문집』 등이 있다. 초의가 당시 사대부들에게 특출한 문재(文才)가 있다는 평가를 받았음을 『일지암시고』의 서문을 통해 확인할 수 있다.

〈목록1〉 草衣의 저술 목록

책 명	특 징
『禪門四辨漫語』	白坡의 『禪文手鏡』에 드러난 誤處를 반박한 禪理 論書. 1913년 印刊. 목판본. 1책. (韓國佛敎全書 10冊에 수록)
『草衣禪課』	1책. 한적본. 『禪門拈頌選』에서 要疏한 禪論書. (龍雲 編 『草衣禪師全集』에 『禪門拈頌選要疏』로 제명된 친필본 수록)
『一枝庵詩稿』	草衣의 선시집. 1975년 보련각에서 影印(草衣 친필본). 1책. (韓國佛敎全書 10冊에 수록)
『一枝庵文集』 상·하	1890년 印刊. 목판본. 乾·坤 2책. (韓國佛敎全書 10冊과 龍雲 編 『草衣禪師全集』에 수록)
『艸衣詩稿』	1906년 祥雲이 印刊. 목판본. 2권 2책. (韓國佛敎全書 10冊과 龍雲 編 『草衣禪師全集』에 수록)
『震祖師遺蹟攷』	1847년 草衣가 진묵조사의 행적을 집필. 2권 1책. (韓國佛敎全書 10冊과 龍雲 編 『草衣禪師全集』에 수록)
『東茶頌』	차에 대한 장편 시. 필사본. 1책. (韓國佛敎全書 10冊과 龍雲 編 『草衣禪師全集』에 수록)
『茶譜序紀』	『一枝庵書冊目錄』에 수록된 다서. (서명만 전함)

1) 선리(禪理)

① 『선문사변만어』

초의의 선관(禪觀)이 드러난 대표적인 저술인 『선문사변만어(禪門四辨漫語)』는 선리 논쟁을 촉발시킨 논서이다. 조선 후기 불교계에서 전통적 사상과 새로운 사상이 대립한 이종선과 삼종선 논쟁은 김정희[57]와 신헌[58]까지 가담하였고, 근현대에까지 논쟁이 이어지고 있다.[59]

백파[60]가 『선문수경』에서 설파한 삼종선을 초의가 『선문사변만어』를 지어 이종선으로 반박하자, 백파의 제자인 우담(優曇, 1822~1881) 역시 『선문증정록(禪門證正錄)』을 지어 백파의 선 논지와는 다른 견해를 피력하였다. 이에 백파의 법손인 설두(雪竇, 1824~1889)가 『선원소류(禪源遡流)』를 지어 백파의 입장을 옹호하면서 논쟁이 더욱 가열되었다. 법주사의 진하(震河, 1861~1926)는 백파와 우담의 입장을 비판하는 『선문재정록(禪門再正錄)』을 지어 초의의 입장을 옹호하였다.

현대 불교학계 일부에서는 이 논쟁이 훈고학적인 해석에만 국한하여 선의 이론적 독창성을 찾기 어렵고, 당시 사회적인 현실 상황을 반영한 논쟁이었다고 평가한다.[61] 그렇지만 조선 후기 성리학 일변도의 사회 구조 속에서 사회·정치적 영향력이 위축된 불교계가 선리의 문제를 밖으로 드러내며 논쟁했다는 점에서 역사적 의미를 지닌다고 평가할 수 있다. 더구나 이 논쟁에는 김정희나 신헌처럼 초의와 밀접한 관계를 맺었던 유학자까지 참여하였다. 당시 불교를 배척하는 분위기가 팽배한 상황에서 소수이긴 하지만 유학자들이 불교 선리에 관심을 가졌고, 선리에 대한 이해의 깊이도 상당했다는 점을 확인할 수 있는 중요한 사건이었다.

앞서 언급했듯이 초의는 백파의 선리에 대한 오류를 규명(糾明)하면서 옛 문헌을 통해 사실 유무를 구명(究明)하는 학문적 방법을 사용하였다. 이는 고증을 통해 진가(眞假)를 규명하는 학문적 태도로서, 불교적 입장에만 국한하지 않고 실증적이고 합리적인 불교관을 피력한 것이다. 『선문사변만어』 서두에서 초의는 고증을 통한 연구 방법에 대해 밝혀놓았다.

> 영남에서 온 어떤 객이 자신을 목부산 육은 노인[62]의 법손이라고 하였다. 비에 묶여 10여 일을 지내는 동안, 육은 노인의 선론을 장황히 말하는데 고의에 어긋나는 곳이 있어 근본을 인용하여 증정한다.[63]

초의가 『선문사변만어』를 저술하게 된 동기를 밝힌 이 서문에서, "고의(古義)에 어긋나는 곳이 있어 근본을 인용하여 바르게 증험한다"라는 입장은 백파의 선론(禪論)에 대해 고증을 통해 잘잘못을 구명하고 실증하겠다는 의지를 드러낸 것으로 파악된다. 이는 청대에 고증학이 이룩한 참신한 경학의 성과에 영향을 받았던[64] 조선 후기 고증학파의 학문적 방법론을 초의가 수용하고 있다는 사실을 보여주는 것이라 할 수 있다.

『선문사변만어』의 체재는 1책 22장이고, 내용은 「분좌지설(分座之說)」, 「이선래의(二禪來義)」, 「격외의리변(格外義理辨)」, 「살활(殺活)」, 「진공묘유(眞空妙有)」 등으로 단락을 구성하였다. 서문은 원응(圓應, 1856~1927)이 썼다. 이 책은 초의의 문중과 사내(寺內) 사무원들이 얼마간 비용을 갹출하고, 1913년 5월 25일 대흥사[65] 주지인 백취운과 증법손 고벽담과 임경, 연협이 편집·간행하여 지역 내 사찰에 배포하였다고 하지만,[66] 실제로는 증법손 벽담과 경연이 주관하여 1913년 6월 10일에 간행되었다.[67]

② 『초의선과』

『초의선과(草衣禪課)』는 『선문염송』에서 중요한 부분을 가려내 편찬한 것으로, 염송의 구에 주석을 붙였으므로 『선문염송선요소(禪門拈頌選要疏)』라고도 부른다. 초의는 염송에 대한 주석을 '자우주석(紫芋註釋)'이라 하였는데, 자우는 바로 초의의 호이다.

이 책은 초의가 일지암에 주석할 때 편찬하였는데, 1985년 용운이 편집한 『초의선사전집』에 『선문염송선요소』의 필사본이 소개된 후 세상에 알려졌다. 『초의선사전집』에 수록되지 않은 초의의 친필본도 현존한다. 초의 친필본 『초의선과』와 『선문염송선요소』는 체재와 내용이 같다. 『초의선과』의 체재는 선(禪)·문(門)·송(頌)에 대한 정의와 염송에 대한 주석으로 구성하였고, 이에 더하여 중요한 내용에 대해서는 자신의 견해를 피력함으로써 선관을 드러내었다.

먼저, 선에 대한 초의의 견해를 살펴보자.

> 선이란 중봉선사가 말씀하시기를 범어로 선나(禪那)라고 하였는
> 데, 이것은 사유수(思惟修)라고도 하고, 또 적멸이라고도 한다. 모
> 두 일상의 극치를 가리키는 것이다. 육조 혜능은 안으로 자신의
> 마음을 보아 미동 없는 경계를 (이것을) 선이라 하였다. 구곡선사
> 는 이는 교외별전의 일미선이라고 하였다.[68]

선에 대한 견해를 밝힌 위의 글에서, 초의는 안으로 자신의 마음을
보아 미동 없는 경계를 선이라 한 육조의 설이나 교외별전의 일미선
이라 한 구곡선사의 설은 후대 선에서 본분(本分)의 의미를 확장한 것
이라고 설명하였다. 반면에 범어의 선나나 사유수, 적멸, 일심의 극치
등은 선의 근원적 입장의 본분에서 해석한 것이라고 보았다. 나아가
초의는 귀종선사와 황벽의 제섭(諸攝) 내용도 선의 본분사의 입장이라
고 여겼고, 종사가 어떤 사람이냐에 따라 당기적면(當機覿面)하여 도복
경장(倒腹傾腸)하는 것이 선이라는 견해를 밝혔다.

문(門)에 대한 초의의 견해는 『선요경(禪要經)』을 인용한 아래 설명에
서 확인할 수 있다.

> 선문의 비요에는 일문이 다문이다. 만약 다문이라면 법은 곧 둘이
> 다. 만약 일문이라고 한다면 어떻게 무량무변을 수용하여 중생에
> 게 장애가 없게 하는가 하는 것이다. 부처께서 선남자라 하신 것은

선요의 문이 하나도 아니며, 다수도 아니다. 일체중생의 본성은 모두 공허하다. 설령 다 공허하다고 하나, 각기 신심(身心)에 자신의 선문이 있는데도 다 함께 닦지 않는다. 무슨 연고로 입을 닫고 말하지 않아 어둡게 하는가. 이치에 합당하면, 입의 선문이 된다.[69]

분별하는 눈을 거두어 혼연히 부합하여 다름이 없는 것이 눈의 선문이 되는 것이다. 귀로 소리를 들어서 허망함을 알면, 마침내 고요하여 마치 귀가 먼 사람과 같으니 (이것이) 귀의 선문이다. 이에 뜻에 이르러서도 또한 같다. 선남자는 진노를 거두어 불이문에 들어가 널리 청허함을 통하여 담연히 움직임이 없는 것이 선문이다.[70]

초의는 문(門)을 선문(禪門)이라 하고, 선문의 선요에서 일문(一門)이 곧 다문(多門)이라고 하여 각각의 선문이라 보았다. 입과 눈, 귀 그리고 의에도 선문이 있어서 진노를 거두어 불이문(不二門)에 들어가 담연히 움직임이 없는 것이 선문이라는 것이다.

2) 시문(詩文)

① 『일지암시고』

『일지암시고(一枝菴詩稿)』는 1807년(정묘) 8월 15일에 쌍봉사에서 지은 「효좌(曉坐)」로부터 1850년(경술)에 지은 「봉화산천도인사다(奉和山泉道人謝茶)」까지를 모아 1책 4권으로 묶은 시집이다. 초의가 시를 지은 시기, 장소, 교유 인물뿐 아니라 당시의 상황이 기록되어 있어 초의의 교유를 밝힐 수 있는 단서를 제공한다. 초의의 생애나 교유사 연구에 중요한 정보를 제공하는 자료인 셈이다.

『일지암시고』는 초의가 쓴 친필본과 1974년 보련각에서 초의의 친필본을 영인하면서 이가원이 서문을 쓴 영인본이 현존한다. 1985년 용운이 편집한 『초의선사전집』에 수록된 것은 영인본 『일지암시고』인데, 여기에는 이가원의 서문이 누락되어 있다. 동국대출판부에서 간행한 『한국불교전서』 10책에는 『초의시집』으로 수록되었고, 『일지암시고』본을 저본으로 삼았다.

『일지암시고』는 초의가 오랫동안 구상해 만든 것으로 여겨진다. 이는 그가 이미 1831년에 홍석주에게 발문을 받았던 일이나 1851년에 신관호가 발문을 썼던 일을 통해서도 드러난다. 그러나 초의는 이 시집을 완성하지 못한 채 열반하였다. 초의가 열반한 지 10여 년이 지난 1875년(을해)에 초의의 제자 월여가 신헌구에게 발문을 부탁하였고, 신헌구는 월여의 선방에서 발문을 썼다.[71]

이 시집에는 1831년(신묘)에 홍석주가 쓴 서문과 신위가 북선원 '다반향초실'에서 쓴 서문, 그리고 윤치영(尹致英)과 신헌구(申獻求, 1823~?)가 쓴 발문, 1851(신해)년에 신관호(申觀浩, 申櫶의 초명)가 쓴 발문이 들어 있어 초의와 교유했던 사대부들의 초의에 대한 신뢰와 흠모가 어느 정도였는지를 짐작하게 한다.

초의는 사대부들과 교유하며 수십여 편의 시를 남겼고, 당시 사대부들은 그의 글재주를 칭송하였다. 정약용은 초의의 시학에 가장 많은 영향을 미친 인물이다. 『일지암서책목록』의 장서 목록에는 시학과 관련된 도서를 필사해 두었다는 사실에서도 초의의 시에 관한 관심을 엿볼 수 있다. 신헌은 「보제존자초의대종사의순탑비명」에서 시학에 관한 초의의 관심이나 연찬 과정을 다음과 같이 언급하였다.

> 정약용 승지에게 유학서를 수학하고 시 짓는 법을 공부하였다.
> … (중략) … 홍현주와 신위, 김정희 두 시랑과 함께 놀며 시를 주
> 고받았으니 모두 옛 동림의 혜원과 서악의 관휴라 지목되어 명
> 성이 일시에 자자하였다.[72]

위 인용문은 초의와 교유했던 사대부들이 초의에 대해 어떠한 평가를 내리고 있는지를 알려주는 글이다. 동림의 혜원이라 한 것은 초의와 사대부들의 교유를 호계삼소(虎溪三笑)에 비유한 것이고, 서악의 관휴를 언급한 것은 불화를 잘 그렸던 초의를 설명한 것이다. 관휴(貫休, 832~912)는 당대(唐代)의 승려이자 시인, 화가로서 시화(詩畵)에 능했고 특히 그가 그린 십육나한도(十六羅漢圖)가 유명하다. 초의가 불화에 능했다는 사실은 범해의 「제초의장로화십육나한도(題草衣長老畵十六羅漢圖)」에 "초의가 그린 나한도는 세월이 흘러도 전해지리"[73]라고 한 것에서도 확인할 수 있다.

초의가 시에 밝았다는 사실은 윤치영의 발문에 "(초의의 시는) '신위

가 속기를 모두 벗어났다'고 한 말이 지나친 말은 아니다"[74]라고 한 것이나, 신헌구가 "유가의 시는 불가의 게송이니, 게송에 뛰어난 이는 처음부터 세상에 알려지지 않을 수 없다"[75]라고 한 것에서 나타난다. 김정희의 제자 신관호(申觀浩)는 "연천 선생이 '깎아내고 다듬어 당송에 드나들었다' 함은 (초의의) 시를 인정한 것이다"라고 하여 초의의 시가 당송의 문기에 방불했다[76]는 점을 확인해 준다. 대개 초의가 남긴 글은 시가 많은데, 이 중에는 사대부들과 함께 자신의 심회를 드러낸 시도 있지만, 선의 경지를 함의한 선시가 주류를 이룬다.

초의의 유품 도서 목록을 살펴보면, 『한산자시첩(寒山子詩帖)』, 『당시(唐詩)』, 『고문(古文)』, 『원시(元詩)』, 『두시배율(杜詩徘律)』, 『당사걸집(唐四傑集)』, 『황명시(皇明詩)』, 『복초재집(復初齋集)』 등이 있다. 이로서 초의가 당송대 문장가들의 시를 절차탁마하면서 즐겨 읽었고, 김정희처럼 옹방강의 시풍에도 관심을 가졌다는 것을 알 수 있다. 또한 초의가 1830년 상경하여 시회에 참가해 여러 사대부와 화답했던 사실은 그의 시의 격조가 어느 정도인가를 짐작할 수 있는 것으로서, 그가 시를 통해 사대부들과의 교유의 지평을 넓혀 나갔음을 확인할 수 있다.

초의의 시관은 유불융합의 말을 떠나 참을 드러내는[離言眞如] 특징이[77] 있다. 승속불이(僧俗不二), 유불불이(儒佛不二), 자타불이(自他不二) 등의 시격을 갖추었고, 물아일체(物我一體)나 원융무애의 경지로 승화되었다. 나아가 초의는 차와 함께 시격을 높여갔다. 1822년(임오) 대둔사에 있을 때 지은 「제산수도팔첩(題山水圖八帖)」 중 제4첩인 차를 달이며 유인(幽人)을 생각하는 시에 "하늘하늘 차 연기 푸르고 드리운 구름 기운도 서늘하다. 문득 님의 뜻 생각하니 밝고 밝아 얼음 서리처럼 맑구나"[78]라고 한 것에서 초의의 시격을 짐작할 수 있다. 초의가 차를 음미하며 읊은 시로는 1831년(신묘) 박영보의 집을 방문하여 지은 「유숙금공방(留宿錦公房)」[79]이 있고, 「석천전다(石泉煎茶)」,[80] 「봉답유산다시(奉答酉山茶詩)」 2수[81]와 「봉답운포다시(奉答耘逋茶詩)」 2수,[82] 「봉화산천도인사다(奉和山泉道人謝茶)」[83] 등이 있다.

② 『초의시고』

『초의시고(草衣詩藁)』는 필사본인 『일지암시고』를 저본으로 하며 초의의 법손인 상운과 쌍수, 원응이 1906년(병오) 4월에 2권 2책 목판본으로 간행하였다. 동국대에서 간행한 『한국불교전서』 10책에도 수록되었다.

하권 후반부에는 문류가 추가되어 있다. 상량문이나 회기로는 「천불전상량문(千佛殿上樑文)」, 「청허비각상량문(淸虛碑閣上樑文)」, 「대둔사신건광명전상량문(大芚寺新建光明殿上樑文)」, 「중조성천불기(重造成千佛記)」, 「미황사만일회기(美黃寺萬日會記)」 등이 수록되어 천불전이나 대광명전이 조성된 연유를 밝혔다. 초의가 김정희 타계 이후 산문 출입을 자제하던 시기인 1860년(경신)에 지은 「해인사대웅전급대장각중수권선문(海印寺大雄殿及大藏閣重修勸善文)」도 수록되어 있고, 스승을 추천하는 글인 「대인작천사소(代人作薦師疏)」, 「대혜운작천사소(代惠雲作薦師疏)」 등도 새로 추가되었다. 초의가 홍현주에게 『동다송』을 지어 보내면서 올린 글

인 「상해거도인서(上海居道人書)」는 『동다송』 판본 문제를 밝힐 수 있는 근거를 제공해 준다.[84]

③ 『일지암문집』

『일지암문집(一枝庵文集)』은 문인 월여가 산일되어 있던 초의의 문장을 모아 편집하고, 원응이 정서하여, 광서(光緒) 16년인 1890년 6월 5일 발행하였다. 『초의시고』 하권과 중복된 내용도 있지만 다른 문집에 수록되지 않은 초의의 글이 다수 수록되어 있어, 초의가 쓴 글의 규모를 파악할 수 있는 귀중한 자료이다. 용운이 편집한 『초의선사전집』에 수록된 『일지암문집』의 말미에는 초의에게 대승계를 받은 제자들의 문질록이 수록되어 있어 그의 사승 관계를 살펴볼 수 있는 중요한 자료이지만, 필사자가 누구인지는 알려지지 않았다.

3) 다서(茶書)

① 『동다송』

저술 동기와 제명

한국 차 문화사에 큰 영향을 미친 『동다송(東茶頌)』은 조선 후기 권문세도가인 홍현주의 요청으로 초의가 저술한 다서이다. 차에 관심을 가진 홍현주가 변지화를 통해 초의에게 다도를 하문하였고, 초의는 「동다행(東茶行)」이라는 제목으로 차의 덕송을 칭송하는 글을 지었다. 그런데 변지화가 「동다행」을 필사하는 과정에서 오류를 발견하고 초의에게 교정을 요청하였고, 초의는 교정 과정에서 표제를 『동다송』으로 변경하여 변지화에게 보냈다.[85]

그렇다면 초의가 표제를 바꾼 연유는 무엇일까. 「동다행」과 『동다송』에서 '동(東)'은 동국(東國) 즉 조선을 가리키므로, '동다(東茶)'는 조선에서 나는 차를 의미한다. 행(行)은 어떤 일을 서사할 때 쓰는 문체이고, 송(頌)이란 『시경(詩經)』의 육의(六義: 風, 賦, 比, 興, 雅, 頌)에 해당하는 문체로서 어떤 것을 칭송할 때 쓰는 문체의 일종이다. 『선문염송집서』에 "송은 그 생각을 펴는 것이다(頌宣其意也)"라고 하였고, 초의가 편찬한 『초의선과』는 "송은 그 의를 드러내 칭송하여 그 오묘한 요점을 선발하여 원류를 소통하는 것"이라고 규정한 바가 있다.[86]

『동다송』은 차의 오묘한 이치를 가려 뽑아 송으로 정리하고 우리 차의 우수성을 드러낸 다서이다. 따라서 초의가 「동다행」에서 『동다송』으로 표제를 바꾼 뜻을 불교적 관점에서 본다면, 조선 차의 진수를 칭송하기 위해 송의 체재를 사용하고 이를 통해 차의 근원적 가치를 세상에 알리고자 했던 것이다. 우리 차에 대한 초의의 생각과 이해가 깊었음을 확인할 수 있다.

조선 후기는 사회 변혁기로, 지식인들 사이에서는 실학적인 학문 풍토가 정착되면서 백과사전류가 흔하게 저술되었다.[87] 또한 사상계에서도 매우 활발한 활동을 모색하던 시기였다. 천주교가 전래하였고,

실학과 성리학의 사상적 갈등이 표면화되었다. 형이상학적인 논쟁을 일삼던 전통적인 성리학에 대한 반성과 함께 학문의 실용성에 관심을 두었다. 이로 인해 실용과 이용후생을 실현할 실제적인 학문을 주장하는 지식인들이 늘어났다. 따라서 북학파 경화사족들의 차에 대한 관심과 애호는 이러한 지식인 사회의 인식변화와 우리 차에 대한 가치에 눈을 뜬 것에서 연유된 것이다.

초의가 『동다송』을 저술한 시기는 1837년(정유) 여름이다. 김상현은 1976년에 발표한 「초의의 다도관」이라는 논문에서 『동다송』이 1831년(신묘) 이후에 저술되었다고[88] 보았으나, 초의가 홍현주에게 올린 친필 서간문의 초고가 1985년에 학계에 알려지면서 『동다송』의 저술 시기가 정확하게 밝혀지게 되었다. 이 서간문은 용운이 편집한 『초의선사전집』의 『문자반야집(文字般若集)』에서 발견되었다. 박동춘은 이 자료를 토대로 『동다송』의 정확한 저술 시기는 1837년(정유) 여름이고, 초의가 원래 홍현주에게 올린 것은 「동다행」이었다는 사실 또한 밝혀내었다.[89]

초의는 해거도인에게 보낸 「상해거도인서」에 『동다송』을 저술하게 된 동기를 직접 밝혔으므로, 저술 동기와 표제 변경을 비롯하여 『동다송』을 완성하기까지의 과정에 대해 파악이 가능하다. 우선 「상해거도인서」에서 초의가 직접 밝힌 저술 동기를 살펴보자.

옛날 1831년(신묘)에 청량산방 송헌에서 가까이 모셨을 때에 외람되게도 미천한 몸으로 넘치는 정을 받았던 것에 매우 감격하였습니다. 향화의 깊은 인연과 한묵의 중한 은혜라 하겠습니다. … (중략) … 근래에 변지화 편에 다도를 물으시기에 마침내 옛 사람이 전한 뜻에 의거하여 조심스럽게 「동다행」 일편을 지어 올립니다.[90]

「상해거도인서」는 초의가 변지화에게 「동다행」을 보낼 때 함께 동봉한 편지이다. "「동다행」을 지었다"고 한 내용으로 보아, 「동다행」은 초의가 홍현주에게 『동다송』을 올리기 전에 쓴 초고로 여겨진다.

또한 이 편지에는 1830년과 1831년에 있었던 초의의 행적이 드러나 있다. 초의는 1831년 청량산방의 송헌에서 홍현주를 만났다. 또한 초의가 1830년에 상경하였는데, 그 목적은 완호의 탑명을 받기 위해서였다. 이 시기에 초의는 여러 경화사족을 만나 시회를 열었는데, 위 편지에서 "한묵(翰墨)의 중한 은혜를 입었다"라고 한 것을 통해서 이를 확인할 수 있다. 홍현주는 평소 차를 즐겼던[91] 인물이고, 변지화를 통해서 다도에 대한 궁금증을 초의에게 물었다. 차에 대한 홍현주의 관심은 당시 초의차를 통해 차의 가치를 이해한 사대부들이 차에 관심을 가지게 된 상황을 단적으로 보여준다.

마침 진도 목사로 부임한 변지화가 홍현주의 이야기를 초의에게 전달했고, 초의는 「동다행」을 지어 변지화를 통해 홍현주에 전달하였다. 이러한 정황은 새로 발견된 변지화의 편지 내용에서 확인된다.

묵은해와 새해가 바뀌었는데도 소식이 막히고 끊어져 아득히 스

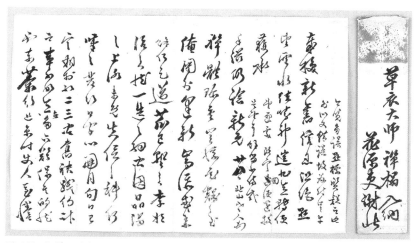

변지화 편지(국립광주박물관 소장, 박동춘 기증본). 이 편지에서 「동다행」이 『동다송』으로 표제가 바뀐 연유가 밝혀졌다.

님을 생각하지만, 한갓 마음만 피로할 뿐입니다. 뜻하지 않게 인편을 통해 편지를 받았고 이어 새해[新元]를 알립니다. 건강이 좋으시다니 제가 위로되고 시원함을 어찌 다 이르겠습니까. 변방 밖에서 새해를 맞고 나이를 먹으니 빌미를 느낍니다. 나머지야 어찌 다 말하겠습니까. 임기를 마치고 짐도 모두 쌌습니다만 한번 간다고 약속했는데 그사이 정양(晶陽: 申泰熙의 호)께서 한양에 올라가시게 되어 신용 잃는 것을 면치 못할 것 같습니다. 탄식한들 무엇 하겠습니까. 출발할 날을 다음 달 10일로 이미 정해서 2~3일 사이로 기약하고 단단히 약속을 실천할 계획을 세웠지만 일이 마음과 같지 않은 것이 많습니다. 또한 그 확실한 것을 보장하기는 어려울 듯합니다. 「동다행」을 서울로 보낼 때 사람을 시켜서 급히 등초케 했는데 지금 열람해 보니 잘못된 것이 많습니다. 질의에 표를 한 것 이외에도 착오가 있는 것 같아서 부칩니다. 요행히 버릴 곳은 버리고 개정하시어 인편에 다시 보내주시길 바랍니다. 이것을 기다릴 뿐입니다. 나머지는 이만. 28일 북산노인.[92]

이 편지는 변지화가 진도 목사로 임명되어 화원리(花源里: 진도)에 있을 때 초의에게 보낸 편지이다. 이 편지의 발견으로 초의가 『동다송』을 저술한 후 변지화를 통해 홍현주에게 전하게 되는 과정이 밝혀졌다. 변지화가 다른 사람을 시켜 등초하는 과정에서 오류를 발견하고는 질의처를 표시하여 초의에게 보냈고, 초의가 내용을 정정·보완하고 표제까지 바꾸었다는 사실도 함께 드러났다. 따라서 변지화의 편지는 이 다시(茶詩)가 저술된 배경을 밝혔을 뿐 아니라, 「동다행」이 『동다송』으로 제명이 바뀌게 된 경위까지 파악할 수 있는 중요한 자료이다.

그런데 이 편지에는 「동다행」과 관련된 것뿐만 아니라, 초의와 변지화, 신태희(申泰熙)의 교유관계가 드러나 있다. 당시 변지화는 신태희와 함께 초의를 만나기로 약속했지만, 해남 현감인 신태희가 갑자기 한양으로 올라가게 되어 약속 이행이 어려워졌다고 한다. 신태희는 1831년경 청량산방에서 초의와 함께 시회에 참석했던 인물이다. 변지화는 갑작스럽게 신태희가 상경하게 되어 서로 만나는 계획이 무산됨을 안타까워하였다. 이 편지에는 28일이라고만 쓰여 있기에 어느 해에 쓴 편지인지 알 수 없다. 그런데 초의가 홍현주에게 보낸 「상해거도인서」

를 쓴 것이 1837년(정유) 여름이므로, 이 편지를 쓴 시점도 대략 이 시기와 비슷할 것으로 추정할 수 있다. "임기를 마치고 짐도 모두 쌌다"라고 한 것에서 변지화가 진도 목사 임기를 마치고 상경을 준비하고 있었다는 것을 알 수 있다.

그러므로 초의가 「동다행」을 『동다송』으로 개명한 것은 1837년경이라고 확정할 수 있다. 초의가 홍현주에게 처음 올렸던 표제는 「동다행」이었고, 이를 교정하는 과정에서 『동다송』으로 개칭하였다. 이후의 문헌에는 모두 『동다송』으로 언급된다. 1851년에 윤치영이 쓴 『일지암시고』 발문에 "『동다송』 일편은 육우(陸羽: 桑苧)의 책(『茶經』)과 서로 상하를 다투지만…"[93]이라고 하였고, 1866년에 서암이 정리한 『일지암서책목록』의 「명한시초」에도 『동다송』으로 기록되어 있다. 『일지암서책목록』은 초의가 열반한 후, 그의 제자인 서암이 기록한 초의의 유품 장서목록이다.

현재까지 『동다송』에 관한 연구는 초의의 친필 진본이 발견되지 않은 상태이므로 오자·탈자에 대한 문제점이 노정된 상태로 진행되었다. 그러나 『동다송』의 제명은 변지화의 간찰이 발견되면서 더 이상의 논란은 없게 되었다.

현존 『동다송』의 이본(異本) 소개

지금까지 알려진 『동다송』 판본은 '아모레퍼시픽박물관 소장본', 이일우 소장본인 '석오본', 한국차문화연구소의 '경암본', 송광사 성보박물관 소장본인 '『백열록(栢悅錄)』본', 석경각(石經閣)이라는 묵서와 함께 초의 친필이 있는 '석경각본' 등이 있고, 2010년에 화봉박물관에 출품된 『동다송』본'이 있다.

1985년 용운이 편집한 『초의선사유고집』에는 아모레퍼시픽박물관 소장본의 영인본이 수록되어 있다. 1989년에 동국대출판부에서 출판한 『한국불교전서』 10책은 최범술의 『한국의 다도』에 수록된 『동다송』 원문을 저본으로, 같은 책의 『동다송』 역주를 갑본으로 삼았다. 이처럼 현존 『동다송』은 모두 필사본을 저본으로 하여 다시 필사·영인한 것이고, 각 판본마다 오탈자가 다수 발견되므로 초의 친필본 『동다송』이 발견되기 전까지 오탈자 문제는 지속될 수밖에 없다. 다만 『백열록』본과 석경각본은 필사 내용의 신뢰성이 높다고 판단된다.

『백열록』은 범해의 제자이자 초의에게 대승계를 받은 송광사 승려 금명이 초의, 범해, 김정희, 정약용 등 여러 스승의 책을 필사하여 엮은 책이므로, 이 책에 필사된 『동다송』의 내용은 상당 부분 신뢰할 수 있다고 판단된다. 물론 『백열록』본 『동다송』에서도 오자가 발견되지만, 이는 내용의 본의를 해치는 정도는 아니므로 현존 판본 중에서 참고할 만한 자료이다.

특히 석경각본은 현존하는 『동다송』 자료 중에서 가장 신뢰할 수 있다고 생각한다. 영조(英祖)의 부마로 남양주시 평내동의 궁 집을 하사받기도 했던 능성위(綾城尉) 구민화(具敏和)의 후손인 구명회의 구장본이다. 석경각(石經閣)은 구명회가(具明會家) 사랑채의 당호(堂號)이다. 조선 후기 초의를 비롯해 김정희, 권돈인 등 당대의 많은 문인들이 이곳에 드나들었다고 전해진다. 판본은 횡으로 긴 종이를 접어 총 20면의 첩 형태로 만들고 각 면은 가늘게 먹으로 선을 그어 다섯 줄로 구획한 후, 본문은 큰 글씨로, 주석은 작은 글씨로 한 자 한 자 정성스럽게 써 내려갔다. 체재는 가로 9cm, 세로 24.2cm, 총 20면으로 구성되어 있으며, 첫 면 하단에 "海居道人垂詰製茶之矣 遂謹述東茶訟一篇以對(해거도인이 언제 차를 만드는 지에 대해 물어와 결국 『동다송』을 지어 답한다)"라고 초의가 직접 적어 넣은 글씨가 있다. 『동다송』을 저술하게 된 동기가 초의의 친필로 적혀 있다는 점에서, 필사 내용의 신뢰성은 상당히 높다고 보아야 한다.

이런 점에서 현재까지 초의의 친필본 『동다송』이 발견되지는 않았다 하더라도 지금까지 발견된 전사본을 통해 그 실체를 파악할 수 있다.

『동다송』의 체재 구성과 전고

『동다송』은 송의 문체로 지어진 다시로, 7언 장시(長詩)이다. 『동다송』에서 인용한 문헌은 『다경(茶經)』, 『둔재문람(遯齋聞覽)』, 『만보전서(萬寶全書)』, 『식경(食經)』, 『신이기(神異記)』, 『안자춘추(晏子春秋)』, 『이아(爾雅)』, 『다서(茶書)』, 『십육탕품(十六湯品)』이며, 소식(蘇軾, 1036~1101)의 시와 노동(盧仝, 795~835)의 「주필사맹간의기신차(走筆謝孟諫議寄新茶)」, 나대경(羅大經)의 「약탕시(瀹湯詩)」, 장맹양(張孟陽)의 「등성도루시(登成都樓詩)」, 진간재(陳簡齋)의 다시(茶詩), 진미공(陳糜公)의 다시(茶詩), 황정견(黃庭堅, 1045~1105)의 시 등을 참고했다. 그리고 이덕리(李德履, 1725~1797)의 저술 자료를 필사한 『강심』에 기록된 이덕리의 「기다(記茶)」, 정약용의 「걸명소(乞茗疏)」 등 조선 후기의 인물이 저술한 문헌도 참고하였다.

② 『다보서기』

  『다보서기(茶譜序紀)』는 『일지암서책목록』의 「명한시초」에 수록된
초의의 장서이다. 『문자반야집』 2규(紕)와 『동다송』 1규, 『다경』 1규,
『문자반야집』 초본 2규 및 『다보서기』 1규와 함께 오동나무 칠함 속
에 보관되어 있었다.[94] 『다보서기』가 이 책들과 함께 오동나무 칠함
속에 보관되었다는 사실에 주목하고자 한다. 이는 『다보서기』가 초의
의 도서 중 귀중본으로 취급되었음을 보여 주는 것이다. 현재 이 『다
보서기』는 서명만이 전해지고 있을 뿐 원본은 발견되지 않았다. 하지
만 이 서명이 『일지암서책목록』에 수록되어 있다는 것은 『다보서기』
가 초의가 저술한 새로운 다서일 가능성을 시사한다고 보아도 무리가
아니라 생각한다.

  그렇다면 『다보서기』는 어떤 내용을 담은 다서일까. 이를 살펴보기
위해 먼저 중국에서 편찬된 『다보(茶譜)』를 살펴보자. 『다보』는 오대 촉
나라의 모문석이 처음 찬술하였으나, 이 책은 전하지 않는다. 다른 자
료에 인용된 모문석의 『다보』를 수집하여 원나라 초에 모문석의 『다
보』로 재편찬되었다. 모문석의 『다보』에는 촉의 진원(晉原)이나 미주(眉
州)의 홍아(洪雅), 건주(建州)의 방산(方山), 장사(長沙)의 석남(石楠), 원주(袁
州)의 계교(界橋), 홍주(洪州)의 서산(西山), 촉(蜀)의 아주(雅州)에 있는 몽산
(蒙山) 지역 등에서 나는 차의 특성을 소개하였으며, 제다법 등 다양한
차의 이론이 서술되어 있다.[95]

  이후 『다보』는 명나라 주권(朱權, 1378~1448)과 고원경(顧元慶,

1487~1565), 그리고 전춘(錢春)에 의해 연이어 편찬되었다. 주권의 『다보』의 목차를 살펴보면, 서문, 「품다(品茶)」, 「수차(收茶)」, 「점다(點茶)」, 「훈향다법(熏香茶法)」, 「다로(茶爐)」, 「다조(茶竈)」, 「다마(茶磨)」, 「다전(茶碾)」, 「다라(茶羅)」, 「다가(茶架)」, 「다시(茶匙)」, 「다선(茶筅)」, 「다구(茶甌)」, 「다병(茶瓶)」, 「전탕법(煎湯法)」, 「품수(品水)」 등으로 구성되어 있다. 전춘의 『다보』에는 서문과 「다략(茶略)」, 「다품(茶品)」, 「예다(藝茶)」, 「채다(採茶)」, 「장다(藏茶)」, 「제다제법(制茶諸法)」, 「전다사요(煎茶四要)」, 「점다삼요(點茶三要)」, 「다효(茶效)」 등이 수록되어 있어 구성이나 내용 면에서 차이가 보인다. 이 외에도 손대수(孫大綬)가 『다보외집』을 편찬하고, 청나라 준고(遵古)가 『다보집해(茶譜輯解)』를 편찬하여 여러 종의 『다보』가 출현하게 되었다.

이를 근거로 초의의 『다보서기』의 내용을 유추해 보면 『다보』에 자신의 서문을 병서한 다서이거나 아니면 차의 요긴한 정보를 수집, 편집하여 묶은 책이었을 것으로 보인다. 책의 단위를 규로 표기했다는 점이 주목되는데 책의 단위는 권(卷), 책(冊), 질(帙), 규(紏)로 표기하는 것이 일반적이다. 규는 필사한 책이 소규모일 때, 종이끈으로 묶어 제책한 것을 의미한다. 따라서 『다보서기』는 초의가 저술한 후 종이끈으로 묶었을 가능성이 높다.

초의가 『다신전』을 통해 차의 이론을 정립했고, 『동다송』을 통해 다도 사상을 피력했던 전례로 보아 좀 더 구체적인 차의 이론을 개진한 것이 『다보서기』라 추정된다. 그러나 아직 실물 자료가 발견되지 않은 상태이므로, 소장 도서의 책명만으로 그 가능성을 추론한 것에 불과하다. 하지만 초의가 차 문화 중흥을 위해 노력한 정황이나 차의 연구에 심혈을 기울였던 그의 학문적인 태도로 볼 때 『다보서기』에서 그의 다도에 대한 견해를 피력했을 것으로 생각한다.

4) 기타

① 『진묵조사유적고』

진묵(震黙, 1562~1633)은 조선 중기 고승으로 이름은 일옥이며, 진묵은 그의 법호이다. 전라도 만경현 불거촌에서 태어났다. 그가 태어나자 3년 동안 그 지역 초목들이 모두 시들었다고 한다. 7세에 출가하여 전주 봉서사(鳳棲寺)에서 수행하였다. 초의는 1842년 겨울 봉서사에 가서 은고거사(隱皐居士) 김기종(金箕鍾)으로부터 진묵의 내력을 듣고 『진묵조사유적고(震黙祖師遺蹟攷)』를 편찬하였다. 이는 진묵의 행적을 알 수 있는 유일한 자료로, 이를 통해 초의가 진묵을 얼마나 흠모했는지를 알 수 있다.

진묵의 내력을 알려줬던 김기종은 김정희와 깊이 교유했다. 김정희가 1855년 북청 유배에서 풀려나 과천에 머물렀을 때 조선의 효자로 이름났던 김복규와 그 아들 김기종의 정려비(旌閭碑)를 썼다는 사실에서도 알 수 있다.[96] 이로 보면 초의가 김기종을 만난 것은 김정희를 통해 이루어졌을 가능성이 높다.

『진묵조사유적고』는 1847년 초의가 편찬하고 운고(雲皐)가 교정하였다. 이 책의 서문은 김기종과 초의가 썼고, 후발문은 초의를 비롯하여 운고와 김영곤이 썼다. 비문의 글씨는 김학근이 썼다. 도서의 체재는 상하 2권 1책이다.

②『다신전』

『다신전(茶神傳)』은 초의가 자신의 차에 대한 견해를 반영한 다서로서, 장원(張源)의 『다록』을 필사하고 조선의 실정을 반영하여 보완한 편집본이다.

초의는 1828년(무자) 지리산 칠불암 아자방에서 장원의 『다록』을 접하였다. 당시 초의는 도갑사 승려인 대은과 금담을 따라가 칠불암에서 계학을 전수받는 과정에서 『만보전서』 속에 수록된 장원의 『다록』을 보고 이를 필사하여 대둔사로 돌아왔다. 1830년 봄, 이를 수정하고 보완하여 정서한 것이 『다신전』이다. 초의가 『다신전』을 편찬한 연유는 첫째, 시자방에 있던 수홍 사미가 다도를 알고자 했고 둘째, 선림에는 조주의 '끽다거' 전통이 전해졌지만 이 당시에는 차를 아는 이가 드물었기 때문이다.[97] 따라서 선종의 수행 전통을 알리고자 했다는 것을 알 수 있다.

『다신전』의 목차는 「채다론(採茶論)」, 「조다(造茶)」, 「변다(辨茶)」, 「장다(藏茶)」, 「화후(火候)」, 「탕변(湯辨)」, 「탕용노눈(湯用老嫩)」, 「포법(泡法)」, 「투다(投茶)」, 「음다(飮茶)」, 「향(香)」, 「색(色)」, 「미(味)」, 「점염실진(點染失

眞)」,「다변불가용(茶變不可用)」,「품천(品泉)」,「정수불의다(井水不宜茶)」,
「저수(貯水)」,「다구(茶具)」,「다잔(茶盞)」,「식잔포(拭盞布)」,「다위(茶衛)」,
「발문(跋文)」 등으로 구성되었다.

이 중에서 초의가 자신의 견해를 드러낸 항목은 「조다」,「탕변」,
「정수불의다」,「다위」 등이다. 특히 「조다」편은 유념(柔捻)하는 과정에
서 장원(張源)과 다른 견해 차이를 드러냈다. 초의는 "여러 번 가볍게
힘을 더해 둥글려 비빈다(輕團枷數遍)"라고 하여, 장원이 "여러 번 가볍
게 둥글려 비빈다(輕團挪數遍)"라고 한 것과는 다른 견해를 보였다. 가
(枷)는 도리깨를 의미한다. 『설문해자』에 "枷는 加라는 의미로도 쓰인
다"고 하였으니 '힘을 가하다'는 뜻이기도 하다. 따라서 유념을 깊게
하여 맑고 시원한 차의 맛과 색을 더욱더 드러내고자 한 초의의 제다
과정은 한국인의 기호와 풍토성을 함의하고자 한 것이다.

그리고 「탕변」에는 초의의 치밀한 연구 태도가 나타나 있다. "곧바
로 소리가 없어지는 것이 순숙이다(直至無聲 方是純熟)"라고 했던 장원의
견해와 달리, "곧바로 소리가 없어지는 것을 결숙이라 한다(直至無聲 方
是結熟)"라고 한 부분이다. 초의의 '순숙(純熟) – 결숙(結熟)', '순숙 – 경숙
(經熟)'의 입장은 물이 어느 순간이 되어야 물의 본색이 사라져서 탕수
로 적합해지는지를 분별하는 방법의 차이를 나타낸 것이다. 순숙은 차
를 우리기에 가장 적합한 상태의 탕수인데, 이는 탕변에 대한 치밀한
관찰을 통해 드러난 것이다. 결숙과 경숙으로 순숙을 분별한 차별성은
더욱 치밀한 연구가 요구되나, 탕변에 대한 초의의 관찰력은 삼매의
경지에서 연찬된 결과임을 알 수 있다. 실제 초의차가 삼매의 경지에

서 만들어진 것이므로, 그의 탕변에 대한 견해도 같은 입장에서 나온 것으로 여겨진다. 이러한 차에 대한 탐구는 경화사족들에게 초의차가 극찬을 받게 한 요인이었다.

이뿐 아니라 초의가 『다신전』을 편찬하면서 철저한 고증을 거쳤다는 것을 알 수 있다. 이는 김정희의 「희증초의병서(戱贈草衣幷序)」를 통해서도 알 수 있다.

> 초의가 『군방보』를 등초했는데, 여러 곳을 증정하였다. 마치 해당우미인(海棠虞美人) 같은 것이 하나둘이 아니었다. 내가 『잡화경 (雜花經)』을 필사하면서 잘못된 것을 지적하였는데, 또한 해당우미인뿐만이 아니니 마땅히 일일이 증정함을 이처럼 해야 한다.[98]

김정희는 초의가 『군방보』의 잘못된 부분을 여러 군데 바로잡았고, 김정희 자신도 이런 경험이 있다는 것을 밝히면서 항상 증정(證正)하는 태도를 가져야 한다고 하였다. 따라서 초의는 문헌을 볼 때, 일일이 고증을 통해서 검증하는 학문적 태도를 보였다는 사실을 확인할 수 있다. 이러한 그의 학문적 태도는 『다신전』을 정서하는 과정에서 드러냈으니 이는 조선의 실생활을 고려하여 반영한 것이라 하겠다.

초의가 조선의 자연환경과 생활상을 반영하여 보완 수정한 사례도 있다. 「정수불의다」에서 "강수는 하품으로 친다(江水下)"라든지, "산에서 가깝지 않으면 좋은 물이 나지 않는다(第一方不近山 卒無泉水)"라고 한 것 등이다. 그가 전고한 장원의 『다록』에 "물은 강이 가깝지 않으면 끝내 좋은 물이 나지 않는다(方不近江 卒無泉水)"라는 견해와는 다르다. 이는 중국은 강이 많고 한국은 산이 많기 때문이다.

뿐만 아니라 『다신전』의 마지막 편을 「다위」라는 편명으로 수정했는데, 원래 장원의 『다록』에는 「다도(茶道)」라고 되어 있다. 그리고 장원의 『다록』에는 「다도」 앞 단원에 「다합에 차 나누기[分茶盒]」가 있지만, 『다신전』에서는 이 부분을 생략한 것도 같은 사례라고 할 수 있다. 초의의 생각으론 명대에는 차를 큰 항아리에 보관해 두었다가 일정 기간 사용할 만큼의 양을 작은 다합에 덜어 두고 사용하는 것이 일반적이었지만, 조선 후기는 많은 양의 차를 생산하지 않았기 때문에 다합에 차를 나누는 내용을 생략한 것이 아닌가 생각한다.

주목할 점은, 조선 후기 대둔사에서는 병차(餅茶, 덩이차)와 산차(散茶, 잎차)를 만들었는데 『다신전』에 서술된 제다의 이론은 잎차를 만드는 과정이라는 점이다. 초의의 제자인 범해가 지은 「초의차」에도 잎차를 만드는 제다·장다법을 서술하고 있다. 따라서 초의는 1830년 이전에는 산차와 덩이차를 모두 만들었을 것으로 짐작되지만, 『다신전』을 편찬한 이후에는 점차 산차의 제다법에 천착하여 초의차를 완성했을 것이라 생각한다.

3. 초의선사의 유품 목록

『일지암서책목록(一枝庵書冊目錄)』은 초의의 유품을 세목별로 기록한 유품목록이다. 표제는 『咸豊十一年年歲次辛酉時憲書』이다. 내용은 「서책목록」 및 「첩책목록」, 「주련목록」, 「명한시초」, 「산업물종기」, 「선사답기」 등으로 분류하고, 도서명과 수량, 서책의 필사자, 그리고 각 유품의 특징을 자세히 기록하였다. 『일지암서책목록』은 초의가 소장했던 서책의 성격을 구명하여 초의 연구에 중요한 정보를 제공해 준다.

특이하게도 1861년도(신유) 시헌서(時憲書)의 이면지를 활용하였다. 『일지암서책목록』의 용지로 사용된 이 시헌서는 총 15매로, 크기는 가로 15.5㎝, 세로 31.5㎝이며, 겉표지는 푸른색 천으로 장정되었다. 시헌서는 중국에 온 서양 신부 탕약망(湯若望, Adam Schall von Bell: 1591~1666)이 서양 역법을 기초로 제작한 역서이다. 태음력(太陰曆)에 태양력(太陽曆)의 원리를 적용하여 24절기의 시각과 하루의 시각을 정밀하게 계산하여 만들었다. 우리나라에서는 김육(金堉, 1580~1658)의 주청으로 1653년(효종 4)부터 공식적으로 도입 시행되었으며, 1898

년에 『명시력(明時曆)』으로 바뀔 때까지 발행되었다. 1735년(영조 11)에 건륭제(乾隆帝)의 이름인 홍력(弘曆)의 역(曆)자를 피하기 위하여 '시헌서'로 고쳐 불렀다.

『일지암서책목록』은 초의의 제자인 서암(恕庵)이 기록하였다고 추정된다. 이와 관련하여 허련의 『소치실록』에 "나는 초의가 열반한 후, 이희풍(李喜豊, 1813~1886)과 함께 대둔사를 찾아 조문하였다. 당시 초의의 의발은 서암이 받았으며, 지금은 진불암에 보관되어 있다"[99]라 하였다. 초의가 열반 후, 그의 유품은 서암이 진불암에 보관하고 있었던 사실이 확인된 것이다. 그리고 서책의 목록에는 소장 자료의 필사자를 표기하면서 법노수사(法老手寫), 법노수초(法老手抄), 법노자초(法老自抄) 등으로 칭했고 『일지암서책목록』의 글씨는 추사 글씨에 영향을 받은 것으로 짐작된다. 이는 서암이 일찍이 추사체의 영향을 받았다[100]는 범해의 언급 또한 서암이 이 목록을 기록하였다는 사실을 뒷받침해 주고 있다.

『일지암서책목록』에서 책 이름 아래 필사자를 법노사라고 한 것은 초의를 가리킨 것이고, 간혹 은노수사(恩老手寫)라고 한 것은 서암의 은노사(恩老師)인 운흥사의 대운(大雲, ?~?)[101]을 칭한 것으로 추정된다. 이는 서암이 운흥사에서 출가했고, 후일 운흥사 동암에서 처음으로 강의한 사실[102]이 있기 때문이다.

『일지암서책목록』의 발견은 초의가 읽었던 서책이나 교유했던 인사들이 보낸 시첩, 첩책 등을 밝힐 수 있는 자료이자 초의 연구에 토대가 될 자료를 폭넓게 확보했다는 점에서 중요한 의미를 지닌다.

『일지암서책목록』의 목록을 살펴보자.

<목록 2> 『일지암서책목록』의 목록

목 록	내 용
「書冊目錄」	초의의 장서, 총 91점을 수록
「帖冊目錄」	사대부들의 묵적, 帖冊으로 된 것 56점
「柱聯目錄」	사대부들의 묵적, 주련으로 된 것 28종
「明翰詩抄」	초의의 장서, 91점
「産業物種記」	초의의 생활 용구, 36종
「先師畓記」	초의의 선사 祭位土와 초의 소유 田畓目錄

1) 「서책목록(書冊目錄)」

「서책목록」은 초의가 소장했던 도서 목록이다. 이 서책들의 판본은 필사본과 목판본, 활자본이 대부분이고, 이중에는 서책의 판본을 밝히지 않고 편수만 기록한 경우도 있다. 하지만 서책의 개략적인 구성 형태를 밝히고 있어서 전체적인 내용을 파악하는데는 어려움이 없다. 더구나 초의의 장서 규모와 종류뿐만 아니라 그와 교유했던 인사들이 보낸 서책도 포함되어 있다. 김정희가 쓴 『법원주림서(法苑珠林序)』나 정학래의 친필본인 『중봉론록(中峰論錄)』, 천관사 승려 화 노장(華老長)이 써서 보낸 『동문정선』 등이 그것인데, 이 서책들은 초의의 학문적인 경향이나 교유관계를 연구하는데 중요한 단서가 된다.

「서책목록」에 수록된 서책은 총 91점으로, 『금강경』 등의 불가 경전과 조사어록, 『주역』, 『논어』, 굴원의 『초사』와 당송대 시문, 운율 사전, 시에 대한 비평서, 역사서, 지리에 대한 전문서적, 초의의 선론인 『초의선과』와 『선문사변만어』, 그리고 『다신전』 등이 있다. 이를 통해 초의의 장서는 불교 경전에 국한되지 않고 유가 경전이나 역사, 지리 등 다양한 분야의 도서가 포함되어 있었다는 사실을 알 수 있다.

〈목록 3〉「서책목록」에 수록된 서책명

서 명	권 수	비 고
『法華經』	全帙 4卷	恩老手寫
『觀世音菩薩經』	一糾	法老手寫
『七俱陀羅尼經』	一糾	法老手寫
『石金注金剛經』	一糾	唐紙本
『六祖注金剛經』	一糾	
『感應圖金剛經』	一糾	粉唐紙小本
『佛說末劫救急眞經』	一糾	法老手寫
『禪敎要覽』	單卷	法老手寫
『禪門四辨漫語』	單卷	法老手寫
『禪門拈頌選要疏』	單卷	法老手寫
『禪課』	單卷	法老手寫
『禪門綱要集』	單卷	
『禪宗永嘉集』	單卷	
『禪喜老坡集』	單卷	仙多婆所寫
『大東禪敎考』	一糾	大歷法老 手抄
『奏對機緣』	一糾	法老手抄

『寒山拾得詩』	各 一糾	法老手寫
『諸經要句』	一糾	法老手寫
『大道篇』	一糾	法老手抄
『東林十八高賢傳』	一糾	
『法苑珠林序』	一糾	秋史所寫
『羅漢講試』	一糾	
『華胥集』	單卷	唐本
『中峰論錄』	單卷	學來所寫
『眞覺法語』	單卷	
『善提增長論』	單卷	法老手寫 大歷
『元亨釋書』	單卷	大歷
『黃石公素書』	單卷	法老手寫
『積陰德書』	單卷	大歷
『祝聖疏』	單卷	
『東坡詩集』	單卷	
『古詩前集』	單卷	
『簡齋集』	單卷	
『靑野集』	單卷	法老自抄 大歷
『昨非庵』	二卷	法老手抄
『竹迷記』	單卷	
『文選抄』	單卷	
『茶神傳』	單卷	
『禮堂別論』	一糾	州仙多婆 所寫
『南宋摘句』	一糾	秋史所寫
『東文精選』	一糾	天冠寺華老長所書
『翰墨大全』	二糾	唐板
『玉歷抄傳』	一糾	粉唐紙本
『南華眞經』	一糾	法老手抄

『曠世文淵』	一糾	
『手法詳定記』	一糾	
『古文精選』	單卷	
『擇里志序』	單卷	
『古語摘奇』	單卷	
『神相全編』	單卷	
『韻府群玉』	單卷	
『四山碑銘』	單卷	
『古事成語』	單卷	
『歷代通載』	單卷	
『見聞經驗方』	一糾	
『羅湖野錄』	一糾	法老手寫 大歷靑家衣
『齋夜話』	一糾	
『天機要抄』	一糾	
『醫書略抄』	一糾	
『表中郎尺牘』	一糾	法老手抄 大歷
『家語錄』	一糾	
『論語合部』	一糾	
『康熙皇帝所作熱河辭』	一糾	
『法雲鐘銘竝書』	一糾	
『海印寺安住院記』	一糾	
『梵網經』	單糾	謄本
『諫不受單于朝書』	一糾	
『遍看山川驗吉凶記』	一糾	
『地理洞林照瞻目錄』	一糾	
『陶詩集句律附月渚影讚』	一糾	
『御定奎章全韻』	一糾	
『玉山周易』	一糾	

『烈水拾遺』	一紉	
『隨園尺牘』	一紉	
『八代四六』	一紉	
『宗鏡錄要抄』	一紉	
『國朝年代』	一紉	
『唐空冊』	一紉	
『區田編』	一紉	
『眞宗皇帝勸學文』	一紉	
『先師士夫前往復簡』	一紉	
『林下錄』	二紉	
『唐詩別裁集』	一紉	
『堯山堂外記略抄』	一紉	
『文賦典論二文合壁』	一紉	
『楚辭』	一紉	
『韓詩』	一紉	
『唐詩』	一紉	
『文賦』	一紉	
『維摩經』	二紉	新版 外家衣紅紬
	總 91紉	

2)「첩책목록(帖冊目錄)」

「첩책목록」에 수록된 서책은 총 56점으로, 초의와 교유했던 사대부
들의 시첩 및 필첩과 간찰첩들이다.

중요한 서책을 살펴보면, 정약용의 서첩인 「생경교진첩(笙磬交陳帖)」

외에 10점이 있으며, 홍현주의 시첩 2점과 김정희의 「팔만공덕첩」을 포함하여 총 10점이 있다. 김노경(金魯敬, 1766~1837)의 간첩(簡帖) 1점과 정학연의 첩책 4점도 수록되어 있다. 박영보는 「원몽편(圓夢篇)」 1점과 「남다병서」 1점을 초의에게 보냈는데 이 두 작품을 합첩하여 1책으로 만들었고, 이 외에도 오대산의 시첩 1점이 있다. 그리고 김유근의 「육근죽첩(六根竹帖)」 1점과 이삼만(李三晩, 1770~1847)의 필첩 2점이 있으며, 이광사(李匡師, 1705~1777)의 「청매첩(青梅帖)」 1점과 「원교필첩(圓嶠筆帖)」 1점이 있고, 조희룡(趙熙龍, 1797~1859)의 필첩 1점이 있다.

김명희의 서첩은 모두 2점인데, 특이한 점은 김명희가 지은 「태식명(胎息銘)」을 해석한 첩이 포함되어 있다. 초의[103]는 김각에게 태식법[104]을 배울 정도로 평소 태식법에 남다른 관심을 가졌는데, 김명희도 태식법에 관심이 높았다는 사실이 이 자료를 통해 확인된다.

허련의 「수선화첩」 1점과 정약용이 초의에게 준 완호 화상(玩虎和尙)의 편지글 1점이 있고, 조광진(曺匡振, 1772~1840)이 쓴 첩 1점과 남판서가 보낸 서간문첩 1점, 신위가 손수 쓴 『심경(心經)』과 「금강시첩」 1점 등도 수록되어 있다. 이 목록은 초의와 사대부들의 교유 범위를 보여 준다는 점에서 의미가 있다. 초의가 김생(金生)의 필첩 2점을 소장한 사실은 그가 필법에도 남다른 관심을 가졌음을 알게 해 준다.

이 외에도 초의가 쓴 시첩과 법첩 등 3점이 포함되어 있다. 18점의 서첩은 제목만 기록되어 있고 누가 보낸 것인지는 기록되어 있지 않다. 특히 정약용의 서첩 중에는 초의의 「당호첩(堂號帖)」이 포함되어 있다. 초의는 생전에 일지암, 용마암, 쾌년각을 지었는데, 이 중에 정약용이 초의를 위해 직접 당호를 지어 준 것이 있을 가능성이 있으나 확실하지 않다. 정약용의 「당호첩」이 확인되지 않았기 때문이다.

〈목록 4〉「첩책목록」에 수록된 첩책명

첩 명	필자 및 체재
「海居大監次韻先師金剛山詩」	洪顯周, 帖冊
「海居簡帖」	洪顯周, 帖冊
「六根竹帖」	金逌根
「八萬功德帖」	金正喜
「不可傳帖」	〃
「簡書帖」	〃
「看梅子帖」	〃
「古詩帖」	〃
「銀魚帖」	〃
「心經帖」	〃
「阮堂法帖」	〃
「一枝庵帖」	〃
「曺匡振帖」	
「笙磬交陳帖」	丁若鏞
「朝起觀遠山帖」	〃
「唐沙門酬索補闕詩」	〃
「寄仲孚書簡帖」	〃
「先師堂號帖」	〃
「臘月帖」	〃
「聰之琴帖」	〃
「貞帖」	〃

「懷古帖」	〃
「寒山子詩帖」	〃
「茶山贈玩虎和尙簡帖」	〃
「酉山簡帖」	丁學淵
「酉山簡帖」	〃
「酉山簡帖」	〃
「靑山老臥金身佛碧海生還玉局仙帖」	丁學淵所作
「文山贈先師帖」	
「觀音占帖」	法老寫
「鐵書帖」	趙熙龍
「小道帖」	趙熙龍
「水仙花帖」	許鍊
「悔堂隷書帖」	金命喜
「山泉簡帖」	〃
「山泉所書胎息銘解帖」	〃
「蓮社淨緣錄帖」	
「小林栢樹及書簡帖」	
「酉堂簡帖」	金魯敬
「佛國懷古栽句」	
「錦舲所作南茶幷序」	錦舲 朴永輔
「錦舲所作圓夢篇帖」	〃
「八萬四千波羅蜜帖」	
「佛國懷古帖」	
「李三晚筆」	李三晚
「華東眞帖」42丈	
「石峯筆帖」	金生
「白月塔碑帖」6丈	金生

「靑梅帖」5丈	圓嶠 李匡師
「圓嶠筆帖」大帖 15丈, 小帖 11丈	〃
「花山龍珠寺版恩重經」	
「黃山六根竹秋史蘭草」	
「吳大山次韻石屋詩帖」	
「先師次韻石屋詩帖」	草衣
「申判書手書心經及金剛詩」	
「南判書簡帖」	
總 56点	

3)「주련목록(柱聯目錄)」

「주련목록」은 초의가 소장한 주련 목록으로 총 28대(對)가 수록되어 있다. 그 내용은 김정희가 쓴 주련 「구련암」 1축과 「달마태식경련」을 포함하여 5축이 있고, 김노경의 「난죽주련」 1대 및 옹방강의 「죽재효약조화서독서장련(竹齋燒藥竈花嶼讀書狀聯)」 1대가 있다. 이상적(李尙迪, 1804~1865)의 「난죽주련」 1대 이외에도 엄치욱의 「아미타불주련」 1대가 있다. 엄치욱은 정종 때 화공으로 알려진 인물이다. 특히 1819년(기묘)에 엄치욱이 그린 「마조변상(馬祖變相)」은 정벽과 형암이 동참하였다. 초의가 그린 「관세음보살상」도 포함되어 있다.

이 목록을 통해 초의가 연경 출입 학자들과도 교류하였다는 사실을 확인할 수 있다.

<목록 5> 「주련목록」에 수록된 주련명

주 련 명	체재와 필자
達磨壁觀像聯	一隻
波羅蜜	橫軸聯
九蓮庵	橫軸聯 金正喜
達磨胎息經聯	一隻 ″
如來宮殿廣無邊自然覺者處其中聯	一對 ″
空山無人水流花開聯	一對 ″
參不二法門試弟一茗泉聯	一對 ″
茗禪聯	一隻 ″
蘭竹合壁	一隻 金正喜所贈
蘭竹柱聯一對,	留耕道人
觀音變像	貞碧捨贈金壎逈盦恭寫
觀世音菩薩像	一隻 先師摹寫
阿彌陀佛柱聯	一隻嚴致郁嘉慶丙子淸和
黑紅梅聯	一隻 中華
黑芙蓉葉靑橘聯	一隻 松山, 中華
臨濟變相 聯	一隻
乾隆皇帝影像	一隻
古文二十八言蒼詰書聯	一隻
佛手佛頭花聯	一對 紅紙本, 中華
馬祖變相	嘉慶己卯暮春嚴致郁恭寫, 貞碧·逈盦同參
王軒聯	一對 中華, 紅紙本
蘭竹柱聯	一對 藕船 李尙迪
卷石臨黃子久쳠瓶花供紫丁香	子貞 中華, 未入軸者
楞嚴經句書聯	一隻 唐天竺沙門諦譯 林啓 元 唐黃紙本
四大神祝梵書聯	日本僧 尊明所書

品節爲貞金介石心神如秋月春雲聯	一對 鼎雲明訓
竹齋燒藥花嶼讀書狀聯	一對 中華, 翁方綱
南無阿彌陀佛及心經橫軸聯	一隻大靑貞觀22年三月吉日 立建, 中華
總 28種	

4)「명한시초(明翰詩抄)」

「명한시초」에는 총 86종의 서책, 단규로는 총 123규의 목록이 기록되어 있다. 대개 당판(唐板)이나 신판(청대에 출간된 책)이며, 일부 필사본 자료도 포함되어 있다. 서책의 대부분은 불서이지만 시집도 상당한 양이 수록되어 있다. 시집의 종류는 『원시』, 『고문』, 『당시』, 『열조시선』 및 『두시배율』, 『주역사전(周易四箋)』 등이다.

차에 대한 자료로 초의가 저술한 『동다송』 1규와 『다보서기』, 육우의 『다경』 각 1규가 포함되어 있다. 유품목록에 『다경』이 있다는 사실을 통해 초의가 정립한 차 이론의 기초가 된 것은 『다경』이었다는 사실을 확인할 수 있었다. 그뿐만 아니라 『다보서기』 1규는 초의가 쓴 새로운 저술일 가능성이 높아 그의 차 이론에 대한 새로운 견해를 밝힐 수 있는 자료라 할 수 있다. 비록 서명만 남아있지만, 필자의 연구를 계기로 초의가 저술한 새로운 다서의 존재 가능성이 처음 드러났다는 중요한 의미를 지닌다.

초의가 직접 그린 풍수 혈맥도가 들어 있는 『직지원진(直指原眞)』 8권은 그가 풍수에도 상당한 식견이 있었다는 것을 밝힐 수 있는 자료라는 점에서 주목된다.

<목록 6> 「명한시초」에 수록된 도서명

도 서 명	비 고
列朝詩	三糾
列朝詩選	一糾
皇明詩	一糾
復初齊集	二糾
唐詩	一糾
古文	一糾
元詩	一糾
周易四箋	二糾
唐四傑集	二糾
牧齊有學	二糾
杜詩排律	二糾
鄒論精選	一糾
文字般若集	二糾
東茶頌	一糾
茶譜序紀	一糾
茶經	一糾, 此七卷同貯梧桐漆 函
文字般若集	二糾 草本
佛本行經	四卷 唐板
法華經文句	二卷 〃
法華文句記	一卷 〃
現證三昧大敎王經	一卷 〃
陀羅尼集經	一卷 〃
寶光明經	一卷 〃

神變眞言經	二卷 〃
入楞伽經	一卷 〃
大寶積經	一卷 〃
諸法無行經持入菩薩所 問經合部	一卷
大般泥洹經	一卷 唐板
准提大明陀羅尼經	一卷 〃
正法華經	一卷 〃
妙法華經	三卷 〃
阿彌陀經句解	一卷 〃
大方廣佛華嚴經合論	一卷 〃
正法念處經	一卷 〃
佛說因緣僧護經	一卷 〃
勝思惟梵天所問經	一卷 〃
洹盤經	四卷 〃
洹盤玄義	一卷 〃
悲華經	一卷 〃
無垢稱經	一卷 〃
佛說無畏授所問大乘經	一卷 〃
藥師如來本願功德經	一卷 〃
弘戒律儀	二卷 〃
五百大阿羅漢等造論	一卷 〃
法苑珠林	二卷 〃
華嚴懺儀	八卷 〃
十六觀經	一卷 新版
佛說天地八陽經	〃
法寶壇經	單紏
造像經	〃

眞言集四十手眞言合部	
淨土寶書	單糾
佛祖源流	〃
大藏一覽抄集	一糾
護法論	單糾
五位圖信心銘合部	一糾
懶翁語錄	單糾
三峰語錄	二糾 唐板
雲庵語錄	二糾 唐板
博山語錄	單糾 唐板
五家語錄	單糾 唐板
續燈錄	一糾 唐板
阿比達磨俱舍釋論	一糾 唐板
大慧普說	一糾 唐板
古尊宿語錄	單糾 唐板
佛果禪師碧巖集	單糾 唐板
瑜伽儀凯集	二糾 唐板
衆經目錄	單糾 唐板
手母	單糾
四經持驗記	單糾
虎石合部	一糾
四家錄	單糾
白雲和尙語錄	單糾 唐板
蓮宗寶鑑	二糾 新版
註心賦	單糾
類苑叢寶	單糾
證道歌	

無竟集	單糾
綱要私記	單糾
疊山先生批點文	單糾
雅頌	單糾
八代家抄	
素問原病式	
廉洛風雅集	一糾
震祖師遺蹟攷	
奮忠錄	單糾
雪嶠語錄	二糾 唐板
海東遺珠	單糾
玉壺氷	單糾

5) 「산업물종기(産業物種記)」

「산업물종기」는 초의가 일상생활에서 사용하던 물품들을 기록한
것이다. 특히 그가 사용했던 찻그릇의 종류와 수량을 세세히 기록함으
로써, 초의 음다법의 대체를 파악하고 차 생활 전반을 살펴볼 수 있다
는 점에서 자료적인 가치가 매우 높다고 할 수 있다.

초의가 사용하던 물품은 열반 후 그의 제자들에게 증여되었는데,
「산업물종기」에 그 물품 내용이 구체적으로 기록되어 있다. 이 자료를
통해 그의 직전 제자는 월여와 내일, 서암이라는 사실이 밝혀졌다. 이
자료에서 초의가 그의 가사 여섯 벌 중 내일에는 두 벌을, 월여에는 한
벌을 증여하였으며, 생활용품의 경우 월여와 내일에 집중적으로 증여

초의 소장품 흑색 다관(국립광주박물관 소장, 박동춘 기증본).

하였다는 사실이 확인되었다. 서암에게는 제위답인 전병리 마금원(田
並里 麻金員) 소재 밭 7두락이 특별히 증여되었다.

〈목록 7〉「산업물종기」에 수록된 물품 목록

물품의 종류와 수량	贈嗣
大日: 七立	內鍮具盖一立給月如, 三立具盖給乃一
大接: 二立	內鍮一立給月如, 一立乃一
接是: 五立	內二立給月如, 三立給乃一
竹日: 一立	給乃一
宗子: 一立	給乃一
匙子: 一立	給乃一

露器: 一立	
銅鐵茶罐: 一座	
小茶罐: 一座	
黑色茶罐: 一座	
全閉: 三座	內一座給乃一
舟藏: 二座	
貯器: 一座	給乃一
貯米大: 二座	內一座給乃一貯米八十
舟床: 二座	內一座給月如
小盤: 三立	內六方盤一立給乃一 二立破散
筆床: 二座	內一座給月如
高足研床: 一座	
袈裟: 一座	
唐茶鍾具臺: 三座	
白瓶: 二座	
屛風: 二座	內一座給乃一 六波羅蜜六間
衣籠: 一座	
玉燈: 一介	
香爐: 一座	
白茶器具臺: 一座	
大研匣: 一座	
醬盒: 三座	內一座給乃一
細骨席: 一立	
竹籠: 二座	內一座給乃一
箱子: 三座	內一座給乃一
卓衣: 二件	
搖鈴: 一座	

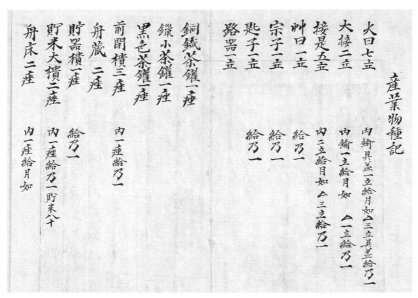

產業物種記

火曰七立　内鉤具盖一立給月如ム三立具盖給乃一
大接二立　内鋪一立給月如　ム一立給乃一
接是五立　内三立給月如　ム三立給乃一
艸曰一立　給乃一
宗子一立　給乃一
匙子一立　給乃一
路器一立
銅鉄茶罐一座
鐵小茶罐一座
黑色茶罐一座　内一座給乃一
前閣横三座
舟藏二座
貯器横一座　給乃一
貯末大横二座　内一座給乃一貯末八十
舟床二座　内一座給月如

『일지암서책목록』「산업물종기」(국립광주박물관 소장, 박동춘 기증본). 초의가 어떤 다구를 사용했는지를 살펴볼 수 있는 목록이다.

唐研匣: 一座	持去乃一
袈裟: 六領	內二領 給月如, 一領給乃一
玉研匣: 一座	給月如
總 36種	

6) 「선사답기(先師畓記)」

「선사답기」는 초의가 남긴 제위토(祭位土)와 관련한 기록이므로. 초의의 경제력을 파악할 수 있는 자료로 주목할 만하다. 「선사답기」는 초의의 제위토와 더불어 벽봉의 제위토를 포함하고 있다. 이 기록에 의하면 초의는 해남 지역 이외에 영암의 신풍리에도 제위토를 소유하고 있었고, 규모는 현산·오산·옥천·영암 등에 총 44두락(斗落: 마지기) 7승이었다. 이중 일부가 초의의 법제자와 은제자인 서암, 월여, 내일에게 증여되었다.

이로써 초의의 경제 규모가 파악되었고, 소유답의 규모와 소재지가 밝혀졌다. 또한 초의의 경제력은 그가 소유한 토지에서 나온 것이며, 개별적으로 관리하고 있었다는 사실을 알 수 있다.

〈목록 8〉「선사답기」에 수록된 선사답 목록

선사답의 위치	수 량
縣山 大亭(先祖師 碧峰堂大和尙 祭位)	五斗落
田里 家前坪(先祖師 弟子條)	四斗落
烏山坪(先恩師草衣堂大和尙祭位)	四斗落
田里(先恩師草衣堂大和尙祭位)	五斗落 七升
田里麻金員(恕庵給)	二斗落
靈岩新豊里(乃一給)	七斗落
山梅亭地(月如給)	七斗落
縣山古縣內三(影畓條, 自爲廢畓故 關酉年錢二十二兩 決價買爲也 靑錢不在也)	三斗落
山白峙洞	四斗落
玉泉九水田(海眼給內水田 三斗落 小大詳齋買用)	三斗落

4. 경화사족과 교유 확대

초의는 정약용과 김정희, 신위와 같은 유학자들과 인연을 맺으면서 그들의 시학이나 유가 철학, 역사관 등을 접하고 인문 소양을 넓혔다. 특히 정약용의 시학과 『주역』, 학문 방법 및 태도, 역사관은 초의에게 많은 영향을 주었다.

초의가 정약용을 만난 것은 1809년경으로, 이는 황상의 「초의행」 에서 확인된다.[105] 이 무렵은 초의가 쌍봉사에서 대둔사로 거처를 옮긴 지 얼마 지나지 않았던 때이고, 1809년(을사)에 정약용에게 올린 「봉 정탁옹선생」[106]에서도 초의가 강진에 있는 정약용을 찾아갔던 정황을 추정할 수 있다. 이 편지에 "부자는 재물로 사람을 송별하고 어진 사람 은 좋은 말로 전송합니다. 지금 선생님께 말씀드리려 하나 마땅히 드 릴 것이 없습니다.[107] 먼저 조심스럽게 제 마음을 펴 온화하신 선생님 께 올립니다"[108]라고 하였기 때문이다.

초의와 정약용의 관계는 이능화의 『조선불교통사』에서도 확인할 수 있다. "초의는 다산의 승지를 따라 유서(儒書)와 시도(詩道)를 배웠 다"[109]라는 서술에서, 초의가 정약용의 문하에서 시학과 주역, 유가서

를 배웠다는 사실이 확인된다. 정약용이 초의에게 준 「증언이십삼칙
(贈言二十三則)」은 이들이 사제지간이었음을 확인할 수 있는 직접적인
자료이다. 그런데 초의가 다산초당을 출입하던 초기, 대둔사 사중에서
상당한 반발과 반대가 있었고 초의는 다산초당을 출입할 수 없는 상
황에 이른다. 이러한 사실은 초의가 정약용에게 올린 「상정승지서(上丁
承旨書)」를 통해 밝혀졌다.

> 근자에 어떤 요망한 스님이 제가 몇 해 동안 송암을 지키고 있
> 는 동안 유림으로 회향할 조짐이 있다고 하였습니다. 그 말이 저
> 의 스승에게까지 들어가서 제 스승도 따라 의심하시게 되었습니
> 다. 진실로 이런 말 때문에 스승님(다산)의 훌륭한 덕에 누가 될까
> 염려가 되어 마침내 왕래함이 드물어 마음속이 거칠게 되었습니
> 다. 비록 다시 모실 기회가 온다고 하더라도 주변의 수군거림으
> 로 인해 마음을 다 펴놓지 못하게 될 것입니다.[110]

이 편지에서 언급한 송암(松庵)은 정약용의 거처로서,[111] 만덕사 암자
중에 하나로 추정된다. 몇몇 대둔사 승려들 사이에서는 다산이 거처하
는 송암에서 공부하던 초의가[112] 환속(還俗)하여 유자(儒者)가 될 것이라
는 소문이 파다했던 것 같다. 이로 인해 초의는 정약용의 문하에서 공
부하기 어렵게 되었고, 이를 스승 정약용에게 알려 폐를 끼치지 않으
려 했던 것으로 보인다. 이후 초의는 다산초당을 드나들지 못하다가
몇 년이 지난 1812년(임신) 9월 12일에 해후한 것으로 추정된다. 이날

초의는 윤동(尹峒)과 함께 정약용을 따라 백운동 이덕휘의 집을 방문하였다. 이들은 12경승지를 둘러보았는데, 이때의 기억을 잊지 못한 정약용이 초의에게 「백운도」와 「다산초당도」를 그리도록 했던 정황이 있다.[113] 이런 우여곡절을 겪으면서도 초의가 스승 정약용에게 보인 사제의 정은 더욱더 돈독해져 평생토록 성의를 다했으며, 스승에 대한 의리는 정약용의 아들 정학연·정학유 형제뿐 아니라 그들의 손자 대까지도 이어졌다.

한편, 초의와 김정희의 우정은 조선 후기 대표적인 유불교유로 회자된다. 이는 유학자와 도가, 불가의 교유를 상징했던 호계삼소(虎溪三笑)에 비견할 만하다. 위진 때에 동림사 승려 혜원(334-416)과 도연명(365~427), 육수정(406~477) 등이 교유했는데, 특히 혜원은 동림사의 다리를 건너 밖으로 나가지 않고 수행했다. 그런데 도연명과 육수정 등이 동림사를 찾아왔다가 돌아갈 때, 다리를 건너가는 줄도 모르고 이야기꽃을 피웠다고 한다. 이때 호랑이가 세 번씩 우는 소리를 듣고서야 다리를 건넜다는 걸 알아채고 서로 파안대소했다는 고사에서 유래된 말이다. 이후 호계삼소는 유·불·도가(儒佛道家) 인사들의 아름다운 교유를 상징하는 말로 회자되었다.

초의는 김정희를 통해 신학문과 시대의 흐름을 이해할 수 있었는데, 초의가 북학파 경화사족들과의 교유를 확대할 수 있었던 배경에는 김정희의 영향이 컸다. 초의가 북학파 인사들과 교유를 확대한 것은 조선 후기 차 문화 중흥의 저변을 단단하게 구축할 수 있었던 토대라는 점에서 초의와 김정희 관계는 역사적인 의미를 지닌다.

초의의 첫 상경 시점은 「등한벽당」에서 유추할 수 있다. 그는 이 시에서 "처음 서울에 오르는 길에"[114]라고 하였고, "시골 사람 옷차림으로 정자에 오르니 여기가 옛 왕도라 하네. 골짜기 고요해 새소리 은은하고, 맑은 시냇물 나무 그림자 그윽하다. 바쁜 상인은 저녁 길을 재촉하는데, 장맛비에 씻긴 싱그러운 때라"[115]고 하였으므로, 초의는 1815년(을해) 늦여름 대둔사를 출발하였고, 전주에 이르러 경승지 한벽당에 올랐던 것으로 추정된다.

한양에 도착한 초의가 김정희를 만난 시점은 그해 겨울이다. 당시 초의는 수락산 학림암에서 해붕선사(?~1826)[116]를 시봉하고 있었는데, 이때 눈길을 헤치고 김정희가 해붕선사를 찾아왔다. 김정희는 해붕선사와 공(空)과 각(覺)의 소생(所生)을 논했다고 하는데, 이는 초의가 쓴 「제해붕대사영정첩(題海鵬大師影幀帖)」 발문에서 확인할 수 있다.[117]

이때가 초의와 김정희의 첫 만남이었을 것이고, 이 이후에 초의는 김정희의 아우인 김명희(金命喜)를 만났을 것이다. 초의가 서성(西城)에서 지은 「어로향(御爐香)」에는 "서성에서 눈 내리는 밤, 김명희와 두번천(杜樊川)의 운을 차용해"[118]라는 구절이 있다. 그 해 초의는 정학연을 만나 옥경산방(玉磬山房)에서 이노영(李魯榮)과 함께 시를 짓기도 하였다. 옥경산방은 인왕산 기슭의 옥계와 필운대 사이에 있던 산방이다. 이처럼 초의가 경화사족들과 교유할 수 있는 배경에는 이미 다산초당에서 만났던 정학연의 도움이 컸다.

초의가 첫 상경한 후 어떤 활동을 했는지는 1815년 10월 25일 초의가 김정희, 정벽 유최관, 형암 김훈, 소유 박장암 등에게 회람(回覽)토

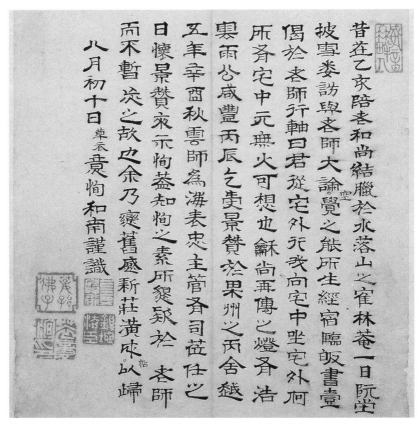

「제해붕대사영정첩」 발문(선암사 소장). 초의가 해붕대사의 영정에 쓴 발문이다.

록 했던 편지에서 나타난다.[119] 이를 통해 초의가 김정희뿐 아니라 박제
가의 아들 박장암, 관음상을 잘 그렸던 김훈, 옹방강의 아들 옹수곤과
교유했던 유최관을 만남으로써 초의의 문예 전반에 영향을 미친 인사
들과의 교유가 시작되었다는 것을 알 수 있다. 아마도 초의가 경화사족
등 교유 인물들에게 초의차를 공여한 시기는 이때부터였다고 생각된

다. 1818년 7월 23일 홍석주의 편지에 초의가 차를 보낸 것에 감사한 다는 내용이 들어 있다는 사실에서[120] 이런 정황을 유추할 수 있다.

초의가 대둔사로 돌아온 해는 1816년(병자)이다. 귀사(歸寺)하는 도 중에 윤정현(尹定鉉, 1793~1874)[121]을 만났고, 윤정현의 별서인 함벽정(函 碧亭)에서 시를 짓기도 하였다.

1817년(정축) 대둔사에 머물던 초의는 「송체경선사유한양(送掣鯨禪師 遊漢陽)」을 지어 한양으로 떠나는 체경(掣鯨)[122]을 전별하면서 그가 한양 에서 노닐던 옛일을 회상하였다.

> 이제 그대는 당대의 철인들을 방문하려고
> 구름안개 저쪽으로 석장(스님의 지팡이)을 날리라.
> 깨끗한 이슬 허공에 맺혀 아름다운 집 맑고
> 긴 들판에 안개 서려 서늘한 연못은 더욱 깨끗하여라.
> 이제 가면 바로 초계에서 놀던 때와 같으리니
> 술잔 잡고 뱃전을 두드리며 밝은 달을 즐기겠지.
> 옥경산방 만향정에서
> 다투어 맞이하는 기쁨을 다했는데
> 서쪽으로 장안에 들러 깊었던 기약 알리면
> 당대의 높은 분들 다투어 나오리.[123]

이 전별시는 한양으로 떠나는 체경을 위해 초의가 지었다. 연파(蓮 坡, ?~?)의 제자인 체경이 상경하게 되자 초의는 자신이 교유했던 인사들을 만나도록 조언한다. 이 시는 바로 이들에게 체경을 소개하는 추천서인 셈이다. 이 시에서 초의는 정학연과 함께 초계(苕溪)와 만향정에서 놀던 시절, 또 옥경산방에서 이노영 및 김정희와 그 형제들, 사대부들과 시회를 열며 마음껏 시상을 펼치던 시절을 회상하였다. 만약 체경이 왔다는 소식을 들으면 초의와 교분을 나누었던 장안의 인사들이 앞을 다투어 체경을 영접할 것이라고 하였으니, 이를 통해 초의 자신이 그들과 막역한 친분이 있었음을 나타낸 것이라 하겠다.

초의는 이 해 8월에 김정희와 재회한다. 1817년(정축) 8월에 동장(東莊)에서 김재원(金在元, 1768~?), 김경연(金敬淵, 1778~1820),[124] 김조순의 아들인 김유근(金逌根) 등과 함께 김정희를 만났는데, 이 내용은 초의가 이들과 헤어지면서 지은 전별시에서[125] 확인할 수 있다.

이보다 앞선 6월에는 초의가 불국사에서 김정희를 기다렸지만 만나지 못했다. 이 시기에 초의는 경주에 방문하였고, 김정희가 경상도 감영에 내려왔다가 경주를 방문한다는 소식을 들었다. 당시 완호가 천불전 조성 불사를 주관하고 있었는데, 천불전에 모실 옥불을 경주 기림사에서 조성하였으므로, 초의가 경주를 방문한 것은 이 불사와 관련이 있다고 생각된다. 초의는 경주 불국사에 머물면서 「불국사회고(佛國寺懷古)」 9수를 남겼다.[126] 이 시의 하단에 "김 추사가 영영(嶺營: 경상도 감영)에 왔다가 경주 고적을 방문한다기에 나는 이 절에 가서 머물며 그를 기다렸다"[127]고 기록하였다. 그러므로 초의는 경주에서 김정희를 기다렸지만 만나지 못했다고 생각한다.

1822년(임오)에 그는 대둔사에 거주하며 「산수도팔첩(山水圖八帖)」

을 감상한 후 시를 지었고, 1823년(계미)에는 호의(縞衣), 체경(掣鯨), 석범(石帆), 하의(荷衣) 등과 함께 대둔산을 유람하였다. 이때 영심암(營深菴) 옛터 및 범영봉(泛瀛峰)과 상왕대(像王臺)에 올랐으며, 김인항(金仁恒, 1749~1828)의 초암을 찾기도 하였다.

1824년(갑신)에는 운흥사에서 「송월(松月)」을 지었고, 1828년(무자) 곡우 무렵에 방장산 칠불암 아자방에 대은을 따라갔다가 『만보전서』에 수록된 장원의 『다록』을 등초하여 돌아왔고 1830년에 정서하여 『다신전』을 편찬했다.[128] 1829년(기축)에는 쌍계사에서 「쌍계사차운(雙溪寺次韻)」을 지은 것으로 보아 1828년 곡우 무렵에서 이듬해 초까지 칠불암에 머물렀던 것으로 추정된다.

쌍계사에서 대둔사로 돌아온 그는 1830년(경인)에 일지암을 중건했고,[129] 그해 겨울에는 1828년(무자)에 완성된 완호의 탑명을 구하기 위해 상경하여 수종사에 머물렀다. 당시의 상경 과정이나 사대부들과 교유했던 정황은 그가 쓴 『주상운타(注箱雲朶)』 후발에서 확인할 수 있다.

1830년(경인) 겨울, 취련(醉蓮)과 함께 상경하여 홍현주에게 탑명을 구하려 하였다. 먼저 능내리의 정약용 선생을 찾아뵙고, 그다음에는 용호로 김정희를 찾아갔으나 김노경이 탄핵받은 일로 인해 홍현주의 집에서 머물게 되었다. 정학연이 내가 왔다는 소식을 듣고 청량산방에서 만나기를 약속했지만, 김정희의 일로 인해 (약속을) 지키지 못하였다. 다음 해 1831년(신묘) 정월 중순에 비로소 청량산방의 보상암(寶相庵)에서 아름다운 모임이 이루어 초의 친필 『주상운타』 후발(개인 소장). 『주상운타』는 김정희가 제주에서 보낸 편지를 묶은 편지첩이다.

졌는데, 봄밤의 놀이에는 홍현주, 윤경당,[130] 이만용, 정학연, 홍저원,[131] 홍성모와 나를 합하여 모두 일곱 사람이 모였다. 운을 나누어 시를 지으니 (이것은) 정말 좋은 인연이다. 홍현주는 도성에 들어간 후, 수일 만에 탑명을 지어 두릉으로 보냈다. 신위가 홍현주의 명으로 서문을 쓰게 되었다. 그해 겨울과 봄 사이 나는 용호에 머문 날이 많았고, 취련은 추위를 무릅쓰고 양쪽을 왕래하는 일이 잦았다.[132]

당시 도성 출입이 자유롭지 못했던 초의는 두릉으로 정약용을 찾았고, 그 후 용호(蓉湖)에 있던 김정희를 예방하였다. 그런데 김노경이 탄핵을 받아 어수선한 김정희의 집에 머물 수가 없는 상황이었으므로, 초의는 홍현주 집에서 머물렀던 것으로 보인다. 김노경은 1830년 8월 27일에 김우명과 김로에게 탄핵을 당했고, 10월 2일에 고금도에 위리(圍籬) 안치(安置)되었다.

한편 정학연은 초의가 상경하였다는 소식을 듣고 청량산방에서 만나기로 약속했지만, 그 또한 김정희 집안의 사정으로 초의와의 약속을 지키지 못하였던 듯하다. 이때 초의는 정학연을 만나지 못하였지만, 그해 겨울에 정학연, 정학유, 광산(匡山, ?~?) 등 여러 사백들과 수종사에 모여 시회를 열었던 것으로 보인다. 그런데 이 시회에 모였던 사람들은 폭설로 길이 막히자 운길산방(수종사)에서 눈을 감상하며 시를 지었고,[133] 이 날의 모임은 다음날까지 이어졌다. 1831년 봄, 초의는 홍현주가 주선한 모임에 참석했으며, 이때 지은 시를 모아 기록한 것이 「청량산방시회첩(淸凉山房詩會帖)」이다.

당시 청량산방 시회를 마치고 귀가한 홍현주가 수일 만에 완호의

「청량산방시첩」(국립광주박물관 소장, 박동춘 기증본). 1831년 봄 홍현주의 청량산방 시회에 초의가 참가하였고, 이는 초의의 문재(文才)가 세상에 드러나는 계기가 된다.

탑명을 지어 두릉으로 보냈으며, 신위가 「완호비」의 서문을 쓴 연유도 홍현주의 부탁 때문이었다. 이런 전후 사정이 「청량산방시회첩」을 통해 밝혀지게 되었다.

1831년 4월 초의는 김익정(金益鼎, 1803~1879)과 용문산을 유람하였고, 이재의(李載毅), 능산(綾山, 具行原, ?~?)[134]과 함께 김조순의 집에 모여 시회를 열고 우의를 다졌다. 8월에는 북선원(北禪院, 신위의 별서)으로 신위를 찾아갔으며, 정학연의 소개로 오창렬(吳昌烈, ?~?)을 만난다. 오창렬은 김정희의 제자로 시를 잘했던 중인계층의 의원이다.

이 무렵 초의는 금강산 유람을 계획하고 있었다. 초의와 금강산 유람에 동행하려 했던 인물은 철선(鐵船)과 견향(見香), 자흔(自欣)이다. 하지만 견향은 무슨 연유인지 알 수 없으나 중간에서 돌아가고, 자흔과 둘이서 금강산에 가려 했지만 결국 뜻을 이루지 못했다. 초의는 금호에서 김정희와 지내다가 돌아가는 길에 보은산방을 방문하고 박영보에게 차를 선물하였다.[135]

1831년(신묘)에 초의는 보상암에 머물며 김정희가 지은 묘향산 금선대에 대한 시 세 편을 적어서 대둔사로 가져왔고, 1837년(정유) 겨울에 이 시를 정서하였다. 이를 통해 그는 김정희나 당시 사대부들의 좋은 시구를 필사하여 참고했다는 것을 알 수 있다.

초의가 상경했을 때 경화사족들과 교유했던 장소는 청량산방과 신위의 시흥 별서인 북선원, 수종사, 금선암, 정약용 생가 등이다. 이는 주로 도성 외곽 지역이다. 당시까지도 승려들이 도성을 출입하는 것을 국법으로 금지했기 때문이다.

초의는 1832년(임진)에 해남으로 돌아왔고, 대둔사에 머물렀다. 진도 목관으로 부임한 변지화(卞持華)에게 화답시를 보내고, 해남 현감으로 부임한 신태희(申泰熙)에게 「봉화정양도인신태희(奉和晶陽道人申泰熙)」를 지은 때가 이 시기이다. 신태희도 화답하는 시를 지었는데, 이는 청량사(淸凉寺) 아집(雅集)을 화운(和韻)한 것이다.

1833년(계사)에 초의는 일지암에서 「종죽(種竹)」이라는 시를 지었다. 황상은 초의의 「종죽」에 화운한 「초의사종죽병서(草衣師種竹幷序)」에서 "초의가 대나무를 심은 뜻은 한갓 대나무만을 사랑한 것에 있는 것이 아니라 수행에 비유한 것이다. 그러므로 그 뜻이 아름다워 화답하는 시를 짓는다"[136]라고 하였다. 대나무의 고상한 절개를 수행에 견주어 표현하였다는 점에 동조하여 화답시를 지어 보낸 것이다.

초의가 대둔사의 한산전에서 허련(許鍊, 1808~1893; 許維라고도 함)을 만난 건 1835년(을미)이다.[137] 이후 초의는 허련을 김정희에게 추천하는 등 허련이 화가로 대성하도록 후원을 아끼지 않았다.

초의가 금강산으로 유람을 떠난 해는 1838년(무술)인데, 이해 봄 수홍(秀洪)과 함께 시를 짓기도 하였다. 초의는 금강산을 유람하고 돌아오는 길에 성동병사(城東丙舍)에서 홍현주의 시집에 발문을 썼는데, 이는 홍현주의 부탁 때문이다.[138]

1839년(을해) 가을에 초의는 이희(李曦)[139]를 찾아갔지만 만나지 못한다. 입동날인 11월 8일경 전의(全醫)를 찾아갔다가 이희가 출타하였다는 소식을 듣고, 이희의 시에 차운한 시를 이삼만(李三晩, 1770~1847)에게 남긴다. 다시 이희를 찾아갔지만 만나지 못하고 이삼만의 집에서

묵기도 하였다.[140]

1840년 7월 초의는 대둔사 총섭자첩에 관한 문제로 불갑사 승려
도영에게 편지를 받았고,[141] 같은 해 도내승통(道內僧統) 성황이 표충사
수호겸팔도선교양종승풍규정도원장(表忠祠守護兼八道禪教兩宗僧風糾正都
院長)이 상고한 일을 원상 조치하라는 공문을 받는다.[142] 당시 대둔사와
송광사, 불갑사 승려들은 초의와 견해를 달리하여 소란한 논쟁이 있었
다는 것을 알 수 있다.

1840년(도광 20) 9월 20일, 제주도 유배 길에 오른 김정희가 대둔사
에 도착하고 일지암에서 하룻밤을 머문다. 김정희가 한양에서 출발한
것은 9월 2일이므로, 18일 만에 해남 대둔사에 도착한 셈이 된다. 일
지암(一枝庵)에서 초의와 김정희는 차를 마시며 밤새도록 시국, 달마 관
심법과 혈맥론에 대해 논하였다고 한다. 김정희가 일지암을 떠난 것은

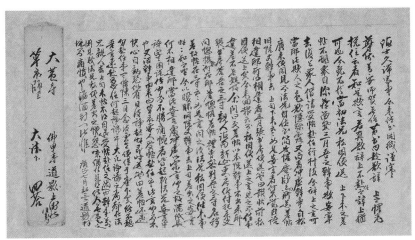

1840년 도갑사 승려 도영 편지(국립광주박물관 소장, 박동춘 기증본).

초의가 1840년 그린 「화북진도」(개인 소장). 초의가 1840년 제주로 떠나는 김정희를 위해 해남 이포 나루까지 전송하면서 이 그림을 그렸다. 김정희가 무사히 제주에 도착하기를 기원하는 초의의 염원을 담은 것으로, 이들의 각별한 우정을 짐작하게 한다.

9월 21일이다. 초의는 김정희를 해남의 이진포까지 배웅했는데, 9월 23일 김정희가 제주도에 무사히 도착하기를 기원하면서 「제주화북진도(濟州華北津圖)」를 그린다. 이에 대한 자세한 내용은 초의의 「제주화북진도」 화제에 기록되어 있다.

道光 20년(1840) 9월 20일 薄暮에 추사공이 일지암의 貧道 처소에 들러 머무르셨다. 공은 9월 초2일 漢城에서 떠나 늦게 해남에 도착하셨는데, 앞서서 공은 囹圄에 묶인 몸으로 죄 없이 笞杖을 맞아 몸에 참혹한 형을 입어 안색이 초췌하였다. 이런 가운데 제주 華北津에 定配한다는 명을 받아 분부를 모시고 길을 나선 틈에 잠깐 일지암에 도착한 것이다. 평시에 공은 나와 더불어 信義가 중후하여 서로 사모하고 경애하는 도리를 잊지 않았는데, 갑자기 지나는 길에 머무르게 되니 불행 중에 다행한 일이다. 山茶 한 잔을 들며 밤이 새도록 俗塵의 세상 돌아가는 형세와 달마대사의 觀心論과 血脈論을 담론함에 앞뒤로 모든 뜻을 통달하여 빠짐없이 금방금방 대답하는 것이었다. 그런데 몸에 형벌의 상처를 입었으나 매번 君恩의 지중함을 칭송하고 백성들이 처하고 있는 괴로움을 자신의 괴로움인 것처럼 중히 여기니 참으로 군자라고 할 만하다. 하늘은 어찌하여 군자를 보호하지 않고 땅은 어찌하여 크나큰 선비의 뜻을 길러주지 않아, 이처럼 곤경에 떨어지게 하여 기회를 빼앗아 버리니 탄식하고 또 탄식할 만한 일이로다. 이튿날 공이 謫所로 떠남에 공의 원망스러운 귀양살이에 눈물 흘리며 비로소 제주화북진도 한 폭을 그려 빈도의 충정을 표하는 바이다. 도광 20년 9월 23일 초의 의순은 낙관하지 않고 합장하고 그리노라.[143]

1843년(계묘)에 초의는 고향인 삼향면 신기마을을 찾아가 「귀고향(歸故鄕)」을 지었다. 40여 년 만에 고향을 찾았던 당시의 정회를 다음과 같이 읊었다.

멀리 고향을 떠난 지 40년 만에
머리가 하얗게 센 줄도 모른 채 (고향으로) 돌아왔네.
신기의 옛터엔 풀이 우거져 집이 어디인지
이끼 덮인 옛 무덤, 걸음걸음마다 수심이 이네.

마음이 없으니 한인들 어디서 일어나랴.

늙은 몸은 눈물조차 흐르지 않네.

외로운 사람 다시 구름 따라 떠나려니

아! 고향 찾음이 부끄럽구려.[144]

　그가 신기 마을 옛집을 찾아간 것은 58세 때였다. 이미 백발이 되었지만, 늙은 것도 느끼지 못한 채 고향을 찾았다. 그러나 그의 옛집은 이미 사라졌고, 이끼만 가득한 무덤엔 세월의 무상함만 드러나고, 서성일 때마다 수심이 어린다고 했다. 옛 고향을 찾은 초의의 고백은, 비록 출가 승려이지만, 인간적인 정회를 느끼게 한다. 이미 늙어 눈물조차 흐르지 않는다는 말은 애이불비(哀而不悲)의 사상을 드러낸 것이라 하겠다.

　그가 제주도 대정으로 김정희를 찾아간 것은 1843년경이다. 고향 신기를 찾아간 후에 제주도로 향했다고 짐작된다. 당시 초의는 제주도에서 말을 타다 낙상하여 팔이 부러지는 화를 입은 일이 있었다고 전해지지만,[145] 실제로는 볼깃살이 벗겨지는 상처를 입어 어려움을 겪는다.[146] 이 무렵 초의가 말을 타다가 입은 상흔이 사실과는 다르게 회자(膾炙)한 정황은 초의와 교유했던 인사들의 시문과 편지 등에서 발견되는데, 팔이 부러졌다거나 다리를 다쳤다는 등 확대 해석된 내용이 보인다.

　초의는 제주도를 찾기 전 남평 지역을 순행했을 것으로 추정된다. 1841년 10월 허련이 초의에게 보낸 편지에 "(초의가) 남평 등지로 떠

제주 대정리 김정희의 유배처(박동춘 제공).

나신다니 편지를 열어보았지만 만난 것만은 같지 않습니다. 슬프고 상실된 마음에 그리움은 마찬가지입니다"[147]라고 한 것에서 드러난다.

　1845년 당시 경향에서는 초의의 명성이 회자하였다. 이런 사실은 허련이 헌종을 알현하였을 때 왕이 친히 "호남에 초의라는 승려가 있다는데, 품행이 어떠한가"[148]라고 하문한 사실에서도 드러난다.

　1849년 6월에 제주 목사를 지낸 이용현은 초의가 보내준 차가 적다는 불만을 드러낸 편지를 보낸다.[149] 그러므로 1849년경 초의차의 우수성은 이미 세상에 널리 알려졌으며, 초의는 자신이 만든 차를 그와 교유하는 인사들에게 보내 따뜻한 우정을 돈독하게 하였다.

　1850년(경술) 김정희의 동생인 김명희는 초의가 보낸 차에 사례하여 「사다(謝茶)」를 지었다. 초의도 이 시에 화답하여 「봉화산천도인사다(奉和山泉道人謝茶)」를 짓는다.

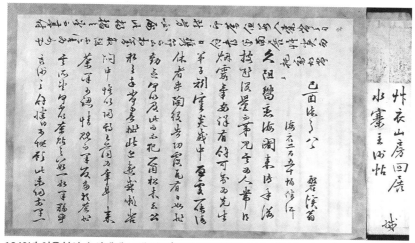

1849년 이용현이 초의에게 보낸 편지(국립광주박물관 소장, 박동춘 기증본). 해남 현감을 지 냈던 이용현은 초의에게 차를 구하는 편지를 보냈던 인물이다.

1851년(신해)에 초의는 대둔사의 대광명전을 신축하였다.[150] 1852년 8월 19일 김정희가 허련에게 보낸 편지에 "초의는 처소를 따로 지었다 고 하니 선사의 말년에 얼마나 큰 복분인가"[151]라고 한 것에서 대광명전 의 증축을 확인할 수 있다. 그러므로 초의는 1852년경에 일지암을 떠나 새로 신축한 대광명전의 부속 건물인 쾌년각에 머물렀다고 추정된다.

1856년 1월 초의는 경성사 승려 원장(元長)에게 함월 스님의 영정을 그려달라는 청을 받았다.[152] 같은 해 초의의 지기였던 김정희가 타계하 여, 초의는 이듬해인 1857년(함풍 7) 봄, 해남을 떠나 과천 소재 과지 초당을 방문하였고, 다음 해 2월 청명절에 고인의 영전에 제문을 지어 조문하였다.[153] 1857년 초의의 상경은 김정희의 영전에 조문하는 일과 신위에게 「완호비문(玩虎碑文)」을 받기 위해서다. 당시의 상황은 정학연의 편지에서도 확인된다.

그런데 정학연의 편지는 겉봉투가 없어지고 발신자의 이름도 수록되지 않았지만, 글씨체나 편지 내용으로 보아 정학연이 전주 감영(현감)에게 보낸 편지로 추정된다. 그 내용은 아래와 같다.

초의는 호남지방의 이름난 승려인데, 일찍이 어떤지를 듣지 못했습니까. 지금 초의 노인이 영하에 있으니 바로 불러 보시고 친히 그 사정을 물으신다면 상세히 알 수 있을 일이라서 이런저런 말이 없을 것입니다. 초의를 불러보신 후 소략하게 그의 여비를 주실 수 있다면 매우 좋을 것 같습니다만 어떨지 모르겠습니다. 작년 여름 병이 있는데도 한양에 온 것은 김정희를 조문하기 위한 것이요, 그의 선사비각의 일 때문인데 일이 여의치 않아 가을에 돌아가지 못하고 추사 댁에서 겨울을 지내고 지금 남쪽 해남으로 돌아가려 하지만 그의 행색으로는 돌아갈 여비가 한 푼도 없다고 합니다. 가련하고, 근심됩니다. 겨우 3~4냥의 비용이면 절에 돌아갈 것 같다고 합니다.[154]

편지의 내용으로 보아, 초의가 김정희를 조문한 뒤 일이 여의치 않자 과천에서 그해 겨울을 보냈다는 것을 알 수 있다. 초의는 신위에게 「완호비문」을 받으려 했지만, 신위의 사정으로 비문을 받지 못하고, 전주 관영에서 대둔사로 돌아갈 비용도 없었다는 사실도 확인된다. 이러한 어려운 처지를 알게 된 정학연은 전주 감영의 수령에게 도움을

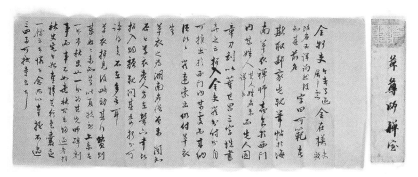

정학연이 전주 감영에 보낸 편지(국립광주박물관 소장, 박동춘 기증본). 초의가 1857년에 과천으로 김정희를 조문하러 왔다가 여기에서 겨울 한철을 보낸다. 그가 대둔사로 돌아갈 때 노자가 부족하여 어려움을 겪자, 정학연이 전주 감영에게 편지를 보내 도움을 요청했다.

요청하였다. 초의가 심혈을 기울여 조성하고자 했던 완호의 사리탑은 완호가 열반한 지 7년이 지난 후 1858년에 조성되었다.

한편 1830년 상경한 초의는 홍현주에게 완호의 「삼여탑명(三如塔銘)」을 부탁하였고, 신위에게 서문을 부탁하면서 보림백모(寶林白茅) 네 덩어리 차를 보내기도 하였다.[155] 그런데 신위가 「완호비문」을 완성하지 못하였으므로, 이후 권돈인이 완호의 비문을 지었다. 당시 초의가 완호의 비문을[156] 구하기 위해 상경한 사실은 초의의 제자인 석훈(碩訓)의 편지에 "다만 인편에 들으니 뜻밖에도 선대 법사의 비석을 조성하는 일을 주관하시어, 스님께서는 천 리 밖에 계신다고 하였습니다"[157]라고 한 것에서도 알 수 있다.

이 밖에도 1858년 한양에서 대둔사로 돌아온 초의의 근황은 1859년 운고(雲皐)[158]가 보낸 편지에 "지나가던 귀사의 소임(所任) 승에게 노사의 소식을 들었습니다. '비록 옛날처럼 강녕하지는 못하더라도 정신만은 오히려 또렷하다'고 하니 위로됨이 큽니다"[159]라고 한 것에서 드러난다. 실제 초의는 김정희를 조문하고 대둔사로 돌아와 열반 때까지 산문 밖 출입을 자제하고 수행에 열중하였다.

1860년 한양 대원암의 우기에게서 동백기름 진상을 독촉하는 편지를 받는다.[160] 당시 대둔사는 동백기름을 진상하는 일로 큰 고통을 겪었다. 같은 해 초의는 정약용의 손자인 정대무에게 편지를 받는데,[161] 이는 차를 보내준 것에 대한 감사 편지이다.

초의가 열반하기 한 해 전인 1865년 허련의 편지에는 초의가 그린 「16나한도」를 김정일이라는 사람이 빌려달라고 했다는 내용이 보이는데,[162] 이는 초의가 불화에 능했다는 사실을 확인할 수 있는 자료이다.

1866년 초의가 열반한 후, 그의 제자들은 신헌에게 초의의 화상에 찬을 써달라고 부탁한다. 이에 신헌은 초의의 화상에 다음과 같은 글을 썼다.

내가 일찍이 연영(蓮營: 전라도 해남 右水營, 전라도 우수군절도사)을 맡아 나갔을 적에 스님과 더불어 노닐었다. 뒤에 전라도 녹도(鹿島)로 귀양 가자 스님이 산과 바다를 건너와 종유하였는데 다시 만났다. 서울로 돌아온 이듬해에도 창랑정(滄浪亭)으로 나를 찾아왔다. 내게 후하게 대하여 끝내 버리지 않았으니 감사할 만하다. 스님은 선리에 깊었다. 나와 더불어 선종과 교종이 두 가지 이치가 아님을 토론하였는데, 스님은 이를 몹시 옳게 여기며, 선문(禪門)의 변이(辨異)에 대한 글을 보여주었다. 나 또한 답한 것이 있

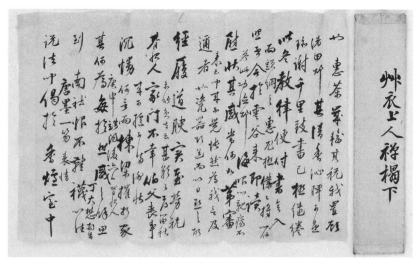

1860년 정대무가 초의에게 보낸 편지(국립광주박물관 소장, 박동춘 기증본). 정약용과 그의 아들 정학연, 그리고 그의 후손 정대무도 초의와 대를 이어 교유한다. 정대무는 초의가 차를 보낸 것에 감사를 표하는 편지를 보낸다.

다. 스님은 시문에 뛰어났으니, 대개 다산(茶山) 정약용(丁若鏞) 공(公)에게서 받은 것이다. 또 사대부와 더불어 노닐기를 기뻐하였고, 자하(紫霞) 신위(申緯)와 추사(秋史) 김정희(金正喜) 등 제공과 특히 친하였다. 또한 근세의 혜원(惠遠)과 관휴(貫休)의 부류이다. 일찍이 두륜산의 대광명전(大光明殿)에 거처하였고, 법랍이 84세였다. 그 고족 선기(善機, 초의의 법제자) 등이 스님의 영정에 내 말을 구하였다. 스님의 깊은 학문과 맑은 모범은 형상으로 비슷하게 그려낼 수 있는 것이 아니다. 또한 지금 세상에 다시 일으킬 수도 없다. 아! 마침내 이를 위해 서를 쓰고 이로 인해 찬하길,

스님 오심 공이요/ 떠나심도 공일세/

가고 옴이 다 공이나/ 또한 장차 같지 않네 //

한 폭의 그림에다/ 풍신(風神) 굳이 남긴대도/

천축국 엄연하니/ 그 자취 본시 없다//

붙잡고 움키어도/ 물 위 달빛 솔바람 일세 /

스님이 있건 없건/ 처음과 끝 뉘 말하랴//[163]

이 찬에는 초의의 초상화는 그가 열반한 후 그의 제자들에 의해 조성되었고, 신헌이 화상찬을 썼다는 것과 신헌과 초의가 교유했던 내막을 상세히 서술하고 있다. 그뿐 아니라 조선 후기 사대부들은 초의와 김정희, 신위의 교유를 호계삼소에 비견될 유불교유라고 인식했다는 것을 알 수 있다.

1 申櫶, 「草衣大宗師塔碑銘」, 『草衣詩集』卷下(韓國佛教全書 10, p.869下), "演教之餘 兼習梵字".

2 草衣가 불화를 그린 정황은 許鍊이 보낸 서간문이 최근에 발견되면서 더욱 확실해졌다. 1865년(을축) 4월 29일에 許鍊이 보낸 서간문에서 "且十六羅漢圖 願借事 亦有詳及耶"라 한 구절이나 梵海의 「題草衣長老畵十八羅漢圖」에 "草衣寫眞歲月傳"이라는 기록을 통해 草衣가 나한도를 그렸다는 것을 알 수 있다.

3 梵海 覺岸이 저술한 『東師列傳』에 수록된 「草衣禪伯傳」에서 초의를 禪伯으로 표현하고 있다. 참고로 『東師列傳』에는 선사들의 명칭을 和尙, 國師, 法師, 大師, 王師, 禪師, 祖師, 大德, 尊者, 宗師, 講師, 講伯, 大士, 禪伯 등으로 존칭했다. 그러나 각 존칭의 규정이 무엇인지는 자세하지 않다.

4 白坡의 문인인 優曇(1822~1881)은 『禪門證正錄』을 지어 白坡를 비판하였고, 白坡의 4대 법손인 雪竇(1824~1889)는 『禪源遡流』를 지어 白坡를 옹호하는 한편 草衣를 비판하였다. 그러자 법주사 승려였던 竺源(1861~1926)은 『禪再正錄』을 지어 白坡와 雪竇를 비판하였다. 이후 이 논쟁은 1910년대 이능화를 비롯하여 1970년대 한기두가 「白坡와 草衣시대의 선논쟁」, 『박길진 기념논문집: 한국불교사상사』(원광대출판국, 1975)에서 논의를 지속하였다.

5 최범술, 『한국차생활사』(프린트본), 1966 참고.

6 청대의 고증학자인 翁方綱은 大興에서 『圓覺經』을 寫經하여 草衣에게 보내기도 하였다. 翁方綱이 사경한 『圓覺經』은 최근까지 應松이 소장하였다. 초의의 「柱聯目錄」에도 옹방강이 보낸 작품이 수록되어 있어서 옹방강과 교류했음이 드러난다.

7 호남 七高朋 중의 한 사람으로 함양 사람이라고도 전해지지만, 해남에 머물기도 하였다. 그의 생몰은 밝혀지지 않았으나, 草衣와 막역한 교유를 나누었던 인물이다. 字는 太和, 號는 雲菴, 雲翁, 雲臥, 雲广 등이며, 시문에 밝았는데, 草衣와 함께 지은 시축이 여러 편 전해진다. 호남의 七高朋은 盧質, 李學傳, 金珏, 沈斗永, 李三晚, 草衣, 海鵬이다.

8 草衣의 친필본 『直指原眞』 5권은 풍수서를 필사한 자료이다. 이를 통해 그가 풍수에 대한 도서를 필사했을 뿐만 아니라 혈맥을 그려, 실제 답사를 통해 풍수를 익혔던 정

황도 밝혀졌다.

9 覺岸,「草衣禪伯傳」,『東師列傳』卷四(韓國佛敎全書 10, p.1039上), "師名意恂 字中孚 號草衣 又曰一枝庵".

10 박동춘,「草衣 意恂의 茶道 思想 硏究- 東茶頌을 中心으로」(성균관대 유학대학원 석 사학위논문, 2004), pp.14~15; 이 주장은 정민의 논문에도 인용되었다. 정민,「차 를 청하는 글: 丁若鏞의 乞茗 詩文」,『문헌과 해석』겨울호(태학사, 2006); 金正喜가 쓴 '茗禪'이라는 글씨는 현재 간송미술관에 소장되어 있다.

11 黃裳,「乞茗詩」,『巵園遺稿』(필사본 32엽, 개인 소장), "茗禪佳號學士贈 … 秋史贈茗 禪之號".

12 金正喜가 보낸 1851년경 편지와 許鍊의『夢緣錄』에도 초의가 새 절을 지었다는 사 실이 보인다. 실제 草衣는 1851년에「大芚寺新建光明殿上梁文」을 지었으며, 이 해에 尹致英은「大光明殿新建記」를 지었다.

13 覺岸,「草衣禪伯傳」,『東師列傳』卷四(韓國佛敎全書 10, p.1039上), "張氏 羅州三鄕 人"; 현재는 전남 무안군 삼향면으로 바뀌었다.

14 『草衣全集』5(草衣文化祭執行委員會 編, 1997), p.14.

15 覺岸,「草衣禪伯傳」,『東師列傳』卷四(韓國佛敎全書 10, p.1039上), "母夢六星入懷仍 有娠".

16 覺岸, 위의 책, "五歲墮悍流中 有挾而出者".

17 意恂,「歸故鄕」,『草衣詩稿』卷下(韓國佛敎全書 10, p.858下); 이 시의 부제에 "당시 아버지께서 舊山의 오른쪽에 새 터를 개척하셨다(當時先君開新基 於舊山之右)"라 하 였다.

18 覺岸,「草衣禪伯傳」,『東師列傳』卷四(韓國佛敎全書 10, p.1039上), "十五 忽有出家之 志 投南平雲興寺 剃染于碧峰敏性".

19 申櫶,「水鍾寺詩遊」,『申櫶全集』上(아세아출판사, 1990), p.628, "巫婆兒誤我爺娘 薙髮毛爲僧 旣一死矣".

20 覺岸,「草衣禪伯傳」,『東師列傳』卷四(韓國佛敎全書 10, p.1039上-中), "十九 登月出 山 適日落月出 夜坐望月 心胸開通".

21 申櫶,「草衣大宗師塔碑銘」,『草衣詩稿』卷上(韓國佛敎全書 10, p.869中-下), "弱冠愛 其奇秀 不覺縱步 獨躋其巓 望見滿月出海 怳若呆老之遇薰風 去却碍膺之物 自是以往 所 遇無所忤者 殆其有宿氣而然歟".

22   申櫶, 「賜號普濟尊者艸衣大宗師意洵塔碑銘幷序」(이종찬 외 역, 동국역경원, 1997).

23   意洵, 「奉呈籜翁先生」, 『草衣詩稿』卷上(韓國佛敎全書 10, p.832下), "南遊窮百城 九遵靑山春".

24   覺岸, 「草衣禪伯傳」, 『東師列傳』卷四(韓國佛敎全書 10, p.1039中), "徧參知識 學通三藏".

25   覺岸, 「玩虎講師傳」, 『東師列傳』(정문사, 1982), p.219, "壬戌三月赴咸平龍泉寺住 龍門庵 臘月移住南平雲興之觀音殿".

26   박종호, 「草衣의 二種禪 一考」, 『불교학보』40(동국대 불교문화연구원, 2003), p.24.

27   박종호, 위의 논문, p.18.

28   意洵, 「上一味先生書」, 『草衣詩稿』卷下(韓國佛敎全書 10, p.868下), "摠者諸佛所致 之一心也 別者諸佛隨宜演唱方便事也 須知摠不離別 卽一心現乃法 別不離摠 惟萬法皆 一心也 法無心外之法 心非法外之心 但迷悟之自分耳".

29   意洵, 위의 책, "夫一大藏敎 祖師西來只要人悟此心 此心一悟 自然不被差別名相之所碍".

30   意洵, 위의 책, "禪宗門下 以無修而證 絶證而證 無修故直見自心 絶證故 見心卽佛 心 不可見 以悟爲見 佛不可卽 忘悟爲卽".

31   意洵, 「大乘毘尼戒案序」, 『草衣禪師全集』(龍雲 編, 아세아출판사, 1985), p.273, "儒以禮立仁義 無之則壞 佛以律持定慧 去之則喪 是以離禮於仁義者 不可與之言儒 異 律於定慧者 不可與之言佛 達是道而行之者 不可斯須離戒也".

32   意洵, 위의 책, "有居士戒沙彌戒比丘戒菩薩戒 總之爲三學之綱領 別則爲大小之二乘".

33   『茶毗契案』필사본(朴暎熙 소장)에는 '醉玄 向薰'으로 되어 있다. 후일 그의 법명 見香과 醉玄을 함께 썼으며, 向薰은 向熏으로도 표기하였다.

34   意洵, 「茶毗契案」, 『草衣禪師全集』(龍雲 編, 아세아문화사, 1985), p.336.

35   覺岸, 「無爲禪伯傳」, 『東師列傳』卷五(韓國佛敎全書 10, p.1057中), "剃染於縞衣禪 師室 … 受大乘菩薩戒於草衣師 …"; 覺岸, 「自序傳」, 『東師列傳』卷四(韓國佛敎全書 10, p.1047下), "荷衣禪師 爲說戒師 … 草衣禪師爲比丘及菩薩戒師 縞衣禪師 又爲傳 法師 …".

36   『一枝庵文集』에는 月如가 編集하고 圓應이 謹書한 受大乘戒者 31명이 수록되어 있 다. 이희풍이 쓴 「초의대사탑명병서」에 부기된 법제자와 수은제자, 재승계자가 포 함되어 있다. 『草衣禪師全集』(龍雲 編, 아세아문화사, 1985), p.336.

37   領은 數量詞로 가사의 단위를 나타낸다.

38   立은 수량을 나타내는 단위이다.

39   座는 그릇의 수를 세는 양사이다.

40   貯米大櫃 1개의 용량은 쌀 80 말이다.

41   金正喜, 『阮堂先生全集』 卷五(韓國文集叢刊 106, p.336), "自欣尙熏之各有遠貽 其
      意良厚 爲我代致款謝也".

42   金正喜, 위의 책, p.336, "欣熏諸衲處 一一討出 幷寄速便".

43   한보광, 「白龍城 스님과 한국불교의 계율문제」, 『大覺思想』 10(大覺思想硏究會.
      2007), p.84.

44   李能和, 『朝鮮佛教通史』 卷中, 律宗 79; 退耕, 「朝鮮의 律宗」, 『佛教誌』 56호, p.13.

45   한보광, 「白龍城 스님과 한국불교의 계율문제」, 『大覺思想』 10(大覺思想硏究會.
      2007), p.85.

46   원영, 「삼취정계의 형성과 자서수계」, 『大覺思想』 10(大覺思想硏究會, 2007),
      p.63.

47   원영, 위의 논문, p.67.

48   覺岸, 「草衣禪伯傳」, 『東師列傳』(韓國佛教全書 10, p.1039中), "受禪于金潭祖師".

49   한보광, 「白龍城 스님과 한국불교의 계율문제」, 『大覺思想』 10(大覺思想硏究會.
      2007), p.84.

50   이능화, 『조선불교통사』 권중, 율종 79; 퇴경, 「조선의 율종」, 『불교지』 56호,
      p.13.

51   정병삼, 「진경시대 불교의 진흥과 불교문화의 발전」, 『진경시대』(돌베개, 1998), p.30.

52   丁若鏞의 지도 아래 저술된 『挽日庵志』, 『大芚寺志』에는 兒巖과 그의 제자 袖龍과
      騎魚가 참여하였고 玩虎와 그의 제자 草衣와 縞衣가 주도적으로 참여하였다.

53   이 자료는 한국교회사연구소 소장본이다. 정약용의 간찰과 정학연의 간찰을 함께
      묶은 것으로 15폭으로 구성된 서찰첩이다. 이 자료는 한양대학교 정민 교수가 발
      굴하여 한국교회사연구소 논문집 『교회사연구』 33집에 「한국교회사연구소 소장
      다산친필 서산첩 『梅屋書匭』에 대해」를 발표하면서 세상에 알려졌다. 이 편지는
      『대둔사지』 편찬 과정에서의 정약용의 역할과 완호·호의가 주축이 되었다는 사
      실을 밝히고 있다.

54   정민, 「한국교회사연구소 소장다산친필 서신첩 『梅屋書匭』에 대하여」, 『교회사연

구』 33집(한국교회사연구소, 2009), p.539.

55   정민, 「다산과 은봉의 교유와 『挽日庵志』」, 『문헌과 해석』 권44(문헌과해석사, 2008), p.11.

56   丁若鏞, 『梅屋書匭』(한국교회사연구소 소장), "所來文跡, 雖曰汗牛, 都是僞言, 無一可據. 萬曆年以前事蹟, 都無一點信文如此, 而何以爲寺志乎. 古塔之無名無主者, 一二處開而索之, 得一文跡然後, 始可下手. 若以此事爲重難, 則無以作志矣. 又北菴上院眞佛導船四菴板記, 並一一謄來爲佳. 北菴塔中, 或有文跡耶? 萬德寺, 無傳燈錄, 此亦不可不考全帙, 數日內送之也. 弘公十六日來見卽歸, 洵也十九日繼來爲佳耳. 不具. 八月十二日."; 정민, 「한국교회사연구소 소장 다산친필 서신첩 『梅屋書匭』에 대해」, 『교회사연구』 33집(한국교회사연구소, 2009), p.148.

57   김정희는 「辨妄證十五條」를 지어 백파의 선 입장을 비판하는 한편 초의의 선지를 옹호하였다.

58   申櫶, 「答草衣」, 『申大將文集』(아세아문화사, 1990), pp.124~144.

59   김종명, 「이종선과 삼종선 논쟁」, 『논쟁으로 보는 불교철학』(예문서원, 1998), p.225.

60   白坡 亘璇은 18세 때 선운사의 시헌을 은사로 출가한 후, 연곡을 계사로 삼았다. 화엄학의 대가인 설파에게 나아가 구족계를 받았다. 1793년 백양사 운문암에서 후학을 양성, 구암사 설봉에게 법을 받고 白坡라는 호를 받았다. 김정희는 백파의 논지를 비판하는 글을 쓰기도 했지만, 백파가 열반한 이후 「華嚴宗主白坡律師大機大用碑」를 썼다. 그는 戒·定·惠 三學에 능통하였으며 律學에도 밝았다.

61   김종명, 「이종선과 삼종선 논쟁」, 『논쟁으로 보는 불교철학』(예문서원, 1998), p.224.

62   六隱은 白坡를 일컫는다.

63   意恂, 『禪門四辨漫語』(韓國佛敎全書 10, p.820下), "有客自嶺南來者 自言木浮山六隱老之法胤 滯雨十餘日 盛言其師之禪論 有反古義處 引本證正".

64   최완수, 「金正喜」, 『澗松文華』 71(한국민족문화연구소, 2006), p.119.

65   1913년경, 대둔사가 대흥사로 이미 개명되었다는 것을 알 수 있다.

66   圓應戒定, 「禪門四辨漫語序」, 『禪門四辨漫語』(韓國佛敎全書 10, p.820中), "本寺住持白翠雲和尙 與其孚老之曾玄孫高碧潭林鏡淵 協力發起 方營印刷而寺內僉員及門中自願寄附 募集多少金額故 卽爲印刷發布於域內寺刹".

67   이종찬 외, 『한글대장경 草衣集 外』(동국역경원, 1997), p.52.

68   意恂, 『禪門拈頌選要疏』, 『草衣全集』(龍雲 編, 아세아문화사, 1985), p.341, "禪者

中峰禪師云 梵語禪那 此名思惟修 亦名寂滅 乃指一心之極致也 六祖云 內觀自心不動 名爲禪 龜谷禪師云 此教外別傳一味禪".

69 意恂, 위의 책, p.342, "門者禪要經云 … 禪門祕要 爲有一門爲是多門 若有多者 法則 有二 若是一者云 何容受無量無邊 衆生而不迫隘 佛言善男子 此禪要門 亦非是一亦非 是多數 一切衆生性同空虛 雖同空虛 各於身心 自有禪門 悉不共修 何以故息口不言 冥 合理口爲禪門".

70 意恂, 위의 책, p.342, "攝眼分別 混合無異 眼爲禪門 耳所聞聲了 知虛妄 畢竟寂滅猶如 聾人 耳爲禪門 乃至意亦復如是 善男子 攝諸塵勞 入不二門 曠徹淸虛 湛然凝定是禪門".

71 申獻求, 「一枝菴詩稿拔」, 『草衣詩稿』(韓國佛敎全書 10, p.870下), "歲旃蒙大淵獻之 … 書于草衣高弟月如禪室"; 旃蒙은 十干 중에 乙을 말하고 大淵獻은 亥를 지칭하므 로 을해년을 가리킨다.

72 申櫶, 「草衣大宗師塔碑銘」, 『草衣詩稿』(韓國佛敎全書 10, p.869下), "從茶山承旨受 儒書觀詩道 … 海居都尉與紫霞秋史兩侍郞 命駕從遊 與共唱酬 皆以東林遠公西岳貫休 目之聲噪於一時".

73 覺岸, 「題草衣長老畵十八羅漢圖」, 『梵海禪師遺稿』(韓國佛敎全書 10, p.1123下), "草 衣寫眞歲月傳".

74 尹致英, 「草衣詩稿跋」, 『草衣詩稿』(韓國佛敎全書 10, p.870中), "霞所謂盡脫蔬筍氣 者信非讕語".

75 申獻求, 「草衣詩稿跋」, 『草衣詩稿』(韓國佛敎全書 10, p.870中-下), "儒之詩釋之偈 也 偈之善者未始不關於世".

76 申觀浩, 『草衣詩稿』 拔, 『草衣禪師全集』(龍雲 編, 아세아문화사, 1985), p.217, "淵 泉先生之言曰 灑削陶煉出入唐宋 是許其詩也".

77 김미선, 『草衣의 禪茶詩』(이화문화출판사, 2004), p.59.

78 意恂, 「題山水圖八帖」, 『草衣詩稿』(韓國佛敎全書 10, p.836下), "裊裊茶煙碧 冉冉雲 氣凉 側想幽人意 皎皎潔氷霜".

79 意恂, 「留宿錦公房」, 『草衣詩稿』(韓國佛敎全書 10, p.836中).

80 意恂, 「石泉煎茶」, 『草衣詩稿』(韓國佛敎全書 10, p.836下).

81 意恂, 「奉答酉山茶詩」, 『草衣詩稿』(韓國佛敎全書 10, p.859上).

82 意恂, 「奉答耘逋茶詩」, 『草衣詩稿』(韓國佛敎全書 10, p.859中).

83 意恂, 「奉和山泉道人謝茶」, 『草衣詩稿』(韓國佛敎全書 10, p.860上).

84 意恂,「上海居道人書」,『草衣詩稿』(韓國佛教全書 10, p.867上-中), "承教垂問茶道 遂依古人所傳之意 謹述東茶頌一篇以進獻"이라 했다. 하지만 意恂,「上海居道人書」, 『草衣禪師全集』(龍雲 編, 아세아문화사, 1985), p.309에는 "承教垂問茶道 遂依古 人所傳之意 謹述東茶行一篇以進獻"이라 하였다. 당시 초의가 홍현주에게 지어 보 낸 것은『東茶行』이었다.

85 박동춘 편저,『초의선사에게 차를 묻다』(㈜동아시아차문화연구소, 2017), p.78~79; 변지화가 초의에게 보낸 편지가 발견됨으로써 이런 전후 사정이 밝혀지 게 된 것이다.

86 意恂,『草衣禪師全集』(龍雲 編, 아세아문화사, 1985), p.342, "頌者頌選其要妙 疏通 源流".

87 김채식,「李圭景의『五洲衍文長淺散稿』硏究」(성균관대 박사학위논문, 2008), p.2.

88 김상현,「草衣의 茶道觀」,『사학지』10(단국대, 1976), p.62.

89 박동춘,「草衣意恂의 茶道思想 연구」(성균관대학교 석사학위논문, 2004).

90 意恂,「上海居道人書」,『草衣全集』(龍雲 編, 아세아문화사, 1985), p.597, "昔辛卯 獲 奉巾拂於淸凉松軒 猥以微賤 蒙恤過情 深感香火緣深 翰墨恩重 … 近有北山道人 乘教垂 問茶道 遂依古人所傳之意 謹述東茶行一篇 以進獻 語之未暢處 抄列本文而對下問之意".

91 洪奭周,「次永明弟東嘉十經韻」,『淵泉集』(韓國文集叢刊 293, 민족문화추진회 편, 2002), p.72, "生平不解飮茶椀代壺樽 對爾心先醉 却忘山日昏".

92 卞持華, 친필간찰 (박동춘 소장), "歲換新舊 信息阻絶 懸望雲水 徒勞神往 非意轉便 獲承手滋 仍謁新元 禪體珍重 豈勝慰豁之至俺 關外逢新 齒添感崇 餘何足道 茈已熟矣 李將治矣 然一造之約 間因晶陽之上洛 未免失信之科 何嘆何嘆 發行日字 以開月旬日 已定 期於初二三間 奮袂踐約計 而事不如意者多 亦難保其的然也 東茶行送京時 使人 急膽 今覽多誤 懸標質疑而此外 似又錯誤 故 爲付呈 幸望逐處改定 回便還投 是望耳 餘留 不備式 卄八日 北山老人 頓"; 이 간찰은 北山道人 卞持華가 草衣에게 보낸 간 찰이다. 花源里라고 한 것은 당시 北山道人 卞持華가 花源에 있었기 때문이다.

93 意恂,「草衣詩稿跋」,『草衣詩稿』(韓國佛教全書 10, p.870中), "又東茶頌一篇與桑苧 書相上下".

94 「明翰詩鈔」,『一枝庵書冊目錄』, "此七卷同貯梧桐漆函".

95 中華茶人聯誼會 共著,『中國茶葉五千年』(인민출판사, 2001), pp.45~47.

96 여승구,『추사一秋史를 보는 열 개의 눈』(화봉문고, 2010), pp.86~87.

97 意恂,『茶神傳』(韓國佛教全書 10, p.873中), "戊子雨祭 隨師於方丈山七佛啞院 謄抄

下來 更欲正書而因病未果 修洪沙彌 時在侍子房欲知茶道 正抄亦病未終 故 禪餘强命
管城子成終".

98 金正喜, 『阮堂全集』天(과천문화원. 2005), p.135, "草衣鈔群芳譜多有證正者 如海
棠虞美人之流 非一二 余謂襍花經中因疏鈔而誤者 又不啻海棠虞美人當有一一 證正如
此耳".

99 김영호, 『小癡實錄』(서문당, 2000), p.76.

100 覺岸, 「恕庵講師傳」, 『東師列傳』(韓國佛教全書 10, p.1054上), "筆力深得秋史眞好處".

101 覺岸, 위의 책, "幼投雲興之大雲".

102 覺岸, 위의 책, "開講於雲興之東庵".

103 意恂, 「胎息法」(筆寫本, 개인 소장); 林明碩, 『秋史와 그 流派』(대림화랑, 1991),
p.23, "道家 胎息之法 以玄牝爲鼻 鼻者氣之所由出入 以爲息也 佛藏中 有安般守意
經云 其法始於調息簡身 以爲凡出入鼻中而有聲者 風也 雖無聲而結滯猶粗悍而不細者
氣也 去是二者 乃謂之息也… 調和一定而不可亂則 生滅道斷 一切三昧 無不可現前…
如是坐臥起居不廢 行之旣久 覺臍腹間如火則 舊疾盡除矣 咸豊九年乙未 冬至".

104 意恂, 「贈雲广道人」, 『草衣詩集』卷上(韓國佛教全書 10, p.852中), "練丹術已疎 無
由躡輕風".

105 黃裳, 「草衣行」(친필본, 국립광주박물관 소장, 박동춘 기증본), "余幼年學習於茶山
夫子 草衣迺時衣姑未□也 參尋而至夫子 余一見而罷 歸耕於白磧之伽倻野 晦跡韜光
已四十餘春秋矣 或逢陳州來人 得於髣髴者 不忘于中 今年己酉 自洌水還訪草衣於大
芚之草菴 雪髮皺皮 乃無始來未覿之人也 聽其言跡其行 果草衣無疑也 丐見秋史先生
所贈手墨 竹爐茗禪之畵 玉環飛舄之態 非鈍根者流所敢規則也 明燭至曙 留則以歸 作
草衣行而寄之"; 意恂, 「一粟菴歌幷序」, 『草衣詩稿』(韓國佛教全書 10, p.859下), "靑
海之陽(中略) 有白磧山伽倻之谷…扈園子聞之 悠然長狂 結茅於嵩涯之陽 種田於寒
潤之側 耕雲釣月露宿風餐 如是力作三十季 未嘗一日廢置詩書 克以用力於三餘之暇";
황상은 산림처사를 자처한 인물로 시문에 능했다. 그는 정약용이 강진 謫居에서
기른 高弟로, 백적산에서 일속산방이라는 초막을 짓고 살면서 주경야독했던 인물
이다.

106 意恂, 「奉呈籜翁先生」, 『草衣詩稿』(韓國佛教全書 10, p.832下).

107 옛날에는 왕, 어른, 스승을 찾아갈 때, 幣帛을 가지고 가는 것이 禮였다. 『논어』「述而」에
보면 "子曰 自行而束修以上 吾未嘗無誨焉"이라 한 것을 통해서도 확인된다.

108 意恂, 「奉呈籜翁先生」, 『草衣詩稿』(韓國佛教全書 10, p.832下), "富送人以財 仁送

人以言 今將辭夫子 可無攸贈旃 先敬舒陋腹 請陳隱几前".

109 이능화,『조선불교통사』(보련각, 1972), p.583, "從茶山承旨(丁若鏞 嘗謫居康津)
受儒書觀詩道 …".

110 意恂,「上丁承旨書」,『一枝庵文集』,『草衣禪師全集』(龍雲 編, 아세아문화사, 1985),
p.322, "近者 山僧妖怪 或以小禪之守歲松庵也 將有回嚮儒林之兆 言及師僧師 師亦
從而疑之 在小僧則 可無攸懼 而誠恐以此成言 仰累盛德 遂今往來稀疎致 使心地荒澁
雖復時來侍側 又緣左右之喧譁 未陳所蘊".

111 丁若鏞,「爲慈宏贈言」,『다산과 추사』(추사박물관, 2015), "嘉慶二十年乙亥秋季 書
于松茶菴",

112 정민,『다산증언첩』(휴머니스트, 2017), p.279, "是帖即籜翁之書 贈 白蓮社僧意洵
者也(이 첩은 바로 탁옹 정약용 선생께서 백련사 승려 의순에게 써주신 것이다)".

113 丁若鏞,「白雲圖」(친필 후기), "嘉慶壬申秋 余自茶山遊白雲洞一宿而反 餘戀久而未
衰 令僧洵作白雲圖續之 以十二勝事之詠 以遺之 尾附茶山圖 以見優劣, 九月二十二
日"; 이 자료는 한양대 정민 교수로부터 제공받았다. 1812년(임신) 9월 12일 정
약용은 尹峒, 초의와 함께 백운동 이처사 덕휘의 집을 방문해 12경승지를 돌아보
고 이처사의 집에서 하루를 묵었다. 돌아온 후 오래도록 백운동이 생각나 초의에
게 白雲圖를 그리게 했다는 내용이 전한다. 당시 초의는 茶山圖도 그려 정약용에
게 보냈다.

114 意恂,「登寒碧堂」,『草衣詩稿』(韓國佛教全書 10, p.833下), "初入京都之行".

115 意恂, 위의 책, "田衣當水榭 云是故王州 谷靜禽聲遠 溪燈樹影幽 迅商催晚日 積雨洗
新秋".

116 선암사 승려로 이름은 展翎, 字는 天游, 號는 海鵬이다. 순천 사람으로 선암사의
嘿庵에게 출가하였다. 湖南 七高朋의 한 사람이다. 문장에 능했다. 그의 影幀의 題
文은 金正喜가 썼으며 跋文은 草衣가 썼다.

117 草衣,「題海鵬大師影幀帖」(跋文), "昔在乙亥 陪老和尙 結臘於水落山鶴林庵 一日阮堂
披雪委訪 與老師大論空覺之能所生 經宿臨歸 書偈於老師行軸"; 참고로「海鵬先師影
讚」은 김정희가 썼다. 지금 순천 선암사에 남아 있다.

118 意恂,「御爐香」,『草衣詩稿』(韓國佛教全書 10, p.834中), "西城雪夜與山泉居士拈杜
樊川韻".

119 화봉박물관,『명선, 초의전』, (㈜화봉문고, 2011), p.18~19.

120 박동춘,『초의선사에게 차를 묻다』, (㈜동아시아차문화연구소, 2017), p.65.

121 윤정현의 본관은 南原이며 李行恁의 아들이다. 조선의 문신으로 字는 정수, 호는 침계이다. 1843년 식년문과에 병과로 급제하여 이조참의, 지중추부사를 역임하였으며『헌종실록』의 편찬과 교정에 참여하였다. 경사에 밝았고 글씨를 잘 썼다.

122 掣鯨의 생몰연대는 자세하지 않다. 다만 覺岸은『東師列傳』卷四「掣鯨講師傳」에 그에 대한 전력을 기록하였다. 그의 이름은 應彦이며 호는 掣鯨이다. 그는 속성이 김씨로 영암사람이다. 처음에 만덕산으로 출가하였다. 후일, 蓮坡를 찾았는데 蓮坡는 그를 보고 "어찌 서로 봄이 늦었는가. 그대를 기다린 것이 오래"라고 하였다는 故事가 전해진다. 掣鯨은 紫霞 申緯와도 깊이 교유하였다.

123 意恂,「送掣鯨禪師遊漢陽」,『草衣詩稿』(韓國佛教全書 10, p.834中), "知音今將訪時哲 錫杖飛下雲霧末 白露泫空玉宇清 修垌生煙寒潭潔 此去政合苔谿遊 把酒扣舷弄明月 玉磬山房蔓香亭 爭迎接宿窮歡悅 西入長安通幽期 一時冠蓋傾城出".

124 그의 호는 東籬, 覃齋이다. 경사에 통달하였으며, 금석·시문에서 일가를 이루었다. 1816년 金正喜와 함께 진흥왕순수비를 찾았으며, 1819년에 서장관으로 연경을 다녀왔다. 그의 편저는『東籬偶談』이 있다.

125 意恂,「東莊奉別東老金承旨 覃齋金承旨 黃山金承旨 秋史金待教」,『草衣詩稿』(韓國佛教全書 10, p.836上).

126 意恂,「佛國寺懷古」,『草衣詩稿』(韓國佛教全書 10, p.835下).

127 意恂, 위의 책, "金秋史觀親於嶺營 作訪古之 余行止此寺候之"; 여기에는 이 부분이 누락되었다.

128 意恂,『茶神傳』(韓國佛教全書 10, p.873中), "戊子雨祭隨師於方丈山七佛啞院謄抄下來".

129 意恂,「重成一枝庵」,『草衣詩稿』(韓國佛教全書 10, p.840中-下).

130 尹絅堂은 尹正鎭(1792~?)이다. 絅堂은 그의 호이며 字는 雉中이다. 1816년(순조 16)에 별시 병과에 급제했다.

131 洪樗園은 洪羲人인데 생몰에 대해 밝혀진 것이 없다. 樗園은 그의 호이다. 字는 明汝이다.

132 意恂,『注箱雲朶』(後跋), "道光庚寅冬 與醉蓮上京 乞先師塔銘於海居都尉 先往杜陵 謁籜翁先生 次見禮堂於蓉湖 由寂被留 海翁因西山聞余至約與一會於清凉山房 拘於禮堂 未果 明年辛卯正月中澣 始成雅集於清凉之寶相庵 爲春夜之遊 海居都尉 尹絅堂 李酉山 洪樗園 洪藥人 與余合七人 分韻賦詩信宿 而別海道人 入城數日 著塔銘寄送杜陵 序則 承", 要受之於紫霞申公 於其冬春之間 予則多住於蓉湖 蓮則冒寒往來於兩地者多矣";『注箱雲朶』는 草衣에게 보낸 金正喜의 편지를 모은 간찰첩이다. 金

正喜의 친필본으로 개인 소장본이다. 이것은 草衣가 裝幀을 한 서첩으로 後記에 그가 이 서첩을 만들게 된 연유를 기록하였다. 이 서첩은 同治 元年(1862) 8월에 裝幀하였다.

133 意恂, 「奉和西山見寄」, 『草衣詩稿』(韓國佛教全書 10, p.859上), "庚寅冬 與西山耘 逋匡山諸詞伯 阻雪雲吉山房 作詩有寺樓賞雪"; 이것은 1845년(을사)년에 지은 「奉和西山見寄」의 협서 내용이다.

134 綾山은 具行原인데 그의 생애는 알려진 바가 없다. 다만 草衣의 「具綾山壽宴詩」에 "열수에서 홀연히 만난 綾山翁은 구름과 같고 鶴과 같은 성품의 도인의 모습이라(洌水忽逢綾山翁 雲情鶴性道人容)"고 하였다.

135 朴永輔, 「次起山贈師韻以別」, 『紫雲吟藁』(필사본, 고령박씨종친회 소장), "草衣師與鐵船見香自欣三和尙 約遊金剛 至漢上 只遣香 欣入山 因與金秋史 說經于琴湖 歸路訪余 贈手製茶 數宿而去".

136 黃裳, 「草衣禪師種竹幷序」, 『巵園遺稿』(필사본, 개인소장), "草衣示以種竹詩 非徒愛竹 亦寓意於修道 故奇其志而和之".

137 김영호, 『小癡實錄』(서문당, 2000), p.70.

138 意恂, 「海居道人詩集跋」, 『草衣禪師全集』(龍雲 編, 아세아문화사, 1985), p.271, "歲戊戌春 抵楓岳而還 謁先生於城東丙舍 蒙和恂山中所作倂賜先刊詩一帙 命恂一言是卷 不敢以賤拙强辭勾命 遂謹述 所向鑑一則聊以自識於第二集之後".

139 晩蘇 李曦는 湖中 사람으로 進士에 올랐다. 항상 京洛에서 從遊하며 문장으로 세상에 이름을 날렸다. 羅州의 冊室에 잠시 머물기도 하였다. 생몰연대 미상.

140 意恂, 「訪晩蘇不遇留宿蒼巖夜雨」, 『草衣詩稿』(韓國佛教全書 10, p.854中).

141 박동춘, 『초의스님 전상서』(이른아침, 2019), pp.55~62.

142 박동춘, 위의 책, pp.191~193.

143 草衣, 「濟州華北津圖」(개인 소장), "道光二十年九月二十日薄暮 秋史公投泊一枝庵貧道處 公九月初二日 離於漢城 晚到海南 先時公被逮圄圖 無罪笞杖 身被刑酷 顏色憔悴然中受命濟州華北津謫所 仰仰延路 暫到一枝庵 平時 公與我信義重厚 不忘相思相愛之道 橫路留得 幸於幸耳 山茶一盃 終夜談論俗塵之勢 達磨大師觀心論及血脈論 前後通儀 無漏速對 然而身被刑傷 每稱君恩之重 處民之苦 自苦如重 眞可謂君子耳 天何以不保君子 地何以不育宏士之志 如此困橫脫機 可歎可歎耳 翌日公發謫所 乃泣公之怨行 始寫濟州華北津圖一幅 以表貧道之衷情矣 道光二十年九月二十三日 草衣意恂 不落款 合掌摹".

144 草衣,「歸故鄕」,『艸衣詩稿』(韓國佛教全書 10, p.858下),"遠別鄕關四十秋 歸來不覺雪盈頭 新基艸沒家安在 古墓苔荒履跡愁 心死恨從何處起 血乾淚亦不能流 孤笻更欲隨雲去 已矣人生愧首邱".

145 有正, 친필 간찰(개인 소장),"師主瀛海之往來 常望無故善往來矣 千萬料外 得聞金臂之痛 不勝驚慮之至久矣"; 淨水寺 大隱庵 有正이 1843년(계유)에 보낸 간찰이다.

146 박동춘,『추사와 초의』(이른아침, 2014), p.131.

147 박동춘,『초의스님 전상서』(이른아침, 2019), p.41.

148 김영호,『小癡實錄』(서문당, 2000), p.171, "且問湖南有草衣僧持行何如".

149 박동춘,『초의스님 전상서』(이른아침, 2019), p.253.

150 尹致英은「大光明殿新建記」를 1851년(신해) 6월에 썼다. 따라서 1845년 신관호의 대시주로 조성된 후불탱화는 대광명전이 세워지기 전에 이미 조성되었던 것으로 추정된다.

151 초의가 一爐香室로 거처를 옮긴 사실은 김정희가 북청에서 해배된 다음해인 1852년 허련에게 보낸 간찰에서도 확인된다. 송재소·유홍준 외,『조선후기 차문화』(돌베개, 2009), p.327, "艸禪別搆銀地 是何等末後大福分也".

152 박동춘,『초의스님 전상서』(이른아침, 2019), pp.99~100.

153 意恂,「阮堂金公祭文」,『草衣詩稿』(韓國佛教全書 10, p.867中),"維咸豊八年戊午二月淸明日 方外淸交 某謹以淸爵敢昭告于金公阮堂先生几筵帳下".

154 정학연 친필 편지(국립광주박물관 소장, 박동춘 기증본),"草衣之爲湖南名僧 曾未聞知否 今草衣老人 方在營下 幸卽招入賜顏 親問其委折 則可諒得矣 不在多言耳 草衣招見後 略助其行費 則甚好甚好 未知如何 昨夏扶病上京者 一則弔秋史也 一則爲其先師碑刻事 而事不如意 秋間未畢 過冬於秋史宅 今始南歸 其行色囊乏一錢云 可憐可念 所以奉提 不過三四兩 可抵寺云耳"; 이것은 대략 1858년쯤 쓴 것으로 추정되는 간찰이다. 丁學淵이 전주 감영으로 보낸 것으로 추정된다.

155 이 자료는 신묘(1831)년 2월~5월까지 서술한 시문을 담은『북선원속고』一卷에 들어 있다. 申緯,『警修堂全稿』17책(, 韓國文集叢刊 291, 민족문화추진위원회 편, 2002), p.368, "時草衣爲其師玩虎大師 建三如塔 乞銘詩於海居都尉 乞序文於余而遺以四餠茶 卽其手製 所謂寶林白茅也"; 또한, 이 자료는 戊戌年 정월~5월까지의 기록을 모은『祝聖八藁』에도 들어 있다. 草衣가 舍利塔記를 구한 해는 1838년(戊戌)이다. 申緯, 위의 책, pp.557~558, "釋草衣有書致茶 求其師舍利塔記".

156 覺岸,「玩虎講師傳」,『東師列傳』(韓國佛教全書 10, p.1032下),"先立浮屠于輪山之

左 後立碑于塔之右 碑權相國敦仁之撰".

157 碩訓, "第白便聞 千里意外 先大法師主體碑造成事 尊體留於千里之外云"; 이 편지는
     필사본 간찰로 1857년 8월 16일 경기에 머무는 본사의 석훈[京畿留 本寺 碩訓]이
     보낸 편지이다. 碩訓은 草衣의 제자이다. (개인 소장)

158 雲皐의 생몰 연대는 알려지지 않았다. 다만 覺岸의 『東師列傳』「霽峰禪伯傳」에 의
     하면 이름은 雲峰, 호는 霽峰, 일명 霽山·雲史라고도 불렀다. 본래 영남사람이다.
     중간에 전주 건봉사에 주석했으며 문장과 이름이 草衣, 海鵬과 어깨를 나란히 하
     였다. 『진묵조사어록』을 草衣와 함께 교정하였다. 제자는 龍虛가 있다. 그의 스승
     은 展鵬이다.

159 雲皐, "卽於貴寺任僧之過 伏聞法體候 雖不能依舊康寧 但以精神之尙 能强記云 仰慰
     之極"; 1859년(을미) 4월 초9일 雲皐가 보낸 簡札이다(국립광주박물관 소장, 박동
     춘 기증본).

160 박동춘, 『초의스님 전상서』(이른아침, 2019), p.113.

161 박동춘, 위의 책, p.179

162 박동춘, 위의 책, p,244.

163 申櫶, 「草衣禪師畵像贊」, 『琴堂記珠』, "余曾出梱蓮營 與師遊 後謫居鹿苑 師跋涉嶺海
     而從焉 亦再遭 旣歸京師之翌年 訪余於滄浪亭 其厚於余 而終不遺 可感也 師深於禪理
     與我論禪敎無二 致師甚是之 示以禪門辨異之說 余亦有所答 師長於詩文 蓋受於茶山
     公 又 喜與士大夫遊 紫霞秋史諸公 尤善焉 近世之惠遠貫休流也 當居頭輪之光明精藍
     臈八十四 其高足善機 等 以師之影求余言 師之 邃學淸範 不可得以形似 亦不可得以復
     起今之世 噫 遂爲之序 因贊曰 師來旣空 其去亦空 來空去空 將亦無同 一幅丹靑 强留
     神丰 儼然天竺 本無其蹤 撈之掬之 水月松風 師在不在 孰爲始終".

Ⅲ. 조선 시대의 차 문화 흐름

1. 조선 전기

고려 시대는 왕실과 사찰의 경제력을 토대로 차 이론에 밝았던 수
행승들이 차 문화를 주도하였다. 이로 말미암아 고려색을 띤 차와 청
자다구를 완성할 수 있었고, 차를 즐기는 관료 문인들과 더불어 풍요
로운 다사(茶事)를 구가했다. 고려 시대는 송과 비견할 정도로 차 문화
의 수준이 높았고, 고려색을 함의한 차품과 다구를 완성했다는 점에
서 독자적인 차 문화를 이룩한 시기라고 할 수 있다.

그러나 고려가 멸망하고 조선이 개국하자, 차 문화는 쇠락의 길로
접어들게 되었다. 성리학을 통치 이념으로 삼은 조선에서 불교는 위축
되었고 차 문화 또한 활기를 잃을 수밖에 없었다. 조선 시대에 차 문화
가 쇠락할 수밖에 없는 징후는 1416년(태종 16) 9월에 태종이 예조의
건의를 받아들여 선왕과 선후의 기신재제(忌晨齋祭)에 술과 감주를 쓰
라는 조칙을 내린 상황[1]에서 감지된다. 바로 차가 제물로써의 중요한
위치를 상실한 징후였던 셈인데, 이런 변화는 조선 전기에 왕실의 의
례에서 차가 사라지게 된 요인이 되었다.

조선의 왕실 의례에서 이미 차가 사라졌다는 것은 1430년(세종 12)

세종과 시강관인 김빈의 각다법(榷茶法)[2]에 대한 문답에서 확인된다. 이와 관련한 『조선왕조실록』의 기사는 다음과 같다.

> 차를 전매하는 법[榷茶法]에 이르러 임금이 말하였다.
> "중국에서는 차를 좋아하면서도 엄하게 (국가에서) 금지했는가. 우리나라에서는 궁중에도 차를 사용하지 않으니 (차를) 좋아하는 것의 각기 다름도 이와 같다."
> 시강관인 김빈이 말하였다.
> "중국인은 모두 기름진 고기를 먹습니다. 그러므로 차를 마셔 기름기를 내려가게 하려는 것입니다. 또 손님을 접대할 때 반드시 차를 먼저 내고 뒤에 술을 냅니다."[3]

세종은 경연에서 강(講)하다가 '조선은 궁중에서 차를 사용하지 않는데 중국에서는 왜 차를 좋아하는지'를 물었다. 백성이 차를 좋아하는 나라(중국)에서 굳이 각다법(榷茶法)을 실시하여 국가가 차를 전매하고 사적인 유통을 금지한 이유가 궁금했던 것이다. 이미 세종 대의 왕실에서는 음다가 사라졌다는 것을 이 기사에서 알 수 있다.

그런데 지방에서 토공(土貢)으로 진상한 차는 중국으로 돌아가는 사신에게 하사품[4]으로 사용했고, 왕실의 의례에서 소략하게 사용하거나 탕약으로 활용되기도 하였다. 이렇듯 조선 전기에 차의 가치는 고려와는 현저한 차이가 있었다. 성현(成俔, 1439~1504)의 『용재총화(慵齋叢話)』에는 조선 시대에 차를 약이라고 인식한 정황을 알려준다.

서리 여섯 명이 각각 탕약 종지를 들고 나아가 관원 앞에 꿇고 앉아, 한 서리가 '봉약(奉藥)'이라 외치면 탕약 종지를 잡고, '정음(正飲)'이라 외치면 마시고 '방약(放藥)'이라 외치면 탕약 종지를 내려 놓는다.[5]

다시(茶時) 제도를 설명하는 내용이다. 다시는 고려 시대에 시행하던 국가 제도이다. 고려의 관료들은 차를 마신 후 맑은 몸과 마음을 유지한 상태에서 중요한 국가 일을 처리하였다. 이처럼 다시는 차를 실용적으로 활용한 사례로서, 고려에만 있었던 합리적인 제도였다. 그러나 조선 시대에는 실질적으로 시행되지 못하였고, 폐지와 복원을 반복하다가 결국 다시는 사라지게 되었다. 조선 개국 직후에는 다시가 시행되었던 정황을 확인할 수 있는데, 서거정(徐居正, 1420~1488)의 「제좌청기(齊坐廳記)」에 고려의 다시에 대한 언급이 있다.

사헌부의 일은 두 가지가 있는데, 다시와 재좌이다. 다시는 다례의 뜻에서 따온 것이다. 고려와 국초(조선 초)에 대관(臺官)은 언책(言責)만을 담당하고 서무를 처리하지 않았지만, 하루에 한 번 모여 차를 마시고 (모임을) 파하였다.[6]

사헌부는 국왕의 명령과 관련한 업무를 담당하는 부서이다. 국가제도가 완비되기 전인 조선 초에는 송사까지 처리하는 등 사헌부가 임시청의 기능도 하였다. 대관(臺官) 즉 사헌부의 관원들이 송사를 처리하기 전에 차를 마셨다는 내용으로 보아, 다시 제도는 조선 초에도 시행되었다는 것을 알 수 있다. 태종 때에 기신제에서 차를 금하는 조칙이 내려졌지만, 왕실[7]과 문인, 승려들 사이에는 음다 전통이 미약하게나마 유지되었던 것이다.

조선 전기 차를 즐겼던 인물로는 이색(李穡, 1328~1396), 원천석(元天錫, 1330~?), 권근(權近, 1352~1409), 이행(李行, 1352~1432), 변계량(卞季良, 1369~1430), 정극인(丁克仁, 1401~1481), 서거정(徐居正, 1420~1488), 김시습(金時習, 1435~1493) 등을 꼽을 수 있다.

이행은 물의 품질에 대해 논할 정도로 차를 즐긴 인물이었다. 성현의 『용재총화』에는 이행이 "충주의 달천수(達川水)를 최고로 쳤고, 금강산으로부터 흘러내려 온 한강의 우중수(牛重水)를 두 번째 물로, 속리산의 삼타수(三陀水)를 세 번째로 꼽았다"[8]라는 사실을 기록해 두었다. 다사(茶事)에 있어 품천(品泉)은 매우 중요한 요건이다. 차를 즐길 때, 수반되는 것은 물이다. 그러므로 차 문화가 발달했던 고려 시대에는 품천에 밝은 혜안을 가진 인물이 많았을 것인데, 이행도 그런 인물이었다.

찻물에 대한 감식안은 차를 즐기는 이에게는 중요한 덕목이다. 물은 차의 진수를 드러내는 차의 몸[體]이며, 차는 물의 용(用)이다. 이행이 물에 대한 감식안이 이처럼 탁월했다면 차를 감식하는 안목 또한 높았을 것으로 생각한다. 그러므로 조선 초기에 차 문화가 쇠락 위기에 처해 있었다고 할 수 있지만, 당시에도 차를 즐겼던 문인들의 수준이 높았음을 짐작하게 한다.

출가 후 스스로 설잠(雪岑)이라는 법명을 사용한 김시습은 조선 전기 최고의 감식안을 가진 다인(茶人)이다. 그의 탈속했던 차의 경지는 서거정의 「사잠상인혜작설차(謝岑上人惠雀舌茶)」에 잘 드러난다.

> 상인(上人, 김시습)은 오랫동안 산중에 살아
> 산중의 즐거움, 무엇인지를 알겠거니
> 아직 봄의 양기 미동도 않고 경칩도 되기 전에
> 산차는 뾰족뾰족 싹이 튼다네.
> 옥구슬 늘어놓은 듯 황금 같은 차 덩이,
> 한 알 한 알, 참으로 구환단[九還丹] 같구나.
> 상인은 흥이 나서 대지팡이를 끌고 가,
> 따고 딴 찻잎이 대바구니에 가득하네.
> 돌아오는 길에 좋은 물 길어와,
> 센 불과 여린 불을 잘 조절하여 차를 달이네.
> 색·향·맛 진정 논할 만하고,
> 옷깃을 풀고 마음조차 상쾌함은 (차의) 기이한 공이라.
> 상인은 속진에 사는 사람을 염려하지만
> 오랜 와병 중에 목말랐었네.
> 계림의 설백지에 (차를) 싸서
> 두세 자 구불구불 제목을 써서 봉했구려. … (중략) …[9]

산림에 살며 은자를 자처했던 김시습은 불교에 귀의한 후 차를 즐기며 수행했다. 산중에 사는 김시습이 차를 만들어 서거정에게 보냈는데, 이른 봄에 딴 용봉단(龍鳳團) 같은 좋은 차였다. 도가에서 불로장생을 위해 구환단을 만드는 것처럼, 차 또한 불로장생을 위한 명약으로 인식했음을 알 수 있다. 서거정은 속세를 벗어날 수 없었지만, 차를 통해 자신의 몸과 마음을 정화하려는 의지를 보였다. 당시 차는 지인과의 교유에서 가장 성의 있는 선물이었음도 확인된다.

김시습은 자신이 차나무를 기르고 차를 만들었던 인물이다. 그의 「양다(養茶)」에는 차나무를 기른 정황을 확인할 수 있는데, 그 내용은 다음과 같다.

> 해마다 차나무는 새 가지를 키우고,
> 그늘을 만들려 울 엮어 조심스레 보호하네.
> 육우의 『다경』에는 색·맛만을 논했건만
> 관가의 차세[茶稅]는 어린잎[槍旗]만 취한다네.[10]

육우가 쓴 『다경』은 고려 시대의 문인들도 즐겨 읽던 다서(茶書)이다. 이 시에서 김시습이 『다경』을 읽어 차의 이론에 해박했다는 것을 알 수 있다. 그런데 김시습은 '『다경』에는 차의 색이나 맛만을 언급했는데, 당시 관가에서는 차의 가치도 모른 채 무조건 어린잎만 선호하기에' 이에 따른 민폐가 심각했음도 에둘러 비난하였다.

차 문화가 쇠퇴되던 15세기에도 차세[茶稅]로 인해 백성의 어려움이 컸던 상황은 김종직(金宗直, 1431~1492)의 「다원(茶園)」에서도 확인할 수 있다. 함양 군수로 부임했던 그는 함양 지역의 백성들이 차세로 어려움을 겪는다는 사실을 알고, 『삼국사기』를 열람하여 이미 신라 때 차씨를 들여와 지리산에 심었다는 것을 확인하였다. 지역 노인들에게 수소문하여 엄천사 죽림에서 차나무를 찾아낸 김종직이 다원을 조성하였으니 이로부터 함양 백성들은 차세의 고통에서 벗어날 수 있었다.[11]

김종직의 제자 이목(李穆, 1471~1498)은 「다부(茶賦)」를 지어 차의 다섯 가지 공[五功]과 여섯 가지 덕[六德]을 칭송하였다. 차의 공효에 대한 칭송은 이미 당나라 때에도 9덕[九德]이 있었다. 당대(唐代)에 칭송한 차의 9덕이란 차를 마심으로서 이익이 되는 아홉 가지 좋은 점으로 '少眠, 醒酒, 耳明, 眼明, 止渴, 防寒滌署, 口味助長, 利腦, 解勞' 등이다. 그런데 이목은 차의 덕성을 더욱 세분하여 5공과 6덕으로 나누었다. 이목이 정의한 차의 공이란 차를 마셔서 얻는 다섯 가지 건강상의 이익으로서, '해갈, 분노를 풀어 주는 일, 빈주(賓主) 사이에 예품(禮品)으로서의 우수성, 소화나 배탈을 돕는 차의 효능, 숙취를 풀어 주는 것'을 말한다. 이목은 차가 사람의 마음을 변화시키므로 덕이라 정의하면서, 여섯 가지를 제시하였다. '사람이 차를 마시면 수명을 오래 할수 있는 덕, 사람에게 병을 없게 하는 덕, 사람의 기상을 맑게 하는 덕, 마음을 편안하게 하는 덕, 신선이 되게 하는 덕, 사람에게 예가 있게 하는 덕' 등이다.

이 중에서 이목이 심차[心茶]로 규정한 '내 마음의 차'[12]는 선비로서 수신의 입처(立處)에서 차의 오묘한 경지를 정의한 것이다. 이를 통해 조선 초에 이미 차가 왕실의 의례에서 퇴출당했지만, 음다(飮茶)의 공덕을 노래하면서 중국과 달리 차를 통해 서로 예를 갖출 수 있다는 점을 강조했던 것이다. 이목이 「다부(茶賦)」를 지어 차의 본질적 가치가 몸을 건강하게 하고 마음을 변화시킨다는 것을 칭송했다는 점에서, 차 문화가 민멸하던 시기에도 차의 가치를 이해했던 명맥이 이어졌다는 중요한 사실을 알려준다.

차를 애호했던 허봉(許篈, 1551~1588)은 허균(許筠, 1569~1618)의 형이다. 허봉이 중국에서 차를 마셨던 경험을 서술한 「조천기(朝天記)」에 "우리들은 중문 밖 동쪽 상가에서 소흥차(紹興茶)를 사 마셨다"[13]라 하였다. 그뿐 아니라 허균은 『성소복부고(惺所覆瓿藁)』「설부(說部)」에서 "작설차는 순천에서 나는 것이 가장 좋고, 변산에서 나는 것이 그다음이다"[14]라고 하였다. 차에 대한 이들의 안목을 짐작할 수 있다. 따라서 임진왜란이 일어나기 전에는 문인 중에서 차를 애호했던 사람들이 어느 정도 있었다는 것을 알 수 있다.

2. 양난 이후

임진왜란과 병자호란을 겪으면서 조선의 차 문화는 더욱 쇠락하게 된다. 이러한 시대적 상황은 선조를 알현한 명나라 장수 양호와 선조의 문답을 통해 확인할 수 있다.

지난번 나에게 "귀국에는 차가 있는데 왜 채취하지 않는가?"라 하고는, 좌우를 시켜 차를 가져오라고 하여 보여 주며 "이것은 남 원에서 생산된 것인데 그 품질이 매우 좋다. 그런데 귀국 사람들 은 무엇 때문에 이것을 마시지 않는가?"라고 하기에, 내가 "우리 나라는 풍습이 차를 마시지 않는다"고 하였다. 그는 다시 "이 차 를 채취해서 요동에 내다 판다면 10근에 1전은 받을 수 있으니 그것만으로도 생활이 가능할 것이다. 서번인(西蕃人)들은 기름기 를 즐겨 먹기 때문에 하루라도 차를 마시지 않으면 죽을 지경이 다. 그래서 중국에서는 차를 채취하여 팔아서 1년에 전쟁용 말 1 만여 필씩을 사고 있다"라고 하기에, 내가 "이것은 육안차의 종 류가 아니고 작설차이다"라 하니, 답하기를 "그것은 마찬가지이다. 귀국에서는 인삼차를 마시는데 이것은 탕이지 차가 아니다. 그것을 마시면 마음에 번열이 생기므로 마음이 상쾌해지는 차를 마시는 것만 못하다. 귀국의 신하들이 차를 마신다면 마음이 열리고 기운이 솟아나서 온갖 일들을 잘할 수 있을 것이다"라 하고는 나에게 차 두 봉지를 주었는데, 이는 '당신도 차를 마시면 일을 잘할 수 있을 것'이라는 뜻을 깨우쳐 주려는 것처럼 보였다. 이는 또 차를 위해 말한 것이 아니라 오로지 일을 잘하지 못한다고 하여 꺼낸 말이니, 계획적으로 한 말이다.[15]

위 인용문은 1598년(선조 31, 무술)에 선조가 명나라 장수 양호를 직접 만나서 서로 주고받은 내용이다. 양호는 임진왜란 때 명나라에서 파견한 장수로, 남원에서 생산된 차를 구해 선조에게 두 봉지를 주면서 "조선에서 나는 차가 좋은데 어찌하여 마시지 않는가?"라고 물었고, 선조는 "우리나라에서는 차를 마시지 않는다"라고 답변했다. 이를 통해 16세기 말에는 이미 차가 조선의 풍속에서 사라졌다는 것을 알 수 있다. 그러므로 조선 후기로까지 이런 흐름이 이어져 조선에서 차를 아는 사람이 더욱더 드물게 되었다.

3. 조선 후기

조선 후기는 정치·경제·사회 전반에 걸쳐 커다란 변화가 진행되던 시기이다.[16] 외척 세력의 득세는 왕권을 쇠퇴시켰고, 위정자들은 잘못된 제도를 개혁하려는 의지나 민생의 안정에는 관심이 없었다. 실세를 장악했던 벼슬아치들은 예론에 전념하며 논쟁만을 일삼았다.[17] 무엇보다 지방 관리의 부패와 재난으로 인한 백성의 고초는 더욱 심해졌고, 민심이 흉흉해져 일부 유민들이 도적으로 전락하는 경우가 허다했다.[18]

불교계에도 많은 변화가 있었다. 조선 건국 초에 11종이던 종파가 7종으로 축소되고 다시 양종으로 축소되었으니 불교의 교세는 날로 위축되었다. 임진왜란 이후 휴정은 억불정책 아래에서도 불교의 종풍을 확립하는 데 많은 노력을 기울였고, 대둔사에는 그의 선사상을 이은 많은 인재가 배출되었다. 따라서 조선 후기 선·교 양종의 중심 사찰이 된 대둔사는 13대 종사와 13대 강사를 배출한 대표적인 호남사찰로 자리잡았다.[19] 13대 종사는 풍담(1592~1665), 취여(1662~1684), 월저(1638~1715), 화악(1629~1707), 설암(1651~1706), 환성(1664~1729), 벽하(1676~1763), 설봉(1678~1738), 상월(1687~1761), 호암(1687~1748), 함
월(1691~1770), 연담(1720~1799), 초의(1786~1866)이고, 13대 강사는
만화(1694~1758), 연해(?~?), 영곡(1638~1715), 나암(1629~1707), 영파
(1651~1706), 운암(1678~1738), 퇴암(1687~1767), 백담(1687~1748), 금주
(1691~1770), 완호(1720~1799), 낭암(1789~1866), 아암(1772~1811), 범해
(1820~1896)이다.

하지만 조선 후기에 가속된 정치·사회적 혼란은 사찰에도 영향을
미쳤고, 대둔사 또한 경제적으로 어려움을 겪는다. 사원의 경제적인
어려움을 해결하는 방편으로 보사제도(補寺制度)를 이용할 수는 있지
만, 경제적으로 열악한 사원에서 끽다(喫茶) 전통은 민멸 위기에 놓일
수밖에 없다. 이런 상황에서도 일부 지역의 사찰에서 선다(禪茶) 전통
을 근근이 이어가고 있었는데, 특히 대둔사의 선다풍(禪茶風)이 가장 또
렷하였다.

18세기 차 문화가 거의 민멸되었음은 이덕리(李德履, 1728~?)의 『기
다(記茶)』에서도 확인된다. 그의 증언은 다음과 같다.

> 우리나라에서 차가 나는 고장은 호남과 영남에 두루 퍼져 있다.
> 『여지승람(輿地勝覽)』, 『고사촬요(攷事撮要)』 등 책에 실려 있는 것
> 은 다만 백 분의 일이다. 우리나라에서는 작설이 차에 들어가는
> 것이지만 차와 작설이 본래 하나라는 것을 모른다. 그러므로 차
> 를 따서 차를 마시는 자가 없다. 개중에 호사가는 차라리 북경
> 시장에서 사 올지라도 가까이 (우리) 나라에서 취할 수 있다는 것

도 모른다.[20]

이덕리는 18세기 무렵에 사람들이 우리나라에 차가 광범위하게 자생했다는 것도 모르고, 차를 아는 사람도 없다고 했다. 당시 사람들은 연경에서 수입한 중국 물건에 관심이 많았으므로, 수입품목 중에는 간혹 차도 포함되었다. 우리나라에서 차가 자라고 있는데 활용 방법을 모르기 때문이다. 조선 후기가 되면 우리나라에서 차를 마시는 풍속이 사라졌다는 것을 알 수 있다. 유득공(柳得恭, 1748~1807)의 『경도잡지(京都雜志)』 「풍속조」도 쇠락한 차 문화의 현실을 전하고 있다.

> 차는 토산품이 없어 북경에서 수입한다. 혹은 작설(차) 대신 생강이나 귤(차)을 쓴다. 관가에서는 찹쌀을 볶아 물에 타는 것을 또한 (이것을) 차라고 한다. 근래 풍속에서는 혹 백두산의 삼나무 순을 (차로) 쓰기도 한다.[21]

당시 조선에서는 차가 생산되지 않았고, 차를 아는 사람도 드물었다는 것을 윗글에서 알 수 있다. 작설차를 대신하여 생강차나 귤차 등의 대용차를 마셨고, 간혹 찹쌀을 볶아 물에 타 마시는 것 또한 차라고 한다는 언급은 대용차를 차로 인식하는 사람들이 많았다는 것을 알려준다. 이는 음다가 이미 풍속에서 사라졌기 때문이었다.

이 무렵 차 문화가 어느 수준으로 민멸되었는지는 박제가(1750~805)의 『북학의』에서도 확인된다. 그는 사람들이 차를 알지 못하다가 우연

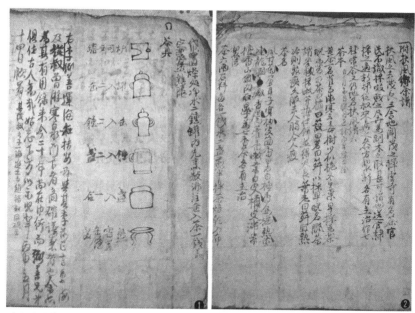

이운해의 『부풍향다보』(한국중앙학연구원 박물관 소장본). 이운해의 『부풍향다보』는 현재
발견되지 않은 채, 황윤석(1729~1791)의 『이재난고(頤齋亂藁)』에 필사된 자료를 통해 세상
에 알려졌다. 18세기 차 문화의 쇠락시기에 차를 어떻게 활용했는지를 드러낸 문헌으로, 한
국학중앙연구원에서 탈초한 자료인 『이재난고』 제1책에 실려 있다.

히 표류하게 된 중국 선박으로 인해 차를 알게 된 사연을 "황차를 실은
배 한 척이 표류하여 해남에 정박한 것을 본 적이 있다. 온 나라가 그
황차를 십여 년 동안 사용했는데, 지금도 남아 있다"[22]라고 하였다.

　음다가 풍속에 사라진 18세기경에는 차를 약재에 섞어 풍(風), 한
(寒), 서(暑), 열(熱), 감(感), 수(嗽), 체(滯)를 치료하는 약으로 활용했다. 이
런 사례는 이운해(李運海, 1710~?)의 『부풍향다보(扶豊鄕茶譜)』에서 확인
할 수 있다.[23] 부풍은 부안의 옛 지명이다. 1755년에 부안 현감으로 부

임했던 이운해가 관아의 하인을 보내 차를 채취하고 7종의 약차를 만들어[24] 감기나 풍, 한질, 더위, 기침, 체 했을 때, 병을 치료하는 약차를 만들었다. 이 기록은 차 문화가 사라진 시기에 차 산지에서 차를 약으로 활용하였던 실제 사례이다.

차 문화가 사라진 18세기 중순에 차를 약으로 활용했던 이러한 사례를 통해 차의 중요성을 재인식하는 시대적 변화를 감지할 수 있다. 19세기 초에 북학파를 중심으로 음다의 중요성을 인식하면서 차에 대한 관심이 높아지는 양상을 보였다. 당시 선다(禪茶)의 명맥을 이어온 대둔사 승려들은 제다의 중요성을 인식하고 있었고, 초의는 선다의 이론을 연구하고 발전시켜 차에 관심을 가진 경화사족들의 열망에 부응하였다. 이처럼 초의는 19세기 초에 차 문화의 흐름을 이끌었다.

이런 관점에서 본다면, 정약용이 보림사 승려들에게 차 만드는 법을 가르쳐 주었다[25]는 이유원(李裕元, 1814~1888)의 주장은 재고해 볼 필요가 있다. 정약용이 차에 대한 이해와 관심이 깊어진 것은 강진 유배지에서 진도의 감목관(監牧官)인 이태승(李台升, 1869~?)의 소개로 아암(兒庵, 1772~1811)을 만난 이후라 여겨진다. 이는 1805년(순조 5) 정약용이 보은산방으로 거처를 옮기고 난 그해 겨울, 아암에게 보낸 「이아암선자걸명소(貽兒庵禪子乞茗疏)」에서 드러난다.

나는 요즘 차를 탐내어 약처럼 먹는다오. 글 중에 오묘한 이치는 육우의 『다경』 3편에서 다 통했고, 병든 속에 큰 탐냄은 결국 노동(盧仝)의 「칠완차」로 해소했소. 설령 (차가) 정기를 침식해 수척하게 한다지만, 기무경의 말을 잊지 않는다오. (차가) 막힌 것을 뚫고, 응어리를 풀어 주니 마침내 (나도) 이찬황의 벽(癖)이 생겼구려.[26]

정약용은 육우의 『다경』이나 노동의 「칠완차」를 완독하여 차의 이치를 터득하였다. 나아가 그는 기무경이 차를 마시면 정기가 쇠해진다고 했던 차의 폐단 역시 알고 있지만, 그럼에도 차를 즐기고 차의 가치를 발견하는 벽(癖)이 생겼다고 하였다. 이런 사실은 정약용이 강진에서 해배될 무렵인 1818년 그의 제자들과 맺은 다신계(茶信契)에서 드

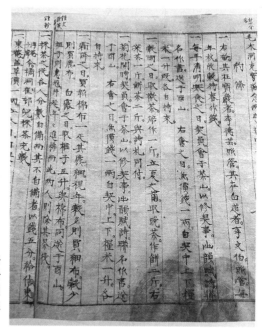

정약용의 「다신계절목」. 정약용은 1818년 해배 직전 그의 제자들과 다신계를 맺는다. 특히 「다신계절목」에는 차를 만들어 보내라는 조약이 들어 있다.

러난다. 이 해 8월에 정약용이 쓴 「다신계절목(茶信契節目)」에는 곡우
날 눈차를 덖어 1근을 만들고, 입하 날 늦차를 따 덩이차 2근을 만들
어 시와 함께 보내도록 약조(約條)를 한 내용이 기록되어 있다. 정약용
은 강진 유배 시절에 차의 실용성에 천착하여 송대의 각다법을 연구
하였고, 국익뿐 아니라 백성에게 실익을 줄 수 있는 차의 활용법을 궁
리하여 그 대안을 제시하기도 하였다.[27]

차를 좋아하고, 중국의 다서에도 해박했으며 수많은 문헌 자료를
섭렵할 수 있는 위치에 있었던 정약용이 자신보다 상대적으로 정보에
열악했던 대둔사 승려들에게 당·송·명대의 차 이론을 제공해 주었을
것이라 여겨진다.

그렇더라도 정약용이 보림사 승려들에게 차 활용법을 가르쳤다[28]고
한 이유원의 말은 재론의 여지가 있다고 생각한다. 이유원의 글에는
간혹 오류가 발견되는데, 특히 「죽로차」라는 시에 '강진 보림사의 죽
로차'라는 표현도 오류로 보인다. 강진 소재 보림사는 그 소재가 확인
되지 않는다. 다만 장성에 있는 보림사의 경우, 비자나무 아래 차나무
가 산재해 있기는 하지만 이곳에서 난 차를 죽로차라고 할 수 없다. 대
나무 아래에서 자란 차가 아니기 때문이다. 이뿐 아니라 보림사의 한
자 표기도 다르다. 이유원은 '강진 보림사(普林寺)'라고 했지만, 장성의
보림사는 '보림사(寶林寺)'이다.

이유원의 「죽로차」에는 사원의 명칭뿐 아니라 내용의 오류도 발견
된다. "구증구포, 고법을 살펴 동 시루와 대나무 체를 바꿔가며 갈았
지"[29]라고 한 대목에서, 먼저 '동 시루[銅甑]'와 '대나무 체[竹篩]'를 살펴

보자. 가루차를 선호했던 고려나 송대에는 동연(동 시루), 차 맷돌[茶磨], 죽사(대나무 체)를 사용해 가루차를 얻었다. 동연이나 차 맷돌을 이용해 차를 갈고, 더 고운 차를 얻기 위해 죽사를 사용해 거친 가루를 걸러냈다. 죽사는 대나무로 만든 가는 체이다. 동연과 죽사를 반복하여 사용함으로써 더욱 섬세한 가루차를 얻을 수 있었다. 그러므로 이유원이 말한 동 시루는 동연이라고 해야 맞다. 동 시루는 차를 찔 때 사용하는 도구이기 때문이다.

이보다 더 큰 오류는 '구증구포'라는 표현이다. 구증구포는 차를 만드는 공정을 말한다. 정확하게는 덩이차를 만드는 방법으로 제안한 것인데, 이런 공정은 제다사의 흐름에서도 찾아보기 어렵다. 더구나 접물성(接物性)이 강한 차의 성질을 고려해본다면 제다 공정은 매우 간요한 것을 요구하기 때문에 구증구포는 합리적인 제다 방법이라 하기에는 어렵다. 그런데도 근래에 구증구포에 대해, '차를 만들 때 9번의 공정을 거쳐야 한다'고 번역하고 있어 현대의 제다법에 심각한 혼란을 초래하였다. 보성, 화계, 하동 등지에서 수제 잎차를 구증구포하는 것이 전통 차의 제다법이라고 오인하게 된 것도 구증구포의 '구(九)'를 차를 덖는 횟수로 이해하였기 때문에 생긴 혼란이다.

구증구포의 문제는 더욱 세심한 고증을 통해 반드시 오류를 바로잡아야 한다. 단순히 번역의 문제에서 비롯된 것일수도 있지만, 이유원이 백과사전류인 『임하필기(林下筆記)』를 수집하고 편찬하는 과정에서 자료 취합에 집중하느라 참고한 원전의 오류나 전거를 충분히 검토하지 못했기 때문에 일어난 문제였다고 생각한다.

1　『朝鮮王朝實錄』「太宗條」卷32, "十六年丙申九月 命先王先后忌晨齋祭用酒醴 禮曹啓周書曰 … 皆用茶湯 殊未合禮 乞依太祖澆奠例 每忌晨 皆用酒醴從之".

2　중국의 推茶法은 鹽·鐵·茶의 專賣를 통해 국가의 부강을 도모하여 백성 개개인의 유통을 철저히 통제 감독한 제도이다.

3　『朝鮮王朝實錄』「世宗條」卷50, "十二年庚戌十二月 御經筵 講至推茶法曰 中國何好茶而嚴其禁乎 我國闕內亦不用茶 好尙各異亦如是也 侍講官金鑌曰 中國之人 皆食膏肉 故飮茶令下氣 且當對客必先茶後酒".

4　『朝鮮王朝實錄』「世宗條」卷62, "十五年癸丑十一月 命都承旨安崇善 同知中樞院事元閔生 回贈昌盛麻布九十五匹 … 茶蔘三十斤 … 李祥麻布三十五匹 石燈盞三事 茶蔘三十斤 …".

5　成俔, 「茶時」, 『慵齋叢話』(朝鮮古書刊行會, 1909), "有吏六人 各執湯藥種 就跪諸位前 一吏唱曰奉藥 執種 唱曰正飮則飮之 唱曰 放藥則去種".

6　徐居正, 「齋坐廳記」, 『筆苑雜記』, "府之廳事有二 曰茶時曰齋坐 茶時者取茶禮之義 高麗及國初 臺官但任言責 不治庶務 日一會設茶而罷 國家制度漸備 臺官亦兼聽斷 履事惟繁 遂爲常仕之所 然非正衙也".

7　『朝鮮王朝實錄』「太宗條」卷6, "三年癸未十二月 庚寅上朝太上殿 上欲獻壽 太上王曰自今不飮酒食肉 飮茶一椀而止".

8　成俔, 『慵齋叢話』(朝鮮古書刊行會, 1909), "公能辨水 味以忠州達川水爲第一 自金剛出來漢江中之牛重水爲第二 俗離山之三陀水爲第三".

9　徐居正, 「謝岑上人惠雀舌茶」, 『四佳集』卷13, "上人長向山中居 山中樂事知何如 春雷未動蟄未驚 山茶茁茁新芽成 排珠散玉黃金圓 粒粒眞似九還丹 上人乘興去携筥 採採已滿倉竹籠 歸來好汲惠山泉 文武活火聊手煎 色香臭味眞可論 開襟爽懷多奇勳 上人遺念紅塵客 十年臥病長抱渴 裹以鷄林雪色紙 題封二三龍蛇字 …".

10　金時習, 「養茶」, 『梅月堂集』卷12, "年年茶樹長新技 蔭養編籬謹護持 陸羽經中論色味 官家権處取槍旗".

11 金宗直,「茶園」,『佔畢齋集』卷10(韓國文集總刊 46, 민족문화추진위원회 편, 2002),
　 "上供茶 不産本郡 每歲賦之於民 民持價買諸全羅道 率米一斗得茶一合 余初到郡 知其弊
　 不責諸民而官自求丐以納焉 嘗閱三國史 見新羅時得茶種於唐 命蒋智異山云云 噫 郡在
　 此山之下 豈無羅時遺種也 每遇父老訪之 果得數叢於嚴川寺北竹林中 余喜甚 令建園其
　 地 傍近皆民田 買之償以官田 纔數年而頗蕃 敷遍于園內 若待四五年 可充上供之額"; 이
　 유원은「竹田茶」에서 김종직이 다원을 조성하여 上供茶의 어려움을 해결했던 내용
　 을 소상히 기록하고 있다. 李裕元,「竹田茶」,『林下筆記』(성균관대학 출판부, 1991),
　 p.526.

12 李穆,「茶賦」,『寒齋文集』(한재종중관리위원회, 1981), p.371, "亦吾心之茶又何必求
　 乎彼也"

13 許筬,「朝天記」,『荷谷集』, "余等人中門外東廊人家 買紹興茶以啜"

14 효동원,『茶香禪味』제2권(보림사, 1989), p.314, "茶雀舌産于順天者最佳 邊山次之".

15 『朝鮮王朝實錄』,「宣祖條」101권, "前日言於予曰: '貴國有茶, 何不採取?' 使左右, 取
　 茶來示曰: '此南原所産也. 厥品甚好. 貴邦人何不喫了?' 予曰: '小邦習俗, 不喫茶矣.' 此
　 茶採取, 賣諸遼東, 則十斤當銀一錢, 可以資生. 西蕃人喜喫膏油, 一日不喫茶則死矣. 中
　 國採茶賣之, 一年得戰馬萬餘匹矣.' 予曰: '此非六安茶之流, 乃鵲舌茶也.' 對曰: '此一般
　 也. 貴國啜人參茶, 此湯也, 非茶也. 啜之中心煩熱, 不如啜之爽快矣. 使貴國陪臣喫茶, 則
　 心開氣爽, 而百事能做矣. 仍贈予茶二包, 似是爾若喫茶, 則或可做事, 以驚[警]之之意也.
　 此非爲茶言之, 專爲不做事而發, 設辭言之也".

16 국사편찬위원회,「조선후기의 정치」,『한국사』32(국사편찬위원회, 1997), p.1.

17 김종명,「이종선과 삼종선 논쟁」,『논쟁으로 보는 불교 철학』(예문서원, 1998),
　 p.225.

18 초의가 정학연에게 보낸 편지에서 당시의 三南의 실상이 어떠했는지를 밝히고 있는
　 데, 여기에서 그는 "또 도적이 되지 않는 자가 거의 없습니다(又不爲梁上君子之行者
　 無幾矣)"라고 하였다.

19 한기두 역,『草衣禪集』권2(草衣文化祭執行委員會, 1993), p.8.

20 李德履,『記茶』필사본(개인 소장), "我東産茶之邑 遍於湖嶺 載輿地勝覽攷事撮要等書
　 者 特其百十之一也 東俗雖用雀舌入茶 擧不知茶與雀舌本是一物 故曾未有採茶飮茶者
　 或好事者 寧買來燕市 而不知近取諸國中".

21 柳得恭,「風俗, 茶煙」,『京都雜志』一卷(필사본), "茶無土産 貿於燕市 官府熬糯米沈水
　 亦謂之茶 近俗或用白頭山杉芽".

22 朴齊家 著, 박정주 역,『북학의』(서해문집, 2003), p.240.

23 이운해의 『扶豊鄕茶譜』는 1755년경 저술된 것으로 추정된다. 이는 황윤석 (1729~1791)의 「頤齋亂藁」에 필사해 둔 기록을 통해 세상에 알려졌다. 한국학중앙 연구원에서 탈초한 자료인 『頤齋亂藁』 제1책, pp.172~173에 실려 있다.

24 이운해, 「茶名」, 위의 책, "風 甘菊 蒼耳子 寒 桂皮 茴香 暑 白檀香烏梅 熱 黃蓮 龍腦 感 香薷藿香 嗽 桑白皮 橘皮 滯 紫檀香 山查肉".

25 李裕元, 「湖南四種」, 『林下筆記』(성균관대학출판부, 1991), p.808, "康津寶林寺竹田 茶丁洌水若鏞得之敎寺僧以九蒸九曝之法".

26 丁若鏞, 「貽兒庵禪子乞茗疏」, "旅人近作茶饕 兼充藥餌 書中妙解 全通陸羽之三篇 病裏 雄蠶 遂竭盧仝之七椀 雖侵精瘠氣 不忘蓁母之言而消壅破癥 終有李贊皇之癖".

27 丁若鏞, 「屯田條」, 『桑土誌』, "嶺南湖南 處處有茶 若許一斗米 代納一斤茶 或以十斤茶 代納軍布則 數十萬斤 不勞可集 舟輪西北開市處 依越茶印貽之價 一兩茶取二錢銀則 十 萬斤茶 可得二萬斤銀而爲錢銀六十萬 不過一兩年而可置四十五屯之田矣".

28 李裕元, 「竹露茶」, 『嘉梧藁略』 4책, "何來博物丁洌水 敎他寺僧芽針選"; 李裕元, 「湖南 四種」, 『林下筆記』 권32(아세아문화사, 1961), p.808, "敎寺僧以九蒸九曝之法".

29 李裕元, 「竹露茶」, 위의 책, "蒸九曝九按古法 銅甑竹篩替相碾".

Ⅳ. 초의선사의 차 문화 중흥 요인

초의는 차 문화가 민멸하는 위기였던 시대적 상황 속에서도 차의 유용성과 우리 차의 우수성을 알리는 데 힘썼다. 그가 대둔사에서 이어온 선다(禪茶)를 연구하고 발전시켜 선차의 경지를 초의차로 드러냄에 따라 그와 교유했던 경화사족들의 차에 대한 애호와 관심을 이끌어 냈다. 특히 초의는 김정희를 통해 경화사족들과 종교와 신분을 초월한 유·불간의 교유를 넓혀 갔는데, 김정희는 초의가 초의차를 완성하는 과정에서 시의적절한 조언자였다. 이를 통해 초의는 차 문화를 중흥하는 토대를 마련했던 것이다. 따라서 조선 후기 차 문화의 중흥은 초의가 일구어낸 업적이지만, 다른 한편으론 김정희와 신위의 조언, 그리고 경화사족들의 차의 애호와 관심에서 비롯된 것이라 하겠다.

조선 후기 경화사족의 차에 대한 관심은 실학이나 고증학을 중시했던 시대적인 흐름도 영향을 미쳤다. 이런 흐름은 중국 다서에서 중요한 부분을 필사한 다서류가 등장하고, 차의 실용을 강조한 이들도 있었는데, 이덕리(李德履)의 『기다(記茶)』와 정약용의 『상두지(桑土誌)』가 그것이다. 이들은 차 문화가 민멸되었던 시기에 차의 경제적 활용을 통해 국익을 실현하고자 자신의 의견을 제안하였다. 이보다 앞서 이운해(李運海, 1710~?)는 『부풍향다보(扶風鄉茶譜)』를 썼다. 이는 차 문화가 쇠퇴했던 시기에 부안 지방 관리가 차와 약재를 섞어 감기, 풍, 체, 더위 등을 치료하는 7종의 상차[常茶]를 만드는 방법을 기록한 것으로, 차 문화가 사라져 가던 시기에 약으로 차를 이용했던 당시의 상황을 드러낸 자료이다.

19세기에는 차의 전문적인 정보를 수록한 자료들이 등장한다. 바로 윤형규(尹馨圭, 1763~1840)의 「다설(茶說)」, 서유구(徐有榘, 1764~1845)의 『임원경제지(林園經濟志)』, 정학연(丁學淵, 1783~1859)의 『종축회통(種畜會通)』, 이규경(1788~1856)의 「도다변증설(荼茶辨證說)」이나 김명희(1788~1857)의 「다법수칙(茶法數則)」,[1] 이유원(1814~1888)의 『임하필기(林下筆記)』, 『가오고략(嘉梧藁略)』, 신헌구(1823~1902)의 「다설(茶說)」[2] 등이 그것이다. 이 문헌들은 대부분 중국의 다서를 필사하여 차의 원리 및 차의 역사를 수집한 것인데, 이는 실학에 관심을 가졌던 경화사족들의 차에 대한 관심이 폭넓어졌음을 드러낸 것이다.

정약용이 1818년 해배되어 두릉으로 돌아가기 전에 제자들과 맺은 다신계는 차에 대한 관심이 확산되던 상황을 보여줄 뿐 아니라, 강진과 대둔사 인근에서 유행하던 제다 유형을 밝힐 수 있는 자료이다. 또한 『가련유사(迦蓮幽詞)』는 정약용이 강진을 떠난 후에도 차를 매개로 하여 유·불의 교유가 이어졌다는 사실을 알려준다. 1818년 겨울에 윤종영이 주축이 된 시회에는 이기수, 수룡 등 7명이 참여했고, 이듬해인 1819년 가을에 윤종심이 중심이 된 시회에는 윤종정, 철경, 초의 등 10명이 참여했다. 이 두 번의 시회에서 지은 시를 묶어 만든 시첩이 『가련유사』이다. 강진 시절 정약용의 제자 중 해남 윤씨가 주축이 된 시회였지만, 정약용의 다신계·전등계 제자들과 대둔사의 승려인 수룡, 철경, 초의 등이 참여하여 시회를 열고 함께 차를 마시는 모임을 이어갔다는 사실은 차에 대한 이들의 관심이 어느 정도였는지 짐작할 수 있게 해 준다. 이처럼 강진과 해남 지역 다신계 제자들은 대둔사 승려 수룡, 철경, 초의와 함께 동림고사(東林古事)를 모방하여 서로의 친목을

『가련유사』(국립광주박물관 소장, 박동춘 기증본). 1818년과 1819년에 정약용의 다산초당 시절 제자였던 윤종영·윤종심 등과 초의·철선 등 대둔사 승려들이 모여 시회를 열고 이를 시첩으로 묶은 것으로, 정약용이 해남 지역에 미친 영향을 살펴볼 수 있는 문헌이다.

도모하였다.[3]

1830년대는 초의와 북학파 경화사족들의 교유가 확대되던 시기였고, 경화사족들은 초의차를 통해 차에 대해 관심을 넓게 되었다. 박영보의 「남다병서」와 신위의 「남다시병서」는 경화사족들의 차에 대한 인식 변화가 초의와 초의차에서 비롯되었다는 점을 알려준다. 스승과 제자 관계인 신위와 박영보는 초의차를 찬탄하는 시를 지었는데, 이는 중국이나 일본의 차 문화사에서도 드문 일이라는 점에서 의미가 있다.

이 외에도 김정희의 걸명 편지, 허련의 초의차에 대한 활용을 제시한 편지, 정학연의 「다시」, 황상의 「걸명시」, 김명희의 「다시」 등을 통해서도 초의차에 대한 평가와 애호를 확인할 수 있다. 특히 초의 제자인 범해는 「제쾌년각(題快年閣)」에서 "천년 옛 절에 길운이 돌아오고 늙은 스님 발우 하나로 조용히 사는구나. 맑은 바람은 동다(東茶)를 흥기하고…"[4]라는 직접적인 표현을 통해 초의의 맑은 바람이 우리 차를 중흥시켰다는 점을 확인시켜 준다.

이상의 내용을 요약해 보면, 초의가 차 문화를 중흥시킬 수 있었던 요인으로 두 가지를 들 수 있다. 첫째, 초의는 차에 대한 이론적 토대를 정립하여 이를 통해 초의차를 완성했다. 이 과정에서 초의는 육우의 『다경』을 참구하였고, 모환문(毛煥文)의 『만보전서』를 1828년에 등초하고 1830년에 정서하여 『다신전』을 편찬하였다. 차의 이론서를 두루 섭렵했던 초의의 학문적 성향은 『다경』 이외에도 당·송대 문인의 시문을 탐독했다는 점에서도 드러난다. 초의가 차에 대한 이론적 토대를 얼마나 단단하게 구축하였는지는 1837년에 저술한 『동다송』에서 잘 드러난다. 『동다송』은 그의 차에 대한 철학적 관점을 살펴볼 수 있는 자료이고, 『다신전』은 명대의 다서를 편집하는 과정에서 차에 대한 실참(實參)과 이론적 토대를 체화해 가는 과정을 드러냈다는 점에서 중요한 자료라 할 수 있다. 이 밖에도 『일지암서책목록』에 기록된

『다보서기』도 초의가 차를 연구하는 과정에서 집필하였다고 추정되지만, 원본이 산일되어 현재로서는 내용을 확인할 수 없다.

둘째, 초의는 차에 대해 전문적인 이론과 실제를 두루 겸비했던 승려였다. 이러한 사실은 그와 교유했던 사대부들 사이에서 그를 전다박사(煎茶博士)[5]로 칭송했던 것에서도 확인된다. 초의와 북학파 경화사족들의 교유가 확대된 시기는 1830년부터 1856년 사이다. 김정희와 그의 형제들, 홍현주, 권돈인, 신위, 박영보, 이만용, 정학연과 그의 형제들, 황상, 김조순과 그 아들, 신헌, 허련 등은 초의차의 애호자로서 초의가 차 문화를 중흥할 수 있게 한 막후 후원자였고 음다 문화의 저변을 확대할 수 있었던 인적 자원이었다. 초의에게 가장 큰 영향을 미쳤던 김정희는 연경학파의 거두 옹방강과 그의 제자뿐 아니라 그의 자제들이 초의와 교류할 수 있는 통로를 연결해 주었는데, 이는 비록 서적을 통한 교류라 할지라도 초의가 청대의 문예를 폭넓게 습윤할 수 있는 계기를 마련해 주었다.

1. 초의차 제다법의 완성

　초의는 『다경』 등의 다서를 고찰하여 차 이론을 연구하였고, 직접 『다신전』과 『동다송』을 편찬하였다. 그러므로 초의가 완성한 제다법(製茶法)은 차의 이론적 토대를 정립한 후, 이를 토대로 그가 제다법을 연찬하는 과정에서 터득한 실증이라 할 수 있다.

　그렇다면 제다란 무엇이며 어떻게 발전되어 왔던 것일까. 제다(製茶)란 불이나 증기, 햇빛을 이용하여 찻잎의 독성을 중화하는 과정이라고 정의한다. 이 과정은 사람에게 이로움을 주는 차를 만들기 위한 필수 단계이다. 그런데 나라마다 차를 완성하는 공정이 조금씩 다르고, 혹은 전반적인 공정이 같더라도 나라마다 다른 기후 풍토 및 기호에 따라 세부적으로 방법을 달리 하기 때문에 다양한 제다법이 있어 왔다. 국가별로 전통적인 제다법을 중시하여 문화유산으로 규정하는 연유도 전통 제다법이 그들의 오랜 역사와 더불어 차를 다루는 지혜가 축적된 결과이기 때문이다. 이런 점에서 초의차는 초의가 명대의 제다 이론을 토대로, 조선의 실정에 맞춰 제다법을 완성하여 그 특징을 반영한 것이라 하겠다.

중국의 제다법은 8세기경 획기적인 제다법을 고안한 육우(陸羽)로부터 토대가 구축되었다고 할 수 있다. '다성(茶聖)'이라고 칭송받는 육우는 중국의 차 문화를 집대성한『다경』을 저술하였고, 차가 음식이나 약에서 정신 음료로 발전할 수 있는 기반을 마련한 인물이다. 육우가 제다법을 완성하기 전 중국에서는 차에 다른 물질을 섞어 차의 독성을 중화시키고 차의 효능을 극대화시켰다. 이는 제다의 맹아기에 해당하는 유형으로, 호남성 상덕 지역의 토가족이 열병을 치료하기 위해 삼생탕(三生湯)[6]을 만들어 마신 것에서 확인된다. 위진 때에 덩이차를 만들어 쌀죽에 넣었다 꺼낸 덩이차(일명 병차)를 만들거나, 차에 생강, 귤피 등을 섞어 만든 차를 마신 사례도 제다의 맹아기에 차를 활용하는 방법이었다. 그러므로 찻잎만으로 좋은 차를 만드는 육우의 제다법은 제다가 맹아기를 벗어나 한층 발전할 수 있는 토대를 만든 것이라 할 수 있다.

제다법이 변화 발전하면서 탕법에도 변화를 주었고, 이를 토대로 송대의 연차[硏茶]와 연고차[硏膏茶]의 제다법이 출현한다. 11~12세기 송 황실이 단백차를 선호하자, 이를 계기로 점점 더 품질 높은 차가 생산되었다. 11세기에 용봉단류가 일세를 풍미한 것도 황제의 기호에 따른 것이다. 이후 송 휘종이 백차[白茶: 차의 고액을 짜낸 것으로, 차의 거품이 희다]를 애호하면서 더욱 섬세하고도 극미한 제다법이 출현하였다. 하지만 이렇게 세밀함이 요구되는 제다법은 수많은 노동력을 기반으로 하므로, 명나라가 건국된 이후 주원장(朱元璋, 1328~1398: 명 태조)은 연고차의 제조를 국법으로 금지하는 조칙을 내린다. 이로 인해 단차[團茶]는 역사의 뒤안길로 사라지고 잎차가 유행하게 되었는데, 이를 계기로 혁신적인 잎차의 제다법이 개발되었다.

우리나라에 차가 처음 소개된 시기는 7세기 전후라고 추정된다. 이 무렵 신라의 승려들 중에서 교학에 관심을 둔 승려는 장안으로, 선종의 수행법에 관심을 둔 승려는 강서 지역으로 구법 활동을 가는 경우가 많았다. 특히 강서의 홍주 개원사는 마조(馬祖, 709~788)가 머물던 곳이고, 이곳에서 수행과 융합된 음다법을 경험하였을 가능성이 높다. 그 후 이들이 귀국할 때 당에서 제조된 완품의 차를 들여왔을 것으로 추정되며, 자연스럽게 강서 지역에서 유행했던 제다법 및 탕법이 신라에 소개되었을 것이다.[7]

9세기에는 당에 사신으로 갔던 대렴이 차씨를 가져왔고, 왕명을 받고 지리산에 심었다고 한다.[8] 이는 귀국한 구법승뿐 아니라 수행승과 왕실에서도 차 애호층이 형성되고 점차 신라에서 차 수요가 확대되는 계기가 되었을 것이다.

고려 시대는 왕실의 비호 아래 차 문화가 가장 발달하였던 시기이다. 고려 불교계는 정치·사회·문화적 영향력이 막강하였고, 차 문화는 차에 밝았던 승려들이 주도했다. 경제력이 있는 사찰에는 명차를 생산하고 향유할 수 있는 토대가 구축되었고, 승려 중에는 좋은 차를 공급하고 품평할 수 있는 전문가 그룹이 형성되었다. 이러한 안목을 갖춘 승려들이 왕실 귀족층과 함께 고려 시대 차 문화를 주도하였다. 사찰을 중심으로 형성된 다촌(茶村)에서 수준 높은 차를 생산하고, 승려들은 왕실 귀족층과 문인들을 초청하여 품다회(品茶會)의 일종인 명전(茗戰) 놀이를 주관하였다.

또한 고려에는 차를 공급하는 다소(茶所)가 있었다. 다소는 특화된 기술력을 갖추고 명품의 차를 생산할 수 있는 전문집단이었다고 생각한다. 고려 시대에 생산된 차로는 뇌원차와 유차[孺茶], 조아차, 녹태전, 작설차가 있었다. 예술의 극치를 드러낸 차와 다구를 생산할 수 있는 기반을 갖췄기 때문에 고려 시대는 차의 품색을 완벽하게 이룩한 시대였다.

송나라와 비견할 만큼 격조 있었던 고려의 차 문화는 조선이 건국하자 발전의 기반을 상실하고 점차 쇠락한다. 조선 시대는 조선의 색채를 함의한 다구와 차를 생산할 수 없던 시대였다. 이러한 시대 상황 속에서도 차나무가 자라는 지역의 사찰에서는 음다의 명맥이 근근이 이어졌는데, 이는 초의가 대둔사에 이어진 선차의 제다법을 토대로 덩이차에서 점차 잎차를 만드는 법을 깊이 연구하여 초의차를 완성하는 기반이 되었다. 따라서 초의가 완성한 제다법은 조선 후기 대둔사의 다풍에 영향을 주었을 뿐 아니라 근현대로까지 이어졌다.

그렇다면 초의차의 완성 과정은 어떠했을까. 초의가 잎차의 제다법 연구에 몰두한 시기는 1830년 『다신전』 편찬을 완성한 시기로 추정된다. 1838년(무술) 신위의 시[9]에 초의가 보낸 잎차가 너무 여리다는 내용이 있는데, 이는 초의차가 덖음 산차(散茶, 잎차)였음을 알려준다.

초의차의 맛은 너무 여리므로 지난번 보관해 두었던 학원차[壑源茶]와 섞어서 같은 통에 저장했다. 다시 새로운 차 맛이 생기기를 기다렸다가 사용하였다. 또 시 한 수를 지어 초의에게 보여주려

고 한다.[10]

학원차는 송대(宋代)에 왕에게 올린 공차[貢茶]를 가리킨다. 학원(壑源)
은 원래 건주(建州)의 동북원(東北苑)의 남산(南山)을 지칭하는 지명이었
으나, 전칭(傳稱)되어 차 이름이 되었다. 송(宋) 휘종(徽宗)의 『대관다론
(大觀茶論)』에 "학원 차품도 또한 이때로부터 성해졌다"고 하였다.

같은 해에 김정희가 초의에게 보낸 편지[11]에는 "매번 차를 덖을 때
마다 화기가 조금 지나쳐서 정기가 조금 침체된 듯합니다. 다시 차를
만들 때는 불을 조심해야 할 것입니다"[12]라는 내용이 있다. 이로 보아
1838년경에는 초의의 제다법이 미완성이었음을 알 수 있다. 연경을
출입했던 신위와 김정희는 차의 품평에도 일가견이 있는 인사이다. 이
점은 신위의 시에서 확인할 수 있다.

> 차의 품평은 홍점(鴻漸: 陸羽의 호)에게 들었으니
> 학원차에서 (차의) 기미를 빌려와 서로 섞었네.
> 이런 보관법도 하나의 방법이니
> 속인에게는 말하지 말라고
> 은밀히 시동을 단속하였네.[13]

신위는 육우의 『다경』을 통해 차의 품평에 일가견을 갖췄다. 조선
후기에 최고 수준의 차 감식안을 가졌던 김정희가 처음 최고의 차를
감상한 것은 연경에서이다. 그가 군관자제의 신분으로 연경에 갔을 때

완원의 쌍비관에서 용봉승설(龍鳳勝雪)을 대접받은 후, 그의 호를 승설도인(勝雪道人)이라 할 정도로 차에 매료되었다. 그러므로 신위가 초의 차의 미흡을 지적한 점이나 김정희가 불의 완급을 조심하라고 편지에 당부한 일은 이 무렵 초의가 만든 차가 미완성이었음을 드러낸 것이다.

이들의 조언에 따라 초의는 제다에 더욱 심혈을 기울여 초의차를 완성했는데, 이는 1841년(신축)경이라 여겨진다. 당시 김정희가 초의차를 "(차의) 풍미는 분명 자제차[自製茶, 초의차]에서 맛보았네"[14]라 하고, 또 "차포는 과연 가품으로 만들었으니 다삼매(茶三昧)를 드러냈다 할 수 있구려"[15]라고 한 것에서 알 수 있다. 이들 외에도 김명희는 「다시(茶詩)」[16]의 협서에서 당시 경화사족들이 차의 오묘한 세계로 유입할 수 있었던 것은 바로 초의를 통해서였다고 밝혔다.

> 고려 때는 차를 심어 공물로 바치게 했고 궁중의 하사품도 모두 차였다. 조선조 500년 동안에는 우리나라에 차가 있는 것을 몰랐더니 따고 덖는 오묘함이 삼매에 든 것은 초의로부터 시작되었다.[17]

또한 황상(黃裳)은 「걸명시(乞茗詩)」에서 "차를 덖는 새로운 뜻 북원 이후 집대성했네"라며 초의차를 높이 평가하였다. 황상이 언급한 북원(北苑)이란 당말(唐末)에 처음으로 만들어진 중국 황실의 다원이다. 이 황실 다원에서 극품의 경정(京鋌)을 생산했고, 이어 송 태평흥국 초

(976~983)에 용봉단(龍鳳團)이 만들어졌다. 명차의 대명사로 지칭되는 용봉단은 북송대에 정위(丁謂, 966~1037)가 대용단(大龍團)을 제조해 황제에게 올렸고, 채군모(蔡君謨: 蔡襄, 1012~1067)가 소용단(小龍團)을 만들었다고 한다. 이처럼 다원은 극품의 차를 생산하는 토대였다. 이뿐 아니라 송 휘종 연간인 1120년(경자)에 정가간(鄭可簡)이 만든 은선수아(銀線水芽)는 가장 발달한 제다법으로 완성한 극품의 차였다. 그러므로 황상은 북원에서 만든 차처럼 초의도 극품의 차를 만들어 우리 차를 집대성했다고 최고의 평가한 것이다.

초의 또한 우리 차의 우수성을 확신하여 그의 저술인 『동다송』에서 이렇게 말하였다.

> 다서에 이르기를 "육안차는 맛이 뛰어나고, 몽산차는 약효가 좋다"고 한다. (내가 생각하기에는) 우리나라 차는 이 두 가지를 다 겸한 것 같다. 만약 이찬황이나 육우가 있다면 그들도 반드시 내 말이 맞는다고 하리라.[18]

육안차[陸安茶]는 안휘성에서 나오는 차로, 옛날부터 맛이 좋은 차로 명성이 높았다. 육안차는 육안차[六安茶]를 지칭한 것으로 추측된다. 육안차[陸安茶]는 중국의 고대 명차로 안휘성의 육안시(六安市) 부근에서 생산된 차이다. 명대 허차서(許次紓)의 『다록(茶錄)』에 "天下名山 必産 靈茶 江南地暖 故獨宜茶 大江南北則稱六安 然六安乃其郡名"이라고 하였다. 그런데 몽산(몽정산에서 나는 차)에서 생산되는 차는 약효가 뛰어나 세상 사람들이 선호하였다. 몽산과 육안차는 중국뿐만 아니라 조선의 사대부들에게도 알려졌던 명차였다. 그런데 초의는 조선에서 나는 차는 몽산차나 육안차의 효능을 두루 갖춘 차라고 정의했다.

조선 후기에 차를 즐겼던 경화사족들이 우리 차에 대해 어떻게 인식하였는지는 초의가 『동다송』에 인용한 「동다기(東茶記)」에서 짐작할 수 있다. 원래 「동다기」는 정약용의 저술로 알려졌으나, 강진에서 발굴된 이덕리의 『강심』 필사본을 통해 이덕리의 「기다」에 수록된 지문의 내용과 『동다송』의 내용이 동일하다는 점이 확인되었다. 하지만 초의가 『동다송』에서 인용한 서명은 「동다기」이므로, 추후 「동다기」가 발견된 후에 이덕리의 저술인지 혹은 다른 사람이 저술한 것인지를 살펴보는 것이 바람직하다고 생각한다. 초의가 인용한 「동다기」에는 "간혹 우리나라 차의 효과가 월주에서 나는 차만 못하다고 하나, 차의 색(色)·향(香)·기(氣)·미(味)는 조금도 차이가 없다"[19]라거나, "육우나 이찬황이 있다면 그들도 반드시 내 말이 맞는다고 하리라"[20]라고 하여 우리 차에 대한 신념과 긍지가 드러나 있다.

이처럼 초의는 1837년경이 되면 상당한 수준의 차를 만들었고, 교유했던 인물들에게 호평을 받았다. 그렇지만 세간에서는 초의차를 하잖게 여기는 분위기도 감지되는데, 이는 신헌구가 「다설」에서 "초의차는 다만 절집에서만 알려졌고, 세상에서는 알려지지 않았다. 이는 사대부들의 홀대가 너무 심했기 때문이다"[21]라고 한 것에서 드러난다. 이는 초의와 교유했던 사대부들 이외에는 차에 대한 인식이 부족했던 당시의 분위기를 짐작하게 한다.

일부 사대부들의 차에 대한 인식은 그럴지라도, 좋은 차를 만들고자 했던 초의의 치열한 노력은 『동다송』의 구절에서 드러난다.

새로 딴 잎에서 쇤 잎을 가려내 (찻잎을) 뜨거운 솥에서 덖는다. 솥이 매우 뜨거워지기를 기다려 차를 넣어 급히 덖는데, 불을 늦출 수 없다. 잘 덖어지면 바로 (차를) 꺼내서 광주리에 넣고 가볍게 비비고 다시 뭉친 찻잎을 떨면서 비빈다. 다시 (유념한 차를) 솥에 넣고 점점 불 온도를 줄여가며 건조하는 것이 차를 만드는 법도이다. 이런 과정에 (차의) 현미함이 있으니 말로 드러내기 어렵다.[22]

윗글에서도 알 수 있듯이 차를 만드는 첫 단계는 채다(采茶), 즉 차를 따는 시기를 결정하는 일이다.[23] 좋은 찻잎을 얻는 것이야말로 명차를 만들 수 있는 중요한 조건인데, 맑고 청량한 맛과 향, 활발발(活發發)한 맛과 기운이 충만한 차를 만들기 위해서는 채다 시기의 적합성과 날씨를 최우선으로 고려해야 한다. 만약 비가 내리거나 먹구름이 낀 날은 채다를 하지 않아야 하는데, 이는 차 맛이 무겁고 향도 침체하기 때문이다. 그러므로 밤새도록 맑고, 이슬이 많이 내린 날에 차를 따는 것이 가장 좋다.[24] 채다 후에는 새로 딴 찻잎에서 묵은 줄기나 상처 난 찻잎, 잡티를 골라내는데, 이 역시 좋은 차를 만들기 위해서는 반드시 거쳐야 하는 공정이다.

찻잎을 선별하고 나면, 초벌 덖음을 한다. 이때 차를 덖는 솥이 정갈해야 한다. 차는 흡착력이 강하기 때문에 솥에 음식 냄새나 다른 향기가 배어 있어서는 안 된다. 만약 다른 향이 차에 흡수된다면 차의 정수를 드러낼 수 없게 된다. 초벌 덖음에서 중요한 변수는 불의 온도이다. 차를 덖어내는 솥의 온도는 조다(造茶)의 첫째 조건이며, 좋은 차는 솥의 온도와 차 잎이 익는 정도에서 결정된다. 차를 만드는 주체는 사람이고, 차를 만드는 사람의 능력은 얼마나 능숙하게 불을 다룰 수 있는지에 달려 있다. 따라서 초의는 『동다송』에서 찻잎을 처음 덖을 때 "불의 온도를 늦출 수 없다"고 하였으니, 제다의 오묘한 이치는 화후의 문무화(文武火, 약한 불과 센 불)의 적합성에서 결정된다는 의미이다.

그다음으로 중요한 공정은 찻잎을 잘 비벼서 부드럽게 만드는 유념(柔捻)이다. 차가 물에 잘 우러나는지 여부는 유념에서 결정된다. 초의는 유념할 때 찻잎을 잘 털어서 비빌 것을 강조하였는데, 『동다송』에서는 "가볍게 둥글리면서 털어가며 비빈다"[25]라고 하였다. 초의가 말한 유념 방법은 명대의 다서를 인용한 것이다. 1917년경 응송 스님에게 전승된 대흥사의 제다 유념법은 깊고 빠르게 비벼 털기를 반복하면서 비비는 것[26]으로 알려져 있다. 이는 초의차의 제다법에서 연원된 것으로, 조선 후기의 기후와 토양, 그리고 조선인의 기호에 따라 변형한 유념의 방법이 전승된 것으로 생각한다. 따라서 응송 스님의 유념 방법은 대흥사에서 전승된 것이고, 이는 초의에 의해 확립된 제다법에서 연원된 것이라 할 수 있다.

유념을 끝낸 찻잎은 다시 재건(再乾) 과정을 거쳐 차를 완성하는데, 이때는 불의 온도를 점점 줄여가며 배건(焙乾)해야 한다. 초의는 제다의 과정에서 차의 현미한 이치가 드러난다고 하였다. 차의 정밀한 맛과 향의 세계는 살청과 재건에서 결정되는데, 초의가 "그 과정에서 차의 현미함이 드러나니 말로 드러내기 어렵다"라고 말한 바가 그것이다.

초의의 제다 공정을 가장 소상하게 서술한 자료는 범해의 「초의차」이다. 범해는 1835년 호의(縞衣)를 은사로 삼고 하의(荷衣)에게서 사미계를 받았으며, 초의(草衣)로부터 구족계를 받았기 때문에 초의의 제자로 분류한다. 차에 밝았던 그는 초의가 차를 만들 때 직접 보았을 가능성이 높으므로 초의차의 공정 과정을 가장 정확하게 서술했으리라 생각한다. 그런데 범해의 「초의차」를 분석해 보면 초의가 만든 차는 잎차인데, 1831년경 초의가 신위에게 완호의 탑명과 글씨를 부탁하면서 선물한 보림백모(寶林白茅)는 덩이차 4개였다.[27]

덩이차는 대둔사 사중에서 만든 차의 종류이다. 초의가 덩이차를 만들었다는 것은 김정희와 정약용의 글에서도 확인된다. 정약용이 강진 유배에서 해배된 해인 1818년에 강진의 제자들과 맺은 「다신계절목(茶信契節目)」에서도 "곡우에 눈차[嫩茶]를 따서 덖어 1근을 만들고, 입하에 만차[晚茶]를 따서 덩이차 2근을 만든다. 이 잎차 1근과 덩이차 2근을 시와 편지와 함께 보낸다"[28]라는 내용이 있다. 또 제주 유배 시절에 김정희가 초의에게 보낸 편지에 "(대둔사) 사중에서 만든 소단 30~40편 중에 좋은 것으로 골라 보내주셨으면 합니다"[29]라고 하였고, "차에 대한 일은 앞의 편지에서도 누차 이야기했지만 작은 덩이차 몇 십 편으로는 얼마간도 지탱하지 못할 것이니 100원어치만 살 수 있다면 좋을 것 같습니다"[30]라는 내용도 보인다. 김정희가 제주에 유배되었던 시기는 1840년부터 1848년까지이다.

이러한 자료를 토대로 초의가 두 번째 상경을 했을 무렵인 1830년경에는 덩이차와 잎차를 모두 만들었다는 추정이 가능하다. 1830년경 『다신전』을 편찬하고 1837년경에 『동다송』을 저술한 초의가 지속적으로 잎차를 만드는 제다법을 연구하여 1830년대에는 수준 높은 잎차(산차)를 만들었을 것이라 생각한다. 이러한 사실이 범해의 「초의차」에서 확인된 셈이다.

범해의 「초의차」에서 드러난 초의차의 공정과정은 '채다-초벌 덖음-유념-재덖음-온돌에서 재건'이다.[31] 특히 범해의 「초의차」에 "(차는) 밀실에서 말린다"[32]라고 한 내용은 우리나라의 주거공간인 뜨거운 온돌을 활용하여 마지막 재건하는 공정을 말한 것인데, 이는 차의 잔류 수분을 없애고 차에 남아 있는 열기를 빼내어 차를 안정시키기 위한 공정이란 점에서 주목할 만하다. 특히 초의가 차를 만들 때 온돌에서 하룻밤을 재우는 마지막 공정 과정을 추가한 것은 우리나라 제다법의 특징으로서, 초의가 만든 초의차 제다법의 공정 과정이라 하겠다.

2. 탕법의 확립

　　다도(茶道)란 차를 다루는 전반 사항을 말하는데 제다법, 탕법(湯法), 다구, 논객(論客)으로 분류한다. 탕법은 물 선택, 물 끓이기, 차 우리기 등으로 나눈다. 초의가 편찬한 『다신전』에는 「탕변(湯辨)」, 「탕용노눈(湯用老嫩)」, 「포법(泡法)」 등으로 세분하여 조화로운 한 잔의 차를 얻기 위한 이론을 제공하였으니, 이는 초의가 탕법에 대한 연구를 심화시킨 사실을 드러낸 것이다. 『동다송』에도 "최근에 유당께서 남쪽의 두륜산에 오셨을 때 자우산방에서 묵으셨다. 샘물을 맛보시고 '(이 물이) 호락보다 낫다'고 하셨다"[33]라고 하여 탕법의 첫 단계인 물 선택에 대한 언급이 있다. 또한 초의는 뜨거운 탕으로 차를 우리는 포법을 활용하였다. 그의 포법은 차 다리기에서 물뿐 아니라 어떻게 찻물을 끓여야 하는지까지도 세심하게 다룬다.

　　　물은 그 진수(眞水)를 얻어야 하며,
　　　포법은 그 중도를 얻어야만 물과 차가 서로 어우러져
　　　차의 건과 영이 아울러 드러난다.[34]

『동다송』에서 초의가 언급한 진수는 차를 다리기에 적합한 물을 말한다. 그리고 탕변은 물이 끓는 정도의 적합성을 관찰하여 탕의 적의한 시점을 간파하는 것이다. 그가 말한 포법의 중도는 너무 끓어 버린 탕수[老水]와 설 끓은 물[嫩水]을 구분하여 순숙(純熟)으로 끓은 물로 차를 다리라는 것이다. 아울러 차의 색·향·기·미를 잘 드러내기 위해서는 차의 양, 침출 시간, 다호의 청결뿐 아니라 다호의 냉기 제거, 차를 따르는 시점이 적절해야 한다는 점을 강조하였다. 그러므로 포법의 중도는 물의 양과 순숙(純熟), 차를 따르는 시간의 적의성이 넘치거나 모자람이 없게 하는 것이다. 초의는 물에 대한 연구와 실증을 통해 체득된 총체적인 다도의 완성을 중정(中正)으로 표현하였다. 그가 주장한 탕법의 중도는 "여기에 이르러야 온전한 다도를 이룬 것"[35]이라는 그의 견해를 분명하게 나타낸 것이라 하겠다.

물에 대한 초의의 안목은 1831년(신묘) 두릉을 방문했을 때, 이곳에서 얻은 석천(石泉)으로 차를 달이며 읊은 「석천전다(石泉煎茶)」에서 드러난다.

시기와 질투 원래 마음에 두지 않으니
비난과 칭찬이 어찌 귓가에 머물랴.
소매 속에는 아직 경뢰소가 남았으니
구름을 바라보며 두릉천 물[36]로 차 다리리.[37]

두릉(杜陵)은 경기도 마현(馬峴)으로 정약용이 말년에 머물렀던 곳이

마현에 있는 정약용의 생가(박동춘 제공).

다. 그러므로 두릉천은 이곳에 있는 샘물이거나 아니면 수종사의 샘물
일 가능성이 있다. 초의가 "시기와 질투 원래 마음에 두지 않으니 비난
과 칭찬이 어찌 귓가에 머물랴"라고 한 것은 그의 탈속한 수행자의 면
모를 드러낸 것이다. 더구나 경뢰소(驚雷笑)와 같은 좋은 차가 있으니
두릉천 물로 차를 다려 차의 진수를 즐김에랴. 초의가 즐기는 차는 이
처럼 담박하여 찻물이 끓는 소리에도 이미 돌아가는 것을 잊은 망신
(忘身)의 경지를 나타내 전다삼매의 경지를 확연히 드러냈다.

　그런데 초의는 탕법과 포법에서 중요한 구성요소인 다구를 언급한
바가 없다. 그렇지만 초의의 제자인 서암이 기록한 『일지암서책목록』
에는 그가 사용했던 찻잔과 다관의 종류가 수록되어 있다. 이는 초의

가 어떤 다구를 사용했는지를 밝힐 수 있는 중요한 단서를 제공한다.

『일지암서책목록』 중 「산업물종기」에서 수록된 초의의 찻그릇을 살펴보면, 동철(銅鐵) 다관 1좌, 납소(鑞小) 다관 1좌와 흑색 다관 1좌가 있고, 찻잔은 백자와 중국 다종을 사용한 것으로 확인된다. 그런데 그가 사용했던 동철이나 납소는 모두 철이나 백동으로 만든 것이고, 흑색 다관은 옹기 종류이다. 당시 옹기 다관은 사찰에서 일반적으로 사용했던 다구로, 범해의 「다구명(茶具銘)」에 "와관(瓦罐)은 오른편에 놓고 왼편에는 자완(瓷盌)을 놓았다"라고 한 것에서도 확인할 수 있다. 와관은 일종의 오지 다관인데, 약을 다리는 약탕기와 비슷한 것으로 추정된다. 도자기를 연구하는 학자들 사이에서는 와관을 흑유의 일종으로 보아야 한다는 설이 있다. 초의의 다관 중 약탕기와 유사한 형태의 와관이 전해진다. 반면에 좌완은 일종의 백자일 가능성이 높다. 그러나 형태나 크기에 대해서는 밝혀지지 않았다.

범해가 사용한 와관은 약을 달일 때 사용하는 옹기류로, 초의의 유품인 흑색 다관도 이런 와관인 옹기 종류이다. 당시 다관은 물을 끓이는 용도와 차를 우리는 용도를 혼용한 형태의 다구이다. 그리고 초의의 찻잔은 백자다기와 중국의 다종인데, 대개 구대(具臺, 잔 받침, 혹은 잔탁)를 갖춘 것으로, 중국의 다종이 3좌이고, 백자다기가 1좌이다.

3. 장다법 연구

　　장다(藏茶)란 완성된 차를 보관하는 방법이다. 차에 해로운 습기나 바람, 잡향의 침투를 막아 오래도록 차의 정기가 사라지지 않도록 하는 것인데, 이는 차의 정수를 오래도록 즐기기 위한 조치이다. 특히 흡착력이 강한 차는 조금이라도 습윤한 바람이나 잡향이 스치기만 하여도 오묘한 차의 맛과 향, 기운이 사라지는 물성(物性)을 지녔다. 따라서 장다는 시대마다 개량된 형태, 즉 용기나 장다에 필요한 소재가 새롭게 등장하였다. 차를 즐기는 이들이 반드시 숙지해야 하는 정보였던 장다법은 다도의 중요한 이론적 뒷받침이 되었다.

　　초의가 편찬한 『다신전』의 장다법은 다음과 같다.

　　죽순 껍질과 종이를 이용하여 여러 겹으로 단지의 입구를 팽팽하게 봉한다. 그 위에 불에 묻었다가 식힌 벽돌로 꾹 눌러둔다. 다육 속에 (차를) 넣어 두고서 일체 바람이나 불기운을 가까이하지 말아야 한다. 바람을 쐬면 차가 냉해지기 쉽고 불이 닿으면 누렇게 된다.[38]

위 인용문에 따르면, 차 보관법은 차에 습기와 바람·화기·잡향이 습윤하지 않아야 한다는 점이 중요하다. 이는 차의 색·향·기·미를 온전히 보존하기 위함이다. 초의가 『동다송』에서 장다의 중요성을 "누가 알겠는가. 향기롭고 참다운 (차의) 색·향이 한 번이라도 오염되면 (차의) 진성을 잃는다는 것을"[39]이라고 한 대목이 눈에 띈다. 차가 바람과 화기·잡향에 오염되어 차의 향색을 잃게 되면 차의 진수가 사라진다는 것이다. 이처럼 차의 진수를 잃지 않으려는 사람들의 노력과 경험을 바탕으로 하여, 보다 더 발전된 장다법이 고안되면서 다양한 장다법(藏茶法)의 이론이 개진되어 왔다.

장다법의 변화 과정을 문헌 자료를 근거로 살펴보자. 병차 시대였던 당대(唐代)에는 다육(茶育)에서 차를 보관하였다. 다육은 육우의 『다경』에 등장하는 제다 도구로서, 차를 일시 보관하거나 차에 남아 있는 습기를 제거할 때 쓰는 다구이다. 반면에 정밀한 가루차를 선호했던 송대의 용봉단차는 차의 표면을 밀랍으로 도포한 후에 금으로 장식하여 차의 산화를 방지하였다. 그리고 산차(잎차)가 유행했던 명·청대에는 말린 죽순이나 항아리·종이·말린 부들 잎·산죽 잎·불에 구워 식힌 전돌 등을 사용하였으니, 차를 보관하기 위한 소재들이 다양해진 셈이다. 그런데 명대 차 이론가였던 허차서(許次紆, 1549~1604)의 『다소(茶疏)』에서는 차를 보관할 때 종이를 써서는 안 된다고 하였다. 그 연유는 다음과 같다.

차의 성질은 종이를 싫어한다. (이는) 종이가 물속에서 만들어져

물기를 많이 받았기 때문이다. 하루 저녁만 종이에 싸 두어도 종이가 (차의) 기운을 다 빼앗긴다. 설령 불 속에서 말렸다 해도 조금만 지나면 곧 습해진다. … (중략) … 매번 (차를) 종이에 싸서 멀리 보내니 어찌 아름다운 차가 되겠는가.[40]

허차서는 종이를 만드는 방법을 분석하고, 종이는 수분 흡수가 빠른 속성이 있으므로 차를 포장하는 재질로 사용하기에는 적합하지 않다고 결론지었다. 명대에는 종이를 차 포장지로 사용하는 경우가 흔했는데, 수분 흡수가 빠른 종이는 차의 진수를 보존하는데 결함이 많다고 지적한 것이다.

동시대의 차 이론가인 도융(屠隆)이 편찬한 『고반여사(考槃餘事)』에 수록된 「다전(茶箋)」에도 장다법이 소개되어 있다.

하지가 지난 후 삼 일째 되는 날 일 차로 배건하고, 추분이 지난 후 삼 일째 되는 날 또 배건하고, 동지가 지난 후 삼 일째에 다시 건조한다. 산중에서 연이어 다섯 번 배건하면, 곧 새로운 맛으로 살아난다. 만약 항아리 속의 차가 줄어들면, 다시 말린 조릿대 잎으로 꽉 채워야 오래도록 습기가 침범하지 않는다.[41]

위 인용문에 따르면, 중국의 강남 지역은 습하므로 하지 및 추분, 동지가 지난 삼 일 후 주기적으로 배건하여 습기를 제거하여 차향을 발향(發香)시켰다. 그런데 차를 보관한 항아리 속의 차를 소비하게 되어 공간이 생기면 그 공간을 말린 조릿대로 채워 둔다. 이처럼 습하고 무더운 지역에서는 계절마다 차를 배건하여 발향시켜 항상 차의 색향미를 보존하고자 하였다.

한국의 장다법은 한국의 기후에 따라 조금 다른 방법이 시도되었던 것으로 추정된다. 이규보(李奎報, 1168~1241)가 쓴 「방장원연보견화 차운답지(房狀元衍寶見和 次韻答之)」에 "맑은 향취 새어 나갈까 염려하여 상자 속에 겹겹이 넣고 칡덩굴로 묶었네"[42]라고 하였고, 「사일암거사정군분기차(謝逸庵居士鄭君奮寄茶)」에서는 "하얀 종이 바른 함에 붉은 실로 얽었네"[43]라고 했다. 그러므로 고려 시대에 차를 포장하는 방법은 대개 상자나 함 속에 넣고 겹겹이 싼 후 칡덩굴이나 실로 겉을 묶었는데, 이는 당시 선물로 보내는 차의 포장법이다.

조선 시대의 장다법은 서거정(徐居正, 1420~1488)의 「사잠상인혜작설차(謝岑上人惠雀舌茶)」에 "계림의 설백지(雪白紙)에 (차를) 싸서 두세 자 구불구불 제목을 써서 봉했구려"[44]라고 한 것으로 보아, 조선 전기에도 종이로 차를 포장했다는 것을 알 수 있다. 세밀한 장다법을 살필 수 있는 구체적인 자료는 조선 후기에 나타난다. 이 시기에 차는 질항아리와 죽피·나무통 등에 보관하여 실용적 장다법이 출현한다. 특히 죽피를 이용한 장다법이 보편화한 것은 19세기로 이는 이유원의 「걸다신판추(乞茶申判樞)」에 "죽피로 겹쳐 싼 걸로 보아 새 차임을 알겠고, 편지 겉에 보푸라기 일었으니 얼마 되지 않았음을 알겠네"[45]라고 한 것이나, 범해의 「초의차」에 "죽피로 단단히 쌌네"[46]라고 한 사실에서 드러난다.

한편 정학연의 『종축회통(種畜會通)』에는 서광계(徐光啓, 1562~1633)의 말을 인용하여 "차를 보관할 때는 반드시 산죽으로 대롱을 채워야 한다. 산죽을 잘라서 차를 보관하는데, 오래 써도 습기가 차지 않는다"[47]라고 하였다. 이 시기의 장다법은 대개 대통에 차를 보관하거나 오지 항아리, 잣나무(혹은 측백나무)로 만든 나무통에[48] 차를 보관하는 경우도 있었다. 이 외에도 신위의 「남다시병서」에는 "이산중이 (초의차를) 얻어서 박영보에게 보내니 봉해진 백자 항아리에는 녹설아(綠雪芽)라 썼네"[49]라고 한 것으로 보아 구연부가 작은 백자 항아리에 차를 보관했음을 알 수 있다. 그리고 범해의 「초의차」에는 초의 장다법을 "둥글거나 모난 측백나무 통에 넣어 죽피로 싼다네"라고 했다.[50]

따라서 차 문화가 융성했던 고려 시대에도 치밀한 장다법이 있었으리라 짐작되지만 이를 살펴볼 문헌 자료가 부족하여 구체적인 방법을 파악하기에는 한계가 있다. 그러나 고려 문인들이 쓴 다시(茶詩)를 통해 당시 지인에게 차를 선물할 때 함이나 상자 속에 차를 넣고 칡이나 실로 묶어 보냈던 것이 확인된다. 구체적으로 서술된 장다법은 조선 후기에 나타나는데, 대개 차를 포장하거나 보관할 때 죽피나 산죽을 이용했고, 나무상자, 측백나무(잣나무) 통, 백자 항아리를 활용했던 것이 확인된다. 이를 통해 우리나라의 장다법은 대개 중국과 비슷한 방법으로 차를 보관했다는 것을 알 수 있다.

| 주 |

1 정민, 「山泉金命喜의 「茶法數則」」, 『차의 세계』 10월호(차의 세계, 2009), p.64.

2 申獻求, 「茶說」, 『秋堂襍稿』 眞本(연세대학교 도서관 소장).

3 尹鍾英·尹鍾心 外, 『迦蓮幽詞』(지본묵서, 국립광주박물관 소장, 박동춘 기증본), "迦
   蓮大芚寺 鎭在海南治南三十里洞府 교(穴+叫)寢樓觀瑰瑋 甲於南路 寺有竹述舊記 年紀
   荒遠 率多何樓 在我宣祖朝 淸虛尊者 傳鉢于玆山 承是以降十二宗師 蟬聯輝奕 遂爲伽藍
   之都宗 此其槪槩也 是歲冬 余與同志偕棲山房 適兒菴門徒磧性 淹通內外 頗能詩 遂倣東
   林故事而加三人焉 勘書之暇鬭韻賦詩 自東至咸 人各三十首 總之爲二百一十 命之曰迦
   蓮幽詞 迦蓮何 主寺居也 幽詞何 賦山事也 此迦蓮幽詞之大旨也 其文彩風格 雖有愧於陶
   惠劉雷 抑可爲山門之楚杌云爾".

4 覺岸, 「題快年閣」, 『梵海禪師詩集』(韓國佛敎全書 10, p.1111中), "古寺千年回運吉 殘
   僧一鉢卜居幽 淸風吹起東茶興 好鳥噪分叢語愁".

5 朴永輔, 「附和詩四首」, 『西泠霞錦集』(필사본, 고령박씨종친회 소장), "跡晦煎茶博士名".

6 호남성 상덕의 도화원에서 고대로부터 전승된 비법으로, 열병을 치료하는 약으로
   차를 이용하는 원시적 방법이다. 三生湯은 생 찻잎, 생 생강, 생쌀로 만든다. 그 생
   생강과 생쌀, 생 찻잎을 나무로 만든 통에 넣고 으깬 후, 멀건 죽을 넣고 다시 으깨
   어서 걸쭉해지면 뜨거운 탕수를 붓는다. 열병이 났을 때 이 탕을 마신다. 마원(BC
   14~49)이 오계만을 정벌할 때 열병에 걸려 사경을 헤매던 마원 자신과 병사의 목숨
   을 이 삼생탕을 이용하여 구하였다. 이후 이 지역에서는 이 차를 㯐茶라 하였다.

7 박동춘, 「한국 선종차의 수용과 전개」, 『茶禪一味』(불교춘추사, 2005), pp.229~230.

8 金富軾, 『삼국사기』, 신라본기 흥덕왕 조, "入唐廻使大廉持茶種子來 王使植智異山".

9 申緯, 『警修堂全稿』(韓國文集叢刊 291, 민족문화추진위원회 편, 2002), p.557, "釋
   草衣有書致茶求其師舍利塔記".

10 申緯, 위의 책, p.558, "草衣茶味太嫩 故與舊所藏㙜源茶和勻 同貯一籠中 更俟陳新相
   入而用之也 又成一詩 將以示草衣也".

11 金正喜, 『阮堂先生全集』 하(민족문화추진회 편, 1989), p.26.

12 金正喜, 위의 책, p.46, "每炒法稍過 精氣有稍沈之意 若更再製 輒戒火候"; 이 편지는 1838년(무술) 4월 8일 부처님탄신일에 草衣에게 보낸 것이다.

13 申緯, 『警修堂全稿』(韓國文集叢刊 291, 민족문화추진위원회 편, 2002), p.558, "評品得聞於鴻漸 氣味相投借壑源 此是藏收又一法 侍童祕勿俗人言".

14 金正喜, 『阮堂先生文集』하(민족문화추진회 편, 1989), p.602, "風味分嘗自製茶".

15 金正喜, 『阮堂全集』天(果川文化院, 2005), p.487, "茶包果是佳製 有能透到茶三昧耶".

16 김명희의 다시는 대략 1850년 전후에 지어진 것으로 추정되는데, 이는 초의의 화답시인 「奉和山泉道人謝茶」가 1850년(경술)에 지어졌기 때문이다.

17 意恂, 「附原韻」, 『一枝菴詩稿』(韓國佛敎全書 10, p.860中), "麗朝令植茶土貢 內賜皆用茶 五百年來 不識我東有茶 採之焙之妙入三昧 始於草衣".

18 意恂, 『東茶頌』(韓國佛敎全書 10, p.875上), "茶書云 陸安茶以味勝 蒙山茶以藥勝 東茶蓋兼之矣 若有李贊皇陸子羽 其人必以余言爲然也".

19 意恂, 『東茶頌』(韓國佛敎全書 10, p.875上), "東茶記云 或疑東茶之效不及越産 以余觀之 色香氣味 小無差異"

20 意恂, 위의 책, "若有李贊皇陸子羽 其人必以余言 爲然也".

21 申獻求, 「茶說」, 『秋堂襍稿』 眞本(연세대학 도서관 소장), "草衣之茶 獨擅空門而世未之稱 此由於士大夫遺視太高".

22 寶鼎, 『東茶頌』, 『栢悅錄』(韓國佛敎全書 12, p.518上), "新采東去老葉 熱鍋焙之 候鍋極熱 始下茶急炒 火不可緩 待熟方退 徹入筵中 輕團挪數遍 復下鍋中 漸漸減火 焙乾爲度 中有玄微 難以言顯".

23 寶鼎, 위의 책, "採茶之候 貴及時".

24 寶鼎, 위의 책, "徹夜無雲 泡露採之者 爲上".

25 寶鼎, 위의 책, "輕團挪數遍".

26 朴暎熙, 『東茶正統考』(호영출판사, 1985), p.30.

27 申緯, 『北禪院續稿』(아세아문화사, 1990), p.368, "乞序文於余而遺以四茶餅 卽其手製 所爲寶林白茅也".

28 丁若鏞 저, 양광식 역, 『강진과 정약용』(강진문헌 5집, 강진문헌연구집, 1997).

29 박동춘, 『추사와 초의』(이른아침. 2014), p.152, "寺中所造小團三四十片 稍其揀佳".

30 박동춘, 위의 책, p.155, "茶事前書亦有縷及 而小團數十片 恐不支幾時供 限百圓可以

買取則似好".

31 梵海,「草衣茶」『범해선사시집보유』, "穀雨初晴日 黃芽葉未開 空鐺精炒出 密室好乾來".

32 梵海, 위의 책, "密室好乾來".

33 意恂,「東茶頌」(韓國佛敎全書 10, p.875上), "近西堂大爺 南過頭輪 一宿紫芋山房 嘗其泉曰味勝醍酪".

34 意恂, 위의 책, p.876上, "評曰 採盡其妙 造盡其精 水得其眞 泡得其中 體與神相和 健與靈相併".

35 意恂, 위의 책, "至此而茶道盡".

36 두릉은 경기도 마현으로 정약용이 말년에 머물렀던 곳이다. 두릉천은 이곳에 있는 샘물이거나 아니면 수종사의 샘물일 가능성이 있다.

37 意恂,「石泉煎茶」, 『草衣詩稿』(韓國佛敎全書 10, p.843下), "嫌猜元不留心內 毀譽何曾到耳邊 袖裏尙餘驚雷笑 寄雲更試杜陵泉".

38 意恂,「藏茶」, 『茶神傳』(韓國佛敎全書 10, p.871中), "將花筍箬 及紙數重封緊 壜口上以火煨磚 冷定壓之 置茶育中 切勿臨風近火 臨風易冷 近火先黃".

39 意恂, 『동다송』(韓國佛敎全書 10, p.874中), "誰知自饒眞色香 一經點染失眞性".

40 許次紓,「包裹」, 『茶疏』(中國茶葉歷史資料選集, 弘益齋, 1995), p.229, "茶性畏紙 紙於水中成 受水氣多也 紙裹一夕 隨紙作氣盡矣 雖火中焙出 少頃卽潤…每以紙帖寄遠 安得復佳".

41 屠隆,「藏茶」, 『茶箋』(『中國古代茶道祕本五十種』 卷1, 全國圖書文獻縮微復除中心, 2003), p.635, "夏至後三日再焙一次 秋分後三日又焙一次 一陽後三日又焙之 連山中共五焙 直至交新色味 如一罍中用淺 更以燥箬葉貯滿之則久而不湯".

42 李奎報,「房狀元衍寶見和 次韻答之」, 『동국이상국집』 卷13, "爲恐淸香先發洩 牢鎖標箔纏紫蕖".

43 李奎報,「謝逸庵居士鄭君奮寄茶」, 『동국이상국집』 卷18, "粉牋糊櫃絳絲纏".

44 徐居正,「謝岑上人惠雀舌茶」, 『四佳集』 卷13, "裹以鷄林雪色紙 題封二三龍蛇字".

45 송재소·유홍준 외, 『조선후기 차문화』 1(돌베개, 2009), p,285, "竹皮套緊知新製 書面毛生感不遟".

46 覺岸,「草衣茶」, 『梵海禪師遺稿』(韓國佛敎全書10, p.1120上), "竹皮苞裏裁".

182

47　송재소·유홍준 외, 『조선후기 차문화』 1(돌베개, 2009), p.316, "玄扈先生曰 收藏者
　　必以篛籠 剪篛雜貯之則久而不浥".

48　覺岸, 「草衣茶」, 『梵海禪師遺稿』(韓國佛教全書 10, p.1120上), "栢斗方圓印".

49　申緯, 「南茶詩幷序」(친필본, 국립광주박물관 소장, 박동춘 기증본), "茗士得之寄江屋
　　白甄封題綠雪芽"

50　梵海, 「草衣茶」, 『梵海禪師詩集補遺』, "栢斗方圓印 竹皮苞裏裁".

V. 초의차를 애호한 경화사족 및 중인들

1. 경화사족

    초의는 많은 사람들과 교유하며 편지와 시문을 주고받았다. 유학자로는 김정희, 김명희, 김각, 신위, 박영보, 홍현주, 이만용, 권돈인, 정학연, 정학유, 정대무, 신헌, 변지화 등이 있고, 중인 신분인 황상, 허련, 조희룡, 이삼만 등도 있다. 이들은 대부분 정약용이나 김정희와 관련이 있는 인사들이다. 이 외에도 남쪽 지역에 거주했던 다산의 제자나 지방 유생들, 아전(衙前)이 있고, 운고(雲皐), 설두(雪竇), 도영(道影), 석훈(碩熏) 같은 승려도 포함되어 있다. 이들은 초의와 편지를 주고받으면서 인간적인 우정뿐 아니라 학문적 이상을 공유했다. 이들이 초의에게 보낸 편지는 1809년 해남 유생 이경만이 보낸 간찰로부터 1865년 허련이 초의에게 보낸 간찰까지 확인되지만, 대부분 1840~1865년에 집중되어 있다. 이들의 편지는 초의의 생애와 교유 관계를 연구하는데 중요한 정보를 제공한다는 점에서 사료로서의 가치가 높다 하겠다.

    이 외에도 조선 후기 경화사족들의 초의차에 대한 관심을 살펴볼 수 있는 자료로는 박영보의 「남다병서」, 신위의 「남다시병서」, 김명희의 「사다」, 황상의 「걸명시」 및 김정희가 초의에게 보낸 걸명 편지가

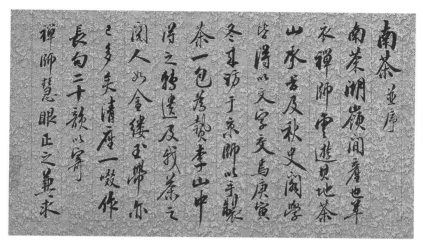

박영보의 「남다병서」 친필본(국립광주박물관 소장, 박동춘 기증본). 1830년 박영보는 초의에게 교유의 증표로 이 글을 썼다.

있다. 특히 박영보의 「남다병서」와 신위의 「남다시병서」는 초의와 사대부들과의 교유관계 및 초의차에 대한 경화사족들의 애호를 살펴볼 수 있고, 그들의 차에 대한 이해도 확인할 수 있는 자료이다. 이를 통해 초의차의 격조나 사대부들의 차에 대한 이해가 더욱 상세히 밝혀질 것으로 기대된다. 더 나아가 당시 초의가 차 문화 중흥에 이바지한 역할도 구체적으로 밝힐 수 있을 것이라 생각한다.

1) 추사 김정희

추사 김정희는 초의와 동년배로, 평생을 교유하며 서로 영향을 주었다. 초의가 북학파 경화사족들과 폭넓게 교유할 수 있었던 건 전적으로 김정희와 관련이 깊다. 초의는 김정희를 통해 북학파 경화사족과의 교유를 확대하였고, 초의가 만든 초의차를 통해 차에 대한 관심이 높아진 경화사족들을 중심으로 차 애호층이 확대되었다고 생각한다. 또한 초의는 김정희의 인맥을 통해 옹방강(翁方綱)이나 옹수곤(翁守昆) 등 청대 문예를 이끌었던 거물들과 서신이나 책 등을 매개로 간접적인 교유를 하였다. 그러므로 초의는 김정희와의 교유를 통해 청의 문물에 대한 안목을 확장할 수 있었고, 고증학이나 실학에도 관심을 가졌을 것이라 여겨진다.

특히 수준 높은 품다의 격조를 갖춘 김정희는 초의가 초의차를 완성하는 데 많은 영향을 미쳤다. 김정희가 차에 매료된 것은 완원의 쌍비관에서 용단승설을 맛본 이후인데, 아마도 그가 권문세가 출신이므로 어린 시절부터 차를 경험했을 것이라 생각한다. 그렇다면 김정희가 차에 매료된 것은 언제일까.

김정희는 부친 김노경을 따라 연경에 간 적이 있는데, 옹방강과 완원(阮元, 1764~1849)을 만났을 때 완원의 서재 쌍비관(雙碑館)을 방문하고 용단승설차를 대접받았다. 이후 차에 매료된 김정희는 자신의 호를 승설도인(勝雪道人)이라 하였다.[1] 이러한 김정희의 경험은 초의가 제다법을 완성하는 데에 실질적인 도움을 주었다.

차를 보내주시니 가슴이 시원해짐을 느낍니다만 매번 차를 덖는 법이 조금 지나쳐 차의 정기가 덜 드러났다고 생각합니다. 만약

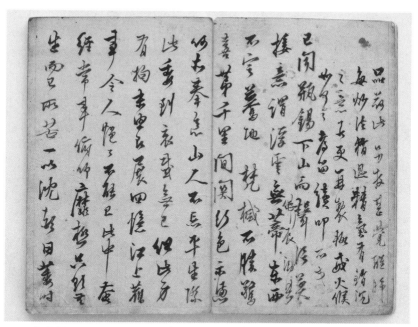

1838년 김정희가 초의에게 보낸 편지(개인 소장). 김정희의 이 편지는 초의차의 완성 시기를 가늠할 수 있는 자료이다.

차를 다시 만든다면 화후를 조심하는 것이 어떨지요.[2]

김정희는 1838년(무술)경에 초의에게 편지를 보내, 초의가 만든 차는 "차의 정기가 덜 드러났다"고 평가하였다. 이는 제다 과정에서 미흡한 점이 있었기 때문이라는 분석과 함께, 차를 만들 때 화후의 조절이 고르지 못했다는 조언도 덧붙였다. 이로부터 3~4년이 지난 뒤인 1841년에 김정희가 초의에게 보낸 편지에는 초의차를 제다의 절정에 오른 차라고 극찬하였다.

보내준 차는 과연 가품입니다. 다삼매(茶三昧)를 드러냈다 할 수 있구려.[3]

이 시기는 김정희가 제주에서 유배 생활을 하던 때로, 그는 초의가 보내준 차를 통해 척박한 유배 환경을 견딜 수 있었다. 이처럼 김정희는 초의에게 매번 차를 덖을 때마다 불을 더욱 세심히 해야 한다고 지적하는 등 조언과 격려를 아끼지 않았다. 또한 김정희는 차에 대한 깊은 심미안뿐 아니라 물에 대해서도 일가견을 가졌던 인물이다. 이런 사실은 그가 초의에게 관악산 줄기에서 나오는 샘물을 함께 시험해 보자고 한 편지에서도 드러난다.[4] 그러므로 김정희의 조언은 초의차의 완성에 영향을 주었다는 것을 알 수 있다.

김정희는 지속적으로 초의에게 차를 보내달라고 편지를 보냈다. 김정희가 초의에게 걸명(乞茗)하는 내용은 그의 문집이나 편지에 사실적이고도 희유적으로 표현되어 있다. "전일에 보내준 다병은 이미 다 먹었는데, 요구하기 싫지 않은 것이라서"라든지, "햇차는 몇 편이나 따서 만들었는지, 남겼다가 나에게 보내려는가"[5]라고 하면서 걸명하고 있다. 이 외에도 "햇차를 어찌하여 돌샘과 솔바람 사이에서 혼자만 마시며, 도대체 멀리 있는 사람을 왜 생각하지 않는가. 몽둥이 30대를 단단히 맞아야 하겠구려"[6]라고 희유적인 표현을 담은 걸명(乞茗)도 있다.

제주도 적소(謫所)에서 차를 통해 답답한 마음을 달래려 했던 김정희의 정황은 다음 편지에 절절하게 드러난다.

김정희가 머물던 과천의 과지초당(박동춘 제공).

원래 서찰은 차를 부탁하는 것이었소. 이곳에서 차를 구하기 어
렵다는 것은 스님도 아시는 것이지요. 스님이 법제하는 차는 당
연히 해마다 하는 일이니 더 말할 필요가 없지요. 그 절에서 만든
소단을 30~40편쯤 조금 좋은 것을 가려 보내주시길 간절히 바
랍니다.[7]

김정희가 초의에게 대둔사에서 만든 소단차[小團茶] 중에서 품질 좋
은 차 30~40편을 골라서 보내 달라고 부탁하는 이 내용은 김정희가
제주 시절 음력 7월 16일에 보낸 편지 중의 일부이다. 김정희가 제주
에서 유배했던 시기는 1840년 9월에서 1848년 12월경이므로, 이 편

지는 적어도 1841년 이후에 보냈다고 여겨진다.

이 편지의 내용에 사중에서 소단차를 만들었다는 것으로 보아, 당시 대둔사에서는 늦게 딴 찻잎으로 덩이차를 만들었다는 것을 확인할수 있다. 1818년 8월경 정약용이 그의 제자들과 맺은 「다신계절목」에 "곡우에 어린 찻잎으로 잎차를 만들고 늦게 딴 찻잎으로는 덩이차를만들었다"[8]라고 하였으므로, 대둔사에서는 잎차와 덩이차를 모두 생산했다. 아마도 초의는 1830년 『다신전』을 편찬한 후, 본격적으로 잎차 제다에 몰두했을 것이라 여겨진다.

제주에 유배된 김정희는 차를 마시며 삶의 고통을 달랬고, 말년에병을 얻었을 때에도 차로 수명을 연장하였다. 김정희는 함경도 북청유배에서 돌아와 은거하던 과천에서 초의에게 편지를 보내 이런 사실을 알렸다.

> 미천한 사람(추사 자신)은 그사이 갑작스럽게 설사병에 걸려 (몸의)진기가 몽땅 탈진되었으니 세상살이의 고통이 마침내 이런 것인가 하오. 다행히 차의 힘으로 수명을 연장하게 되었으니 … (중략) … .[9]

당시 김정희는 차로 수명을 연장할 뿐 아니라 설사로 탈진한 몸을 다스렸으며, 고통스러운 자신의 삶에 위안을 주는 것이 차라고 하였다.

차를 좋아했던 김정희는 초의뿐 아니라 초의의 제자들과도 교유하였다. 특히 차를 잘 만들었던 자흔(自欣)이나 상훈(尙薰)에 대해서도 각별한 관심을 가졌던 것이 드러난다. 이들 또한 김정희에게 차를 보내 깊은 우정을 나누었는데, 특히 "상훈이 만든 엽차는 동파공이 마셨던 추아차[麤芽茶] 못지않게 향기로운 맛이 있다"[10]라고 평가하여 초의 제자 중에 상훈의 제다 솜씨가 뛰어났다고 평가하였다.

최근 발견된 김정희 일가의 기록인 『석실총관(石室叢觀)』에는 김정희가 1852년 12월에 초의에게 보낸 편지가 있다. 여기에도 김정희는 상훈에게 깊은 애정과 관심을 드러내었다.

> 북쪽에서 돌아오니 스님과 가까워진 것 같으나 여전히 천 리의 거리가 될 뿐이오. 홀연히 또 편지가 이르니 이 어찌 하늘 끝에 떨어져 있어도 이웃과 같다는 말에 해당하는 것이 아니겠소. 게다가 너무도 기쁜 것은 차뿐이외다. … (중략) … 상훈스님을 데리고 한번 오실 수는 없겠소. 일로향실로 거처를 옮겼다니, 기거에 몹시 편리한 점이 있겠구려. 큰 눈이 왔는데 차가 마침 이르러 눈을 끓여 차품을 시험하려 하는데 스님과 함께하지 못하는 것이 안타까울 뿐이오. 그사이 송나라 때 만든 소용단을 한 덩이 얻었다오. 이는 기이한 보물이라오.[11]

위 인용문에서 김정희는 초의가 상훈과 함께 자신을 만나러오기를 바라는 마음을 내비치고 있다. '북쪽에서 돌아오니'라는 말은 김정희가 북청 유배에서 풀려나 집으로 돌아왔다는 것을 말한다. 편지 중간에 언급된 일로향실(一爐香室)은 1851년에 완공된 대광명전의 부속

김정희가 초의에게 써 준 일로향실 편액(개인 소장).

건물로 추정되는데, 김정희가 초의를 위해 이 실명(室名)을 써 주었다. 초의는 대광명전 완공 후 일지암에서 일로향실로 거처를 옮겨 수행하였다.

아울러 김정희는 송나라 때 만든 소용단(小龍團)을 얻어 초의와 함께 맛보고자 하는 마음을 드러냈다. 위 편지에서 언급한 소용단을 김정희가 얻게 된 사연은 이상적(李尙迪)의 「기용단승설(記龍團勝雪)」[12]에서 확인할 수 있다. 이하응(李昰應, 1820~1898)이 충청도 덕산현에 있었던 고려 때 옛 탑에서 불상과 니금경첩, 용단승설 네 덩이를 얻었고, 그중 한 덩이를 김정희에게 보냈다고 한다. 천하의 명품인 소용단을 얻은 김정희는 초의와 함께 맛보고자 하였다. 이는 김정희가 차의 전문가로 초의를 인정했다는 것을 알려준다.

차를 통한 이들의 진솔한 우정은 김정희가 1840년 제주도로 유배 가던 길에 일지암을 찾아 하루를 머문 후 떠날 때, 초의가 김정희의 무사 안녕을 기원하면서 그린 「제주화북진도(濟州華北津圖)」의 제발(題拔)

에서 알 수 있다. 초의가 쓴 제발의 일부 내용은 다음과 같다.

초의의 「제주화북진도」(개인 소장).

이런 가운데 제주 화북진에 정배한다는 명을 받아 분부를 모시고 길을 나선 틈에 잠깐 일지암에 도착한 것이다. 평시에 공은 나와 더불어 신의가 중후하여 서로 사모하고 경애하는 도리를 잊지 않았는데, 갑자기 지나는 길에 머무르게 되니 불행 중에 다행한 일이다. 산차 한 잔을 들며 밤이 새도록 속진의 세상 돌아가는 형세와 달마대사의 관심론(觀心論)과 혈맥론(血脈論)을 담론함에 앞뒤로 모든 뜻을 통달하여 빠짐없이 바로바로 대답하였다.[13]

초의는 자신과 김정희와의 관계를 '서로 사모하고 경애하는 도리를 잊지 않는 관계'(不忘相思相愛 之道)라고 정의했다. 차와 불교, 시를 통해 서로를 사모했던 이들의 우정은 조선 후기 대표적인 유불 교유의 실재(實在)를 보여준다고 보아도 좋을 것이다.

2) 산천도인 김명희

김명희(金命喜, 1788~1857)는 김정희의 아우다. 그의 자는 성원(性源), 호는 산천(山泉)·산천도인(山泉道人)이다. 1810년 진사시에 합격한 이후 홍문관 직제학, 강동 현령과 창령 현감을 지냈다. 1822년 동지겸사은 사인 부친을 따라 자제군관의 신분으로 연경을 방문한다. 이때 『해동 금석원(海東金石苑)』의 저자인 유희해와 교유하였는데, 이 책을 편찬할 때 김명희가 조선의 금석학본을 기증하여 도움을 주었다. 이로 보아 김명희는 청나라의 인사들과 깊이 교유했다는 것을 알 수 있다.

김명희는 초의와 깊이 교유하며 차를 좋아했는데, 그가 언제부터 초의를 만났는지 분명하지는 않다. 다만 김정희와 초의가 1815년경 에 만났으므로 이 무렵 형인 김정희를 통해 초의를 만났을 것으로 생 각한다. 1834년에 초의가 쓴 「금호유별산천도인(琴湖留別山泉道人)」에 는 "참소로 인해 막히고 끊어진 지가 10여 년이 되었다"[14]라고 한 것으 로 보아 이미 1824년경 금호에서 초의를 만났다는 것을 알 수 있다. 그러므로 이들의 만남은 초의가 처음 상경했던 1815년경부터 시작된 것이 아닌가 생각한다.

한편 1830년경 초의가 상경했을 때 김정희는 부친 김노경이 탄

핵을 받아 추자도로 유배되었기에 서로 만나지 못하다가 초의가 상
경했다는 소식을 들었던 것으로 확인된다. 이런 사실은 김명희가
1832년(임진) 10월 23일 초의에게 보낸 편지에 "이번 오실 때 또 남
으로 오셔서 서로 만날 수 있다면 흐르는 정이 가득했으련만 돌아가
시니 또한 아득해져 만나기가 어렵겠습니다"[15]라고 한 것에서 알 수
있다.

　김명희는 「다시(茶詩)」를 지었는데, 이 시에 초의가 화운하여 「봉화
산천도인사다(奉和山泉道人謝茶)」를 지었다. 초의는 사회적인 영향력이
있는 인사나 자신과 친밀한 사람들이 보낸 시의 원운(原韻)을 자신의
시집에 수록해 두었기에 이런 사실이 확인된 것이다. 「봉화산천도인
사다」는 초의가 『동다송』을 저술한 지 13년이 지난 1850년(무술)에 지
었으므로, 차에 대한 인식이 한층 깊어지고 수행도 원만한 경지를 드
러낸 내용을 담고 있다. 차에 일가를 이룬 이 시기의 초의는 "차는 군
자의 성품과 같아서 삿됨이 없다"[16]라고 정의하면서, 차의 오묘한 근원
은 집착 없는 바라밀이라고까지 설파하고 있다.

　　가볍고 연한 물로 (차를) 달이면
　　진수(眞水)와 정차[精茶]가 잘 조화되어 (차와 물의) 체와 신이 열린다.
　　추하고 더러움 없애야 정기가 스미나니
　　큰 도를 이룸이 어찌 멀까.
　　알가의 진체 오묘한 근원을 다하니
　　오묘한 근원은 집착 없는 바라밀이로다.[17]

알가(閼伽)는 물을 뜻하고, 공덕수(功德水), 정수(淨水) 등의 의미가 있으므로 차[茶]를 지칭하는 용어로도 사용한다. 초의는 차의 근원적 의미에 대해 '물은 차의 체(體)이며 차는 신(神)'이라고 규정하면서 물과 차의 조화를 강조하였다. 또한 무애무착으로 드러낸 다삼매의 경지를 집착 없는 바라밀이라고 규정하고 있다. 그렇다면 김명희는 「다시」에서 차를 어떻게 정의하였을까.

> 늙은 사람 평소에 차를 좋아하지 않아
> 하늘이 그 어리석음 미워해 학질에 걸리게 했네.
> 더워서 죽는 것은 두려운 것이 없지만 목말라 죽을까 걱정이라
> 급히 풍로에 차를 달이네.[18]

윗글에 의하면 평소 김명희는 차를 좋아하지 않았다. 그래서 하늘이 그를 학질에 걸리게 하여 차의 소중함을 알게 했다는 구절이 눈에 띈다. 이는 조선 후기 사대부들이 차를 즐기지 않았고, 차를 달이는 목적이 단지 갈증을 해소하기 위한 것이라고 여겼던 상황을 짐작하게 한다. 그런데 이 무렵 청에서 수입된 차가 유통되고 있음은 그의 시를 통해 드러난다.

> 연경에서 수입된 차는 가짜가 많은데,
> 향편이니 주란이니 하며 비단에 쌌네.
> 좋은 차는 아름다운 사람[佳人]과 같다고 들었는데,

이 차는 하녀와 같을 뿐만 아니라 추하기가 그지없구나.[19]

경화사족을 중심으로 차를 애호하는 사람들이 늘어나자, 시중에 향편(香片)과 주란(珠蘭) 같은 중국차가 유통되었지만 대부분 품질이 조악하였다. 하지만 초의가 보낸 차는 가인(佳人)에 비교할 정도로 좋은 차였다.

> 초의가 홀연히 우전차를 보내왔는데
> 마치 매 발톱 같은 찻잎으로 만들어 죽피에 싼 귀중품이네.
> 초의차를 풀어 마시니
> 울울함과 번뇌를 씻어 주는 공효가 이보다 큰 것은 없네.
> 차를 마신 효과가 어찌 이리 빠른가.[20]

김명희가 이 편지를 보낸 1850년경에 초의는 매 발톱[鷹爪] 같은 찻잎으로 우전차를 만들었다는 것을 알 수 있다. 초의는 김명희에게 우전차를 보내주었고, 이 차를 마신 김명희는 울적함을 씻어주는 공효를 경험하였다. 이는 초의차에 대한 김명희의 인식이 드러난 일화로서, 번뇌를 씻어 내는 차의 효능이 초의차보다 좋은 것은 없다고 한 김명희의 평가에서 초의차의 품색이 뛰어났음도 확인할 수 있다.

그렇다면 차를 만드는 초의의 자세는 어떠하였을까. 그 답은 다음 구절에서 드러난다.

노스님 차 가리기를 마치 부처님 고르듯이 하였으니
일창일기(一槍一旗) 엄격히 법도를 지켰네.
더욱이나 차 덖기, 정성을 들여 원통함을 얻었으니
향미를 따라 바라밀에 든다.[21]

초의가 찻잎을 가리는 자세는 마치 부처님 고르듯 하였다. 엄격히
법도를 지켜 일창일기(一槍一旗, 하나의 차 싹과 찻잎 하나가 막 피어난 찻잎의
상태로, 산차를 만들기에 가장 적합한 차잎이다.)를 선별하고, 초배(炒焙)하여
차를 만들었다. 그러므로 초의가 수행의 여가에 채다하고 덖어 말린
초의차는 원통을 얻은 최고의 차이고, 완벽하게 복원해 낸 선차[禪茶]
였다. 때문에 김명희는 초의차의 향미를 따라 바라밀에 들었고, 초의
의 제다 비법이 5백 년 만에 비로소 재현되었다고 하며 "이렇게 좋은
차를 어찌 사랑하지 않겠는가"라고 감탄하였다.[22]
  하지만 김명희는 채다 시기에 대해서는 초의와 견해를 달리하였던
것 같다. 초의는 입하를 전후하여 찻잎을 따는 것이 좋다고 하였지만,
김명희는 곡우를 전후하여 찻잎을 따야 한다고 보았다. 이러한 견해
차이는 김명희가 중국의 다서를 인용하여 차를 따고 덖는 방법을 서
술한 「서(書)」에서 발견된다.

  청명절과 곡우 때에 찻잎을 딸 시기이다. 그러나 청명은 너무 이
  르고 입하 때는 너무 늦으며 곡우를 전후하여 차를 따는 것이 알
  맞다. 다시 이보다 하루나 이틀 뒤 늦게 따도 차의 기력이 보전되

며 향기가 곱절이나 짙고, 거두어 저장하기 쉽다. … (중략) … 찻잎은 너무 작지 않아도 된다. 잎이 작으면 곡우 전에 처음 돋은 차 싹이니 맛이 여리다. 차 싹이 너무 크지 않아도 된다. 차 싹이 너무 크면 싹이 쇤 것이니 맛이 부족하다.[23]

김명희는 중국의 다서를 토대로 채다 시기를 제시하였고, 이어서 "번철에 찻잎을 많이 넣어 고르게 저어주지 못하거나 지나치게 오래 두어 향기가 흩어지고 또 바싹 마르게 되면 어떻게 차를 우려낼 수 있겠는가"[24]라면서 차를 덖는 방법까지 설명한다. 이로 보아 김명희가 차가 만들어지는 전반 사항을 숙지하고 있었고, 차가 만들어지는 과정에 대한 이론적 근거에도 해박한 지식이 있었음을 알 수 있다. 따라서 초의차에 대한 김명희의 극찬은 차에 밝았던 전문가로서의 평가라는 점에서 상징하는 바가 크다고 하겠다.

3) 유산 정학연

유산(酉山) 정학연(丁學淵, 1783~1859)은 정약용의 장남이다. 1809년 다산초당에서 초의를 만난 후 초의와 경화사족들의 만남을 주선하는 등 평생 동안 교유하였다. 초의가 1815년 처음 상경했을 때 정학연은 초의를 위해 학림암에 거처를 마련해 주었고, 초의는 이곳에서 김정희를 만났다. 특히 초의가 경향에 이름이 알려진 계기가 된 1831년 청량산방 시회를 주선한 이도 정학연이었다. 그는 홍현주, 신위, 김정희, 김유근 등과도 친밀한 관계를 맺었으며 강진 유배 시절의 정약용의 제자인 황상과도 평생을 교유하였다. 정약용이 죽은 지 10년 후인 1845년 3월 정학연과 황상은 정황계(丁黃契)를 맺어 두 집안 대대로 돈독한 의를 나누었다.

정학연은 아우인 정학유(丁學游, 1786~1855)에게도 초의를 소개하여 함께 시회를 열었고, 1830년 상경한 초의와 광릉에서 배를 띄워 한가로운 정경을 즐겼다. 이런 사실은 당시를 회상한 초의의 시에 "서산에 지는 해는 서쪽으로 넘어가고 비는 동쪽으로 흩어지네. 시 주머니와 다완을 작은 배에 함께 실었네"[25]라고 한 것에서 알 수 있다. 그가 초의와 함께 시를 짓고 차를 마시며 깊은 우정을 나눴던 정황은 이렇다.

안개 낀 광릉, 물옷 입고 배를 타며
강가 누각에 모여 놀기 12년의 세월이라.
절에서 지은 시는 진도에서 막혔고,
차에 감사하는 편지, 새금(塞琴: 해남)에 전했네.[26]

'12년의 세월'이라는 표현에서 정학연과 초의가 처음 교유한 시기를 가늠할 수 있다. 정학연이 1830년에 이 시를 지었으므로, 이들이 처음 만난 시점은 1809년경이고 장소는 강진의 다산초당으로 추정된다. 초의가 1815년에 상경했을 때 수종사에 머물렀는데, 이 절의 아랫마을인 마현(馬峴)은 정약용의 고향이다. 정학연이 마현으로 돌아왔을

학림암 전경(박동춘 제공). 초의는 1815년 겨울 학림암에서 김정희와 처음 만나 평생을 교유했다.

때 초의와 만났고, 수종사가 추운 겨울을 지내기에 열악한 환경이라 판단하고는 학림암으로 거처를 옮길 수 있도록 주선한 것으로 추정된다. 학림암 해붕선사와 정학연은 오랜 인연이 있었고, 이후 초의는 학림암으로 거처를 옮겨 해붕선사를 시봉하며 지내게 된다. 이해 겨울에 초의는 해붕선사를 찾아온 김정희를 처음 만났다.

정학연과 초의는 1816년경 두릉에서 함께 배를 타고 노닐며 시를 지었고, 1830년에도 재회하여 시회를 여는 등 차와 시를 통해 오랜 세월 동안 돈독한 우의를 다졌다. 이는 위 인용문에서 정학연이 "절에서 지은 시는 진도에서 막혔고, 차를 보낸 것에 감사하는 편지, 해남에 전했네"라고 한 내용에서도 확인할 수 있고, 시 말미에 붙인 주(註)에 "절에서 놀 때 지은 시를 허련 편에 보냈는데 그 후 소식이 끊겼다"[27] 라는 설명에서 초의와 정학연 사이에서 서신과 차를 전해 준 사람이 허련(許鍊)이었음을 알 수 있다.

초의가 제주도에서 말을 타다 떨어져 팔이 부러지는 참사를 당했던 것도 정학연의 시를 통해 알려졌다. 실제 초의는 말안장에 볼깃살이 벗겨져 어려움을 겪는 정도의 부상이었으나,[28] 당시 초의와 교유하던 사람들 사이에서는 초의가 말을 타다가 다리 혹은 팔이 부러졌다는 소문이 퍼졌던 듯하다. 이들의 돈독한 우정은 정학연의 「유산시」에 초의가 답한 「봉답유산시(奉答酉山詩)」에서도 확인된다.

> 맑은 강 비단 같고, 그림 같은 산,
> 옛날 노닐던 일 눈에 선하다네.
> 채화정 작은 정자에서 밤 빗소리를 들었고,
> 운길산방에서 좋은 샘물 맛보았지[29]

초의는 운길산방의 샘물이 차 다리기에 좋은 물이라고 회상한다. 운길산방은 수종사(水鍾寺)를 지칭한다. 정학연은 초의와 샘물의 질을 논할 만큼 품천(品泉)과 차 도구에 관한 안목이 높았던 인물이다. 이는 정학연이 1805년경에 쓴 것으로 추정되는 「전다」의 내용에서 짐작할 수 있다.

(열수) 물맛은 혜산(惠山)의 물을 부끄럽게 할 만하고,

나무옹이로 만든 잔은 월주 청자에 뒤지지 않는다네.[30]

'혜산의 물'이란 육우가 명명한 명천(名泉) 중에 하나이다. 정학연은 혜산의 샘물을 언급할 정도로 찻물에 대한 이해가 깊었다. 차를 다릴 때에 가장 중요한 것이 물이라는 것도 알고 있었고, 물이 차의 몸[體]이라는 점도 이해했기 때문에 그는 좋은 물을 가릴 수 있는 탁견이 있었던 것이다. 이는 정학연이 품다(品茶)에도 해박했다는 것을 의미한다.

정학연은 부친인 정약용이 유배된 강진을 드나들면서 차를 깊이 이해하게 되고, 차를 즐기는 부친을 위해 다관을 사 드리기도 했다. 그가 지은 「다관(茶罐)」에 "나를 위해 입술(다관의 물대)을 깨끗이 하고 끝내 뜨거운 탕수도 피하지 않는다"[31]는 구절은 다관에서 물이 끓는 모습을 보고 다관의 기능을 우회적으로 표현한 것인데, 정학연의 다구에 대한 심미안의 정도를 나타낸 것이라 할 수 있다.

당시 차에 관심을 가지고 초의와 교유하던 북학파 경화사족들 중에는 차에 대한 이해를 높이기 위해 중국의 다서를 참고하고 내용을 발췌하는 흐름이 있었다. 정학연이 『사시유요(四時類要)』와 『화경(花鏡)』을 인용한 『종축회통(種畜會通)』 「목부(木部)」에는 차나무를 심는 방법과 차의 보관법[32]이 발췌되어 있다.

4) 금령 박영보의 「남다병서」

금령(錦舲) 박영보(朴永輔, 1808~1872)는 신위에게 학문적인 영향을 받았고, 시문에 능했다. 본관은 고령이며, 아버지는 종악이고 어머니는 윤석동의 딸이다. 자(字)는 성백(星伯)이고 금령이라는 별자(別字)를 썼다. 호(號)는 열수(洌水)이다. 그의 시첩에는 금령이라 표기한 곳이 많은데, 「소금관기(莟錦館記)」에 "나는 이미 금령이라 호하였고"라고 밝힌 것으로 보아 별자인 금령을 호로도 사용했다.

역대 암행어사 중 가장 유명했던 박문수의 4대손[33]으로, 1844년 증광문과에 병과로 급제한 후 1846년 평안도 충북 암행어사가 되었다. 1861년에는 부호군(副護軍)을 지냈으며, 1862년 동지사 부사로 청나라에 다녀왔고, 공조판서를 거쳐 형조판서를 역임하였다. 『옥당강의(玉堂講義)』, 『아경당집(雅經堂集)』, 『연총록(衍聰錄)』 등 다수의 미정고(未定稿) 문집을 남겼다.

조선 후기 파행적인 세도 정국과 근대화 과정의 격랑 속에서 국가의 안위를 고민했던 박영보는 다벽(茶癖)이 생길 정도로 차를 좋아하였다. 초의차를 맛본 그가 1830년 11월 15일 「남다병서」를 지어 초의에게 교유의 증표로 보냈다. 이 시기는 조선에서 경화사족들의 차에 대한 관심이 넓어지면서 차 문화가 다시 피어나기 시작한 때이다. 「남다병서」는 한국 차 문화의 연원과 차의 덕성을 칭송하고 조선 후기 민멸 위기에 처한 차 문화를 중흥한 초의의 역할 등의 내용을 담은 장시(長詩)이다. 박영보가 차를 좋아한 연유뿐 아니라 차의 중요성을 인식해 가는 과정을 드러낸 「남다병서」는 조선 후기 선비들의 차에 대한 인식과 관심이 어떻게 촉발될 수 있었는지를 살펴볼 수 있는 자료이다.

그렇다면 박영보의 차에 대한 관심은 언제부터 싹텄고 초의와의 인연은 언제 시작된 것일까. 아마도 스승인 신위의 영향이 컸을 것으로 보이는데, 차를 좋아했던 신위가 아끼는 제자였다는 점에서 이러한 추정이 가능하다. 박영보는 스승인 신위나 초의와 교유했던 여러 인사들을 통해 초의에 대한 소문을 들었을 가능성이 있으나, 그가 「남다병서」를 지을 당시에는 초의와 직접 교유는 없었다. 당시 박영보는 이산중에게 초의차를 얻어 스승 신위와 함께 마시고 「남다병서」를 지어 초의에게 보냈고, 그 후에 초의와 만났을 것이다.

「남다병서」는 응송(應松) 박영희(朴暎熙, 1893~1990)가 『동다정통고(東茶正統考)』에서 그 일부를 소개하면서 세상에 알려졌다. 박영보가 초의에게 보낸 「남다병서」의 정본은 박동춘의 학위논문인 「초의선사 차문화관 연구」에서 소개하였다. 이 외에도 박영보의 문집인 『아경당집』 권4 「서령하금집」에 수록되어 있고, 신헌의 『금당기주』에도 이 시가 필사되어 있다. 박영보는 「남다병서」를 짓게 된 연유를 다음과 같이 밝혔다.

남다(南茶)는 영남과 호남 사이에서 난다. 초의가 그곳에서 수행하는데, 다산 승지[34]와 추사 각학[35]은 모두 문자로서 교유하였다. 경인(1830년) (초의가) 겨울 한양에 올 때, 손수 만든 차 한 포를 예물로 가져왔다. 이산중(李山中)이 초의차를 얻어 이리저리 돌아서 나에게까지 (초의차가) 오게 되었다. 초의차는 여러 사람을 거치면서 마치 금루옥대처럼 귀하게 대접받은 지도 이미 오래되었다. 자리를 깨끗이 하고 마시며, 장구 20운을 지어 초의선사에게 보내니 혜안으로 바로잡고 아울러 화운을 보내 주소서.[36]

남다(南茶)는 영남과 호남 사이에서 나는 차를 말한다. 원래 차나무는 아열대 식물이다. 추운 지방에서 자라지 못하는 품성 때문에 우리나라에서는 대부분 전라도와 영남 일부 지역에서 자란다. 그러므로 초의가 수행하던 대둔사에서 만든 차를 남다(南茶)라 불렀을 것이다. 다른 한편으론 영호남 사이에서 생산되는 차를 통칭하여 남다라 부른 것이라 생각한다.

1830년경 초의는 경화사족들 사이에서 "시에 능하고 차를 잘 만드는 사람이라" 알려져 있었는데,[37] 이는 그가 사대부와 교유할 때 자신이 만든 차를 선물하며 차의 중요성과 우리 차의 우수성을 알려주었기 때문이다. 그러므로 초의와 교유했던 경화사족들은 답례로 화답하는 시를 지어 초의에게 보내며 돈독한 교유를 이어갔다.

위 인용문에서 언급한 것처럼, 박영보가 초의차를 접한 시기는 1830년(경인) 겨울이었고 이산중(李山中)을 통해서이다. 이산중의 생애에 대해서는 밝혀진 바가 없다. 다만 정약용과 관련이 깊었던 인물로 추정되며, 신위의 「남다시병서(南茶詩幷序)」에 "이산중의 자호는 초사(艸士)이다"라고 했다. 당시 초의는 취련(醉蓮)[38]와 함께 상경하여 홍현주의 별서인 청량산방에 머물렀고, 신위에게 완호의 탑명을 부탁하면서[39] 자신이 만든 보림백모차[寶林白茅茶]를 예품으로 주었다.[40] 이때 정약용과 홍현주 등 몇몇 경화사족들처럼 이산중도 초의차를 얻게 되고, 그 일부를 박영보에게 나누어 주었다. 신위와 함께 초의차를 마신 박영보는 20운(韻)의 장시인 「남다병서」를 지어 초의에게 보내 교유의 증표로 삼고자 하였다.[41] 박영보의 다시(茶詩)는 사대부들 사이에서 회자하였는데,[42] 그와 친밀하게 교유했던 인물 중에는 이 다시에 차운하여 시를 지은 사람도 있었다.[43] 신위도 「남다시병서」를 지어 화답하였다.

박영보가 「남다병서」를 지은 곳은 서령(西泠)의 강의루(江意樓)이다. 이때의 상황에 대해 박영보는 자신의 문집인 『아경당집(雅經堂集)』 「추학음고(秋鶴吟稿)」[44]와 『아경당초집(雅經堂初集)』 「서령하금집(西泠霞錦集)」에 자세하게 언급하였다.

> 1830년(경인) 10월 10일, 내가 흥방에서 서령의 강의루로 옮겨 왔다. 이때 신자하시랑(신위)이 물러나 용경에 머물렀다. 용경은 소 우는 소리가 가깝게 들리는 곳일 뿐이다. 이때 지은 시가 가장 많다. 그러므로 차례를 아울러 기록하고, 문집 이름을 서령하금집이라 한다.[45]

1830년 10월에 박영보는 흥방 즉 흥방서실(興坊書室)에서 서령의 강의루로 옮겨왔고,[46] 신위는 용경에 머물고 있었다. 서령은 서강(혹은 서호) 지역을 말하는데 현재 한강의 마포 일대이고, 흥방은 현재의 종로구 적선동과 내자동 일대에 위치하며 장흥방이라고도 한다. 용경은 정확한 위치를 비정할 수 없으나, 강화 유수에서 물러난 신위가 1830년 7월경에 머물던 곳으로 『경수당전집』에 그해 12월부터 이듬해 2월 사이에 쓴 글을 모은 「용경소초(蓉涇小草)」 1, 2가 전한다. 당시 신위는 용경에 머물며 각기병을 치료하기 위해 요양하고 있었다. 여기에서 2년 정도 머물며 산인(山人) 청당(靑棠)[47]의 연훈법(煙熏法)으로[48] 병을 치료한 후, 차도가 있어 시흥의 자하산방으로 돌아갔다.[49]

서령 강의루에서 초의차를 맛본 박영보가 「남다병서」를 지어 초의에게 보내자, 초의는 증교시(證交詩)를 보내[50] 박영보의 호의에 예를 갖췄다. 이로부터 시작된 이들의 교유는 1831년(신묘)에 초의가 박영보의 집에 머물며 함께 차를 마시고 시를 짓는 등[51] 돈독한 우정으로 이어졌다. 1834년에도 초의는 박영보의 보운산방을 찾았고, 보운산방 근경을 그림으로 남기면서 "멀리 산으로 연해 있는 아래에 있다"[52]라고 적었다. 이때의 상황은 박영보의 『자운음고(紫雲吟藁)』 「차기산증사운이별(次起山贈師韻以別)」에도 자세한 설명이 있다.

초의스님과 철선, 견향, 자흔 세 화상이 금강산을 유람하기로 약속하고 한강에 이르러 견향은 돌아가고 자흔과 금강산에 가기로 하였다. 김 추사와 함께 금호를 지나 돌아오는 길이라고 하며 나를 찾아와 수제 차를 주었고, 며칠 머물다 갔다.[53]

초의는 철선, 견향, 자흔과 함께 금강산 유람을 떠났으나 견향이 중도에서 돌아가고, 함께 가기로 했던 김명희가 병이 나서 결국 유람을 포기하게 되어 돌아오는 길에 박영보의 보운산방을 방문하였다. 당시 김명희가 금강산을 가지 못했던 것은 아마 김노경이 탄핵을 받아 추자도로 유배되었던 것과 관련이 있으리라 생각된다. 당시 초의는 박영보에게 차를 선물했고, 이때 김정희를 만났음도 확인된다.

① 「남다병서」의 이본 문제

「남다병서」는 현재까지 3종이 남아 있다. 박영보가 초의에게 보냈던 '국립광주박물관본',[54] 박영보의 문집인 『아경당집(雅經堂集)』 권4의 「서령하금집(西泠霞錦集)」에 수록된 '고령박씨종친회 소장본',[55] 그리고 신헌의 문집인 『금당기주(琴堂記珠)』[56]에 수록된 『금당기주』본'이다. 이 3종의 내용을 대조해 보면, 『금당기주』본은 후대에 개서(改書)한 부분이 있고 오탈자도 발견된다. 그러므로 올바른 연구를 위해서는 현존하는 「남다병서」의 각 이본의 내용을 비교·분석하여 오류를 바로잡고 정본(定本)의 표준을 제시할 필요가 있다. 이에 국립광주박물관 소장본을 저본으로 하고 고령박씨종친회본을 갑본, 금당기주본을 을본으로 하여 대교해 정리하면 아래 표와 같다.

<표 1> 박영보의 「南茶幷序」 이본 비교

국립광주박물관본	고령박씨종친회본	금당기주본
南茶湖嶺間產也	南茶產湖嶺間	南茶湖嶺間產也
草衣雲遊其地	草衣手製茶	草衣雲遊其地
茶山承旨及秋史閣學	偶得一	茶山承旨及秋史閣學
皆得以文字交焉	爲作長句二十韻	皆得以文字交焉
庚寅冬來訪于京師		庚寅冬來訪于京師
以手製茶一包爲贄		以手製茶一包爲贄
李山中得之轉遺及我		李山中得之轉遺及我
茶之閱人如金縷玉帶		茶之閱人如金縷玉帶
亦已多矣淸座一		亦已多矣淸塵一
作長句二十韻		作長句二十韻
以寄禪師慧眼正之		以寄禪師慧眼正之
兼求和		兼求和
1. 古有飮茶而登仙	古有飮茶而登仙	古有飮茶而登仙
2. 下者不失爲淸賢	下者不失爲淸賢	下者不失爲淸賢
3. 雙井日注世已遠	雙井日注世已遠	雙井日注世已遠
4. 雨前紅穀名今傳	雨前顧渚名空傳	雨前紅穀名今傳
5. 花瓷綠浪珍賞	花瓷綠浪珍賞	花瓷綠浪玲賞
6. 眞味中華已經煎	眞味南已經煎	眞味中華已經煎
7. 東國產茶茶更好	東國產茶茶更好	東國產茶茶更好
8. 名如芽出初芳姸	名如芽出初芳姸	名如芽出初芳姸
9. 早或西周晚今代	早或西周晚今代	早或西周脫今代
10. 中外雖別太相懸	中外雖別太相懸	中外雖別太相懸
11. 凡花庸草各有譜	凡花庸草各有譜	凡花庸草各有譜

12. 土人誰識茶之先	土人誰識茶之先	土人誰識茶之先
13. 鷄林商客入唐日	鷄林使者入唐日	鷄林客入唐日
14. 携渡滄波萬里船	携渡滄波萬里船	携渡滄波萬里船
15. 康南之地卽湖建	康南之地卽湖建	康南之地卽湖建
(南方海山間多有之	(南方海山間多有之	(南方海山間多有之
康津海南其最也)	康津海南其最也)	康津海南其最也)
16. 一去投種逐如捐	一自投種等葉捐	一去投種逐如捐
17. 春花秋葉等閒度	春花秋葉拔不顧	春花秋葉等閒度
18. 空閱靑山一千年	空閱靑山一千年	空閱靑山一千年
19. 奇香鬱沈久而顯	奇香沈晦久乃顯	奇香鬱久而顯
20. 採春筐來綠	採春筐稍綠	採春筐來綠
21. 天上月小龍鳳	天上月小龍鳳	天上月小龍鳳
22. 法樣雖味則然	法樣雖味則然	法樣雖味則然
23. 草衣老師古淨業	草衣禪師古淨業	草衣老師古淨業
24. 濃茗洗積參眞禪	濃茗妙悟參眞禪	濃茗洗積泰眞禪
25. 餘事翰墨倒寥辨	餘事翰墨今寥辨	餘事翰墨側寥辨
26. 一時名士瓣香處	一時名士香瓣處	一時名士瓣香處
27. 雪飄袈裟度千里	出山瓶錫度千里	雪飄袈裟度千里
28. 頭綱美製玉團	頭綱美製玉團	頭綱美製玉團
29. 故人贈我伴瓊玖	故人贈我伴瓊玖	故人贈我伴瓊玖
30. 撒手的光走筵	撒手的光走筵	撒手的光走筵
31. 我生茶癖卽水厄	我生茶癖卽水厄	我生茶癖卽水厄
32. 年深浹骨冷淸堅	年深浹骨三蟲堅	年深浹骨冷淸堅
33. 三分湌食七分飮	三分湌食七分飮	三分湌食七分飮
34. 沈家薑椒瘦可憐	沈家薑椒瘦堪憐	沈家薑椒瘦可憐

35. 伊來三月抱空椀	伊來三月抱空	伊來三月抱空椀
36. 臥聽松雨出涎	臥聽松雨出涎	臥聽松雨出涎
37. 今朝一灌洗腸胃	今朝一灌洗腸胃	今朝一灌洗腸胃
38. 滿室綠霧烟	滿室綠霧烟	滿室綠霧烟
39. 只煩桃花乞長老	只煩桃花乞長老	只煩桃花乞長老
40. 愧無菊酬樂天	愧無菊酬樂天	愧無菊酬樂天
庚寅十一月 望日	庚寅十一月 望日	庚寅 十一月 望
錦朴永輔水和南	錦朴永輔水和南	錦朴永輔水和南

위 표를 기준으로 국립광주박물관 소장본과 고령박씨종친회 소장본을 비교해 보자. 이 두 본의 여러 곳에서 개서된 부분이 확인되는데, 4구와 6구, 13~20구, 23~27구, 32구~35구이다. 하지만 이들 개서 내용은 원의(原意)와 상충하는 부분은 드물고 음운(音韻)을 고려하거나 시어의 격조를 위해 수정 보완한 경우가 대부분이다.

4구와 6구, 13구는 지명이나 명칭 등을 고증한 후 개서한 곳이다. 4구에서 국립광주박물관 소장본과 고령박씨종친회 소장본은 각각 홍곡(紅穀), 고저(顧渚)라고 표기하였는데, 이는 모두 중국 명차의 이름이다. 6구의 중국(中國)과 남적(南商) 역시 중국을 의미하는 명칭이므로 개서했다고 하여 원의가 달라지지 않는다. 13구에서 상객(商客)을 사자(使者)로 개서한 것은 차를 가지고 온 계층이 상인에서 사신으로 바뀐 경우로, 역사적 사실을 고증한 후 수정한 것으로 보인다.

16구의 거(去) - 자(自), 수여(遂如) - 등엽(等葉), 17구의 등한도(等閒度) - 발부고(拔不顧), 19구의 울침구이현(鬱沈久而顯) - 심회구내현(沈晦久乃

顯), 23구의 노사(老師) - 선사(禪師), 24구의 세적(洗積) - 묘오(妙悟), 25구의 도(倒) - 금(今), 26구의 판향(瓣香) - 향판(香瓣)은 그 의미가 특별히 바뀐 것은 아니며, 시어의 격조 혹은 24구처럼 표현상의 문제를 고려하여 개서한 경우이다.

27구의 설표가사(雪飄袈裟) - 출산병석(出山瓶錫)은 "눈보라를 맞은 스님"에서 "산에서 나온 스님"으로 개서했다. 34구의 가(可) - 감(堪)과 35구의 완(椀) - 완(盌)으로 개서한 내용도 원의와 상충하지 않는다.

32구는 냉청(冷淸)을 삼충(三蟲)으로 고쳤다. 삼충은 사람의 뱃속에 있는 세 마리 벌레를 의미하는데, 도가에서는 경신날 밤에 삼충이 나와 사람의 음침한 일을 천제에게 고발한다는 설이 있다. 냉청은 '맑다'는 의미이고 삼충 역시 사람의 마음을 의미하므로, 그 의미가 크게 달라진 것은 아니라고 할 수 있다.

또한 고령박씨종친회 소장본에는 서문이 생략되었는데, 이는 자신의 문집에 수록하는 것이므로 내용만을 기록해 둔 것이라고 추측된다.

② 박영보의 차에 대한 인식

차에 대한 박영보의 인식은 그의 문집에서 찾을 수 있다. 그가 직접 차를 언급한 몇 편의 시문 중에서 박영보가 정사형(丁士衡)의 다시(茶詩)에 차운한 「기답정사형(寄答丁士衡)」을 살펴보자. 이 시에는 "지난 그믐날에 사형이 「오원다멱시(五圓茶覓詩)」를 보내니 지금 또 나의 다가(茶歌)

20운을 보고 차운해 보냈는데, 이는 정월 7일이다"[57]라는 협서(挾書)가 있다. 이는 조선 후기 사대부들 사이에서 회자된 「남다병서」 외에도 박영보가 지은 다시(茶詩)가 있고, 이 시에 정사형이 차운하여 시를 지어 보냈다는 것을 알려준다. 정사형이 어떤 인물인지는 알려지지 않았지만, 박영보와는 막역한 사이이고 정약용 집안과 관련이 있을 것으로 추정된다.

「기답정사형」에는 박영보가 좋은 차와 맑은 물을 준비하여 정사형과 함께 차를 즐겼던 정황이 표현되어 있다. 이 시를 통해서도 박영보가 좋은 차와 물을 감식할 수 있는 심미안을 갖춘 사대부였음을 짐작할 수 있다.

> 육반차는 백향산에서 나는데,
> 양령의 제일 좋은 샘물로 (차를) 달이네.
> 사형은 후일, 꽃이 피기 전에도 생각이 다시 일어나
> 시를 지어 아득했던 초당의 모임을 그리워하네.[58]

박영보는 중국차에 대해서도 해박한 지식이 있었다. 박영보의 차에 대한 인식을 가장 잘 드러낸 저술인 「남다병서」에는 "쌍정차[雙井茶][59]와 일주차[日注茶][60]가 이미 세상에 나온 지 오래라 하고 우전(雨前)과 홍곡(紅穀)은 지금까지 전해진다"[61]라고 하였다. 쌍정차와 일주차는 모두 송대(宋代)의 명차이다. 우전은 곡우 전에 따는 차를 말하는데 잎차 중 극품으로 인정받는 차이고, 홍곡은 명대(明代)의 명차로서 고저(顧渚) 지

방의 자순차[紫筍茶]를 말한다. 박영보가 육우의 『다경』을 읽고 차에 관한 풍부한 지식을 섭렵했고, 당시 경화사족들의 학문 방법인 박학을 실천했던 지식인이었음을 알 수 있다

또한 박영보는 다구에 대해서도 탁월한 심미안이 있었다. 「남다병서」에 "아름다운 찻그릇에 명차를 감상하여 중국차의 진미를 이미 경험했다"[62]라는 대목이나, 차를 마실 때 화자(花瓷) 및 녹구(綠甌)를 사용했다는 표현이 있다. 화자는 화려한 자기, 무늬가 있는 도자기, 아름다운 채색이 있는 도자기, 청화자기 등을 지칭하는데, 19세기 중엽에 청과 빈번히 내왕하던 중인 출신들이 들여온 청나라 도자기가 유행했으므로 박영보가 지칭한 화자는 붉은색으로 채색한 도자기의 일종인 홍유잔 혹은 청화백자일 것으로 짐작된다. 반면에 녹구는 푸른빛이 나는 도자기를 의미하므로 청자일 가능성이 높다. 이는 당시 문인들 사이에서 가장 선호한 찻그릇이 아닐까 생각한다.

이처럼 차에 대한 이론뿐 아니라 차 애호가로서 다도에 전반적으로 이해가 높았던 박영보는 1830년 이후 초의와 교유하면서 우리 차에 대한 이해가 더욱 깊어졌을 것으로 여겨진다. 초의는 『동다송』에서 우리나라 차의 맛과 효능이 중국차보다 월등하다고 확신하였고, 초의와 교유했던 북학파 경화사족들이 초의차를 통해 우리 차의 우수성에 자긍심을 가졌다는 것에서 알 수 있다. 박영보 역시 「남다병서」에서 "우리나라에서 나는 차가 더 좋아 처음 돋은 차 싹, 여리고 향기로워라"[63]라며 중국차보다 우리나라의 차를 더 높게 평가하였다. 초의를 만난 이후 우리 차에 대한 그의 인식이 변화했다는 것을 짐작할 수

있다.

　박영보는 우리나라의 차의 역사에 대해서도 관심을 가지고 깊이 고찰하였는데, 처음에는 "계림의 상인이 당에 들어간 날, 만 리 길, 푸른 물결을 건너 배를 타고 차씨를 들여왔네"[64]라고 하였다가 어느 시기엔가 자신의 견해를 수정한 것으로 보인다. 고령박씨종친회 소장본에는 "계림의 사신이 당에 들어간 날"[65]이라고 하여, 우리나라에 처음 차씨를 들여온 계층이 상인에서 사신으로 달리 표기되어 있다. 『삼국사기』의 기사를 토대로[66] 자신의 오류를 정정했다는 점에서 그의 실증적 학문 태도를 알 수 있다.

　그렇다면 한국에 처음 차를 들어온 시기는 언제쯤일까. 문헌에 따르면 대략 6세기 말에서 7세기로 도당(渡唐) 구법승들이 차를 들여온 것으로 파악되지만, 유입 초기에는 신라 왕실이나 승단으로 확산되지 못하다가 9세기 이후에야 왕실과 수행승, 관료 문인으로 확산되는 경향을 보인다. 신라 말은 당나라와 교역이 활발하였고, 당시 중국은 음다 풍속이 북방으로 확산되던 때이다. 도당 구법승과 유학생, 상인 등도 차를 알았던 계층이지만, 적극적으로 차를 유입한 계층은 당으로 유학을 다녀온 승려들이다. 당시 선 수행에 관심을 가졌던 유학승들은 대부분 강서 지역의 마조와 서당의 문하에서 수행했다. 이 무렵 당나라 선종 승단의 수행 체계는 이미 음다가 승단의 일상으로 자리잡았다. 그러므로 도당 구법승은 차를 마시며 수행하던 수행방식을 익힌 수행승으로, 이들이 귀국하면서 완품의 차와 찻그릇을 가져왔을 것이라 여겨진다.

물론 계림(新羅)의 상인이 차를 유입시켰다는 설도 있다. 당시 신라에서는 해상 무역이 활발했고, 이를 주도한 것이 상인이었기에 어느 정도 가능성이 없는 것은 아니다. 그러나 상인이 차를 유통할 수 있는 배경은 음다가 확산된 이후라고 생각한다. 이런 관점에서 보면, 신라에 차를 적극 도입한 계층은 수행과 융합된 음다 문화를 접한 도당 수행승이었을 가능성이 매우 높다.

비록 차가 중국에서 들여온 것이지만, 박영보는 중국의 차 명산지인 호주(湖州)·복건(福建)과 견줄 만한 곳으로 우리나라의 강진과 해남을 꼽았다.[67] 그러면서 차 생육지로서 최고의 자연환경을 보유한 조선에서 차 문화가 쇠락한 상황을 안타까워하였다.

> 한 번 파종하고 버려두곤
> 꽃이 피고 잎 지는 세월 하릴없이 지나
> 공연히 천 년을 청산에서 지냈네.
> 기이한 향기 오래도록 막혔다가 드러나니
> 봄에 딴 찻잎, 대광주리에 가득하다.[68]

「남다병서」에서 박영보는 차를 아는 사람이 드물었던 탓에 깊은 산중에 자생하는 차나무가 방치된 현실을 지적하였다. 그러면서 차의 가치와 중요성을 인식하고 민멸 위기에 처한 차 문화를 소생시킨 수행자인 초의가 스스로 기이한 향기를 머금은 차를 만들어 세상에 차의 가치를 드러나게 했다는 것을 강조하였다.

더불어 초의가 만든 차의 종류도 「남다병서」에 언급되어 있다. 바로 "하늘에 뜬 달처럼 둥근 소용봉은 법제한 모양이 비록 거칠어도 맛은 좋네"[69]라고 한 대목이다. 이로 보아 1830년경 초의가 상경할 때 예품으로 가져온 차가 덩이차이거나, 또는 산차를 단단하고 둥글게 포장한 것일 가능성이 높다. 다만 초의가 신위에게 선물한 보림백모가 여린 차싹으로 만든 차이기에 백모(白毛)라는 말을 썼을 것이란 점에서는 산차로 추정된다.

그렇다면 박영보가 언급한 소용봉(小龍鳳)은 어떤 차일까. 송대에 북원(北苑)에서 만든 황실용 공차[貢茶]인 소용봉단(小龍鳳團)을 말하는 듯하다. 송 인종(재위 1041~1048) 때 채양(蔡襄)이 차품의 표면에 용 또는 봉황의 모형을 넣어 소용단(小龍團)과 소봉단(小鳳團)을 만들자, 이때부터 황실용 차를 차별을 두어 관리하였다. 소용봉단은 극품 중의 극품으로, 오늘날 명차의 대명사가 되었다. 박영보가 초의가 만든 차를 소용봉단이라고 한 것은 완품의 형태가 둥근 단차처럼 둥글게 포장한 차였고, 황실에 올렸던 소용단처럼 귀하디귀한 차라는 의미일 것이라 여겨진다.

③ 초의에 대한 평가

그런데 1830년경 초의가 만든 차는 거칠긴 해도 맛이 좋다고 하였다. 초의가 만든 차에 대한 박영보의 평가는 당시 초의와 교유하던 경화사족들의 일반적인 견해로 추정된다. 후일 초의와 교유했던 인사들이 초의를 전다박사(煎茶博士)[70]라 칭한 연유도 여기에 있다.

초의와 경화사족의 교유는 당시로서는 신분과 사상, 종교를 초월한 유불교유였다. 당시 승려는 천민으로 전락한 계층이었다. 그런데도 초의에 대한 평가는 물론 초의를 대하는 태도에서 성의를 다하고 있음이 드러나는데, 이는 초의의 수행력과 차에 대한 안목, 시문에 능했던 실력과 인품을 인정했기 때문이다. 박영보의 「남다병서」에 초의가 어떤 수행자이며 차에 능한 승려인지를 이렇게 묘사하고 있다.

> 초의노사는 옛날부터 정토업[淨業][71]에 힘써서
> 농차[濃茶]로 적체를 씻고 진선(眞禪)을 참구하네.
> 여가에 글 쓰는 일로 깊은 시름 밝혀서
> 당시에 명사들이 존경하고 따른다지.
> 눈보라 치는 천 리 길을 건너온 초의는
> 두강과 같은 둥근 차 가지고 왔네.[72]

위 인용문에서 박영보는 초의가 수행에 최선을 다하는 승려, 차를 마시며 참된 선을 참구했던 승려, 시문에도 매진하는 승려라는 점을 강조했다. 그러므로 시문에도 능한 초의를 장안의 명사들이 존경하고 따른다는 것이다. 그뿐 아니라 초의는 자신이 만든 차를 가져와 경화사족들에게 선물했으니 이 차는 중국의 명차 두강처럼 일세를 풍미하는 명차임을 인정한 것이다. 박영보의 초의차에 대한 평가는 초의와 교유했던 인사들이 보인 대략적인 견해라 여겨진다.

평소 차를 좋아해 다벽(茶癖)[73]이 생길 정도로 차를 즐겼던 박영보가 수액(水厄)이 생겼다고 밝힌 대목은 다음과 같다.

> 오랜 친구, 내 짝이 차를 보내니
> 그냥 둬도 선명한 광채, 환히 자리를 비치네.
> 나에게 수액(水厄)인 차 마시는 버릇 생겼더니
> 나이 들어 맑은 몸이 견고해졌다네.
> 열에 셋은 밥을 먹고 일곱은 차를 마시니,
> 집에서 담근 강초처럼 비쩍 말라 가련하구나.[74]

수액이란 문자 그대로 해석한다면 물로 인해 생긴 재앙이다. 하지만 위 인용문에서의 수액은 차와 관련한 중국 풍속과 관련이 있다. 위진남북조 시대에 남방 사람들은 차를 좋아하였지만 북방 사람들은 차를 마시는 것이 익숙하지 않았다. 당시에는 손님에게 차를 대접하는 풍속이 있었는데, 왕몽(王蒙)은 손님이 오면 억지로 차를 마시게 하였으므로 수액(水厄)이라고 했다는 고사가 있다.

위 인용문에 따르면, 박영보는 종일 차를 마시며 지내는 청빈한 선비였다. 비쩍 마른 몸으로 안빈낙도를 실천하고자 했고 군자를 지향했다. 선비의 수신은 덕을 갖춘 군자가 되고자 함이며, 이를 통해 공기(公器)로써 임금은 태평성대를 구현할 성군이 되게 하며 백성은 윤택하고 평안한 일상을 누릴 수 있게 하는 것이 최종의 목표였으니 박영보가 이를 자임(自任)한 것이다.

청빈한 삶을 살며 밥보다 차를 더 좋아한 박영보가 차를 구할 수 없을 때는 어떠했을까.

> 이제껏 석 달씩이나 빈 잔을 잡고 있으니,
> 물 끓는 소리만 들어도 군침이 돈다.
> 오늘 아침, 차 한 잔에 마음과 몸이 씻기니
> 방안 가득 차 향기 자욱하게 피어난다.
> 도화동 신선에게 오래 살기 비는 건 번거로우나,
> 차가 없어 백낙천과 시를 주고받지 못함이 부끄럽구려.[75]

도화동(桃花洞)은 신선이 사는 곳이다. 차를 마시면 신선이 된다고 여겼다. 이것은 도가의 양생에 차가 미친 영향을 말하는 것이다. 박영보 또한 차를 마시며 오래 살기를 구하는 것이 번거롭다고 한 것은 선비의 다도관이다.

위 인용문은 박영보가 빈 찻잔을 잡고 차를 그리워하는 심정이 잘 드러나 있다. 좋은 차를 넉넉하게 보관할 수 없었기에 석 달씩이나 빈 잔을 잡고 물 끓는 소리에서도 군침을 흘릴 정도로 차에 목말라 있었다. 대개 차의 춘궁기는 양력 1~3월경이 극을 이룬다. 더구나 초의는 "입하에 차를 만든다"[76]고 하였으니 양력 5월경 입하가 지난 후에 차를 만들 수 있다. 초의가 차를 만들자마자 박영보에게 보낸다 하더라도 그의 손에 도착하는 시기는 빨라야 6~7월경이 될 것이다. 그런데 1830년 초의가 한양에 도착한 것이 음력 11월경 겨울이었다는 점을 고려해 본다면, 박영보가 초의가 만든 차를 이산중에게 얻은 때는 12월경 이후이므로 이 시를 지을 당시엔 이미 차가 다 떨어졌을 가능성이 높다. 그가 차를 마신 지 오래되었다는 것에서도 당시 차가 얼마나 귀했는지를 짐작하게 한다.

조선 후기에는 사행 무역이 성행하여 중국 물자가 빈번히 교역되었던 시기이기도 하다. 저잣거리에서 중국차를 구할 수 없던 상황은 아니었는데도 빈 잔을 잡고 있다는 것은 차를 구할 수가 없어서가 아니라 초의차에 대한 간절함을 드러냈다는 점에서 그가 초의차를 얼마나 귀하게 여겼는지를 짐작하게 하는 대목이다.

5) 자하 신위의 「남다시병서」

자하(紫霞) 신위(申緯, 1769~1845)는 조선 후기 시·서·화의 삼절(三絶)로 칭송되는 인물이다. 그가 「남다시병서(南茶詩幷序)」를 지은 것은 소금관(笤錦館)에 머물던 1830년경으로 그의 제자 박영보의 「남다병서」에 화운한 것이다. 「남다시병서」의 서문에는 그가 1830년경 각기병 치료를 위해 용경의 별장에 머물 때 지은 것이라 밝혔다. 이 시는 칠언장시 총 40구로 이루어졌는데, 박영보의 「남다병서」에 화운한 시이므로 칠언 장시(長詩)로 지은 것이다. 특히 이 시를 지을 때 전고한 문헌 자료를 상세히 기록해 두었다는 점이 눈에 띈다. 이는 그가 다시를 지을 때 참고했던 문헌 자료가 무엇인지를 파악할 수 있을 뿐 아니라, 그

의 초고본(初薰本) 자료라는 점에서도 주목할 만하다.[77]

특히 신위의 「남다시병서」는 한국 차의 연원과 초의가 오백 년만에 차를 다시 복원했다는 사실을 밝혔고, 우리 차의 우수성을 칭송한 장시라는 점에서 차 연구에 중요한 문헌이다. 더구나 이 다시는 그의 문집에도 수록되지 않은 자료로서, 처음 학계에 소개된 자료라는 점도 주목할 만하다. 따라서 이 다시는 희소한 자료라는 점, 초의가 차 문화를 중흥할 수 있었던 배경인 음다층이 북학파 경화사족이라는 사실도 밝히는 근거가 된다는 점, 그리고 신위와 박영보는 스승과 제자로서 초의차를 감상한 후 이를 칭송하기 위해 지은 다시라는 점에서도 중요한 의미를 지닌다.

① 신위의 생애

신위는 조선 후기에 시와 그림, 글씨에 능했던 대표적인 문인이며

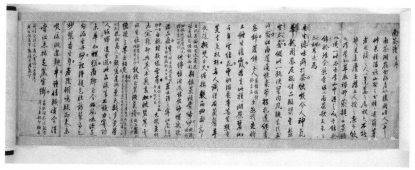

신위 「남다시병서」(국립광주박물관 소장, 박동춘 기증본). 신위의 제자인 박영보의 「남다병서」에 화운한 것으로, 초의가 차 문화에 기여한 공적을 소상하게 밝혔다.

정치가이다. 1769년(영조 45) 8월 11일 장흥방에서 태어났다. 초명은 휘(徽)이고 자(字)는 한수이다. 후에 이름을 위(緯)로 고치면서 자를 유경(幼經)이라 하였지만, 대개는 한수라는 자를 사용하였다. 자하(紫霞)라는 호 이외에도 서하(棲霞), 홍전(紅田), 문의당(文漪堂), 경수당(警修堂), 벽로방(碧蘆房), 양연산방(養硯山房) 등을 썼다.

1799년(정조 23)에 문과에 급제, 1804년(순조 4)에 도당회권(都堂會圈)에 합격하였다. 1812년(순조 12) 7월에 주청사서장관으로 진주겸주청정사인 이시수(李時秀)와 부사 김선(金銑)을 수행하여 연경에 도착하였고, 고증학계의 태두인 옹방강(翁方綱)을 만났다. 신위와 옹방강의 만남은 김정희가 적극적으로 추천하였기 때문에 성사되었다.

이 인연으로 김정희는 신위에게 「송자하입연병서(送紫霞入燕幷序)」를 써 주었다.

> 자하 선배도 만 리 길을 건너 중국에 들어간다고 하니 진기한 경치와 위엄이 있는 광경을 보겠지만 저는 수많은 경관을 본다고 하더라도 한 번 소재노인(옹방강)을 보는 것만 못하다고 여깁니다.[78]

김정희가 신위에게 보낸 「송자하입연병서」에는 소재노인, 즉 옹방강을 만나는 일이 연경의 경치 구경보다 더 가치가 있다고 강조한다. 옹방강은 청나라를 대표하는 금석학의 태두로, 시와 서에 일가를 이룬 인물이었다. 그의 학예관은 조선 후기 북학파 인물들에게 많은 영향을 주었다. 24세였던 1809년에 연경에 간 김정희는 고증학의 대가인 옹방강과 완원을 만나 새로운 학문세계에 대한 안목을 넓혔다. 신위의 스승인 강세황도 일찍이 연경을 방문했으니, 신위는 옹방강의 묵적(墨籍)을 얻어 일람함으로써 옹방강의 풍모를 짐작했을 것이라 여겨진다. 그런데 신위가 옹방강을 만나고나서 그동안 자신이 썼던 글을 모두 태워 버렸다는 일화가 전해지는데, 이는 1786년에 분고(焚稿)한 사실이 와전된 것이다.[79]

연경에서 돌아온 신위는 병조참지에 올랐다가, 다시 1822년(순조 22)에 병조참판이 되었으며 1828년(순조 28)에는 강화유수가 되었다. 1830년 강화 유수로 재임하던 그는 남산에 마련한 벽로방(碧蘆舫)으로 돌아왔다. 신위는 김노경과 함께 효명세자(孝明世子, 1809~1830)를 보필하던 핵심 중 한 사람이었기에 정치적으로 몰리는 신세가 되었다.[80] 효명세자는 신위와 가까운 인물인 영의정 조인영과 김정희, 권돈인과도 돈독한 우정을 나누었고, 차를 즐겨 「다관」, 「다종」, 「다호」, 「차」 등의 글을 남겼다.[81] 세자가 차에 심취한 배경에는 이러한 인물 관계나 시대적인 흐름이 있었기 때문이다.

정권을 장악한 외척 세력에게 미움을 받았던 신위는 1830년경에 강화유수를 사직하였다. 윤상도의 탄핵으로 많은 어려움을 겪던 상황에서 김조순의 도움으로 겨우 위기를 모면하기도 하였다. 이미 정치적인 대세를 짐작한 그는 신변에 위험을 느끼고 시흥 자하산방(紫霞山房)에서 은거한다. 1831년(순조 31)에 다시 형조참판에 임명되었으나 이미 정계에 나갈 뜻이 없었던 그는 각기병을 핑계로 벼슬에 나아가지 않았다.

1827년 부인이 세상을 떠나자 인생무상을 절감한 신위는 불교에 심취하였고, 병마에 시달렸던 것도 불교에 깊이 천착한 요인이 되었다고 생각한다. 1830년경 그는 각기병이 악화하여 용경(蓉涇)에서 2년 정도 머물며 요양했으며, 당시 산인(山人) 청당(青棠)의 연훈법(煙薰法)으로 병을 치료한 후에 자하산방으로 돌아갔다.[82] 1830년경엔 그가 남산 기슭에 마련한 벽로방에 머물며 양연산방(養硯山房)을 새로 지었는데, 이 산방의 편액을 효명세자가 썼다고 한다. 그만큼 신위는 효명세자에게 신뢰를 받았다.

신위의 남산의 거처에는 다구(茶甌), 약로(藥爐), 금낭(琴囊), 기염(棋奩) 등이 있었다[83]고 전하는데, 이는 그가 얼마나 차를 즐겼던 인물이었는지를 짐작하게 한다. 그리고 그가 용경에서 돌아온 후 1833년경 사간원으로 제수되었지만, 경기어사 이시원의 탄핵으로 평산부로 귀양을 가서 1843년(헌종 9)에 풀려났고, 이 해에 간의대부로 임명되었다. 그는 1845년(헌종 11)에 별세[84]하였다. 그가 남긴 저술로는 『경수당집(警修堂集)』과 『신자하시집(申紫霞詩集)』 등이 있다. 『신자하시집』은 김택영에 의해 청나라에서 간행되었다.

② 신위와 초의의 교유

신위는 품성이 호탕하여 당색을 구분하지 않고 교유하였다. 당색이 같은 소론계 이유원(李裕元, 1814~1888)·정원용(鄭元容, 1783~1873)과 친밀한 관계를 유지하면서도 남인계인 정약용과 정학연, 노론계의 김조순과 김정희와도 돈독한 친분을 나누었다. 그가 초의를 만나게 된 인연은 정학연과 김정희의 역할이 있었을 것으로 짐작된다. 당시 초의와 교유했던 북학파 경화사족들에게 초의는 인품이나 수행력, 차와 시에 밝은 승려라는 사실이 널리 알려져 있었기 때문에 신위도 초의의 명성을 들었을 것이다.

신위와 초의가 처음 만난 시점은 1830년경으로 추정되는데, 이 무렵 초의는 스승인 완호의 탑명을 구하기 위해 상경하였고, 신위는 외척 세력으로부터 탄핵을 받은 후 벼슬을 버리고 시흥 자하산방에 머물고 있었다. 이 둘의 만남은 신위의 문집인 『경수당전고(警修堂全藁)』에 수록된 「복부집(覆瓿集)」의 「대서답초의병서(代書答草衣幷書)」에 자세한 내용이 나온다.

지난번 경인(1830)년 겨울, 대둔사 승려 초의가 나의 자하산방으로 찾아와서 그의 스승인 완호의 삼여탑명에 서문과 글씨를 써 달라고 부탁하였다. 서문은 썼지만, 글씨는 다 쓰지 못했는데 내가 호해로 귀양을 가게 되어 (탑명의) 글씨가 없어졌고 서문의 원고도 잃어버린 것을 매우 안타깝게 여겼다. 올 신축(1841)년 봄에 초의가 편지를 보냈는데 요행히도 그 부본이 초의 걸망 속에 있어서 찾았다 한다. 12년이 흘렀는데도 다시 읽으니, 마치 옛글을 얻은 것[85] 같았다. 비로소 글씨가 완성되어 돌에 새길 수 있었으니 초의가 바라던 일을 거의 마칠 수 있었다. 먼저 시 한 편을 지어 이를 축하하고, 또 소식 가득한 좋은 차에 감사한다.[86]

이 「대서답초의병서」가 삽입된 「복부집」은 신위가 1840년 4월부터 10월까지 지은 시를 모아 1841년에 엮은 것이다. 1841년에 신위가 초의에게 보낸 위 인용문은 초의의 노력으로 거의 12년 만에 완호삼여탑(三如塔)이 완성된 것을 축하하는 한편 탑의 완성 경위를 밝히고 있다. 이 글에 따르면, 1830년 초의가 신위에게 완호의 탑명 서문과 글씨를 요청하였으나 신위가 귀양길에 오르면서 원고를 잃어버렸고, 1841년에 초의의 걸망에서 초고를 발견하게 되어 완호의 탑을 완성할 수 있었다. 탑명의 삼여(三如)는 과거·현재·미래가 하나라는 뜻이다.

알려진 바와 같이 1830년경 초의가 상경한 것은 완호의 「삼여탑명」을 구하기 위해 취련(醉蓮)과 함께 상경하였고, 가장 먼저 두릉의 정약용을 찾은 후 김정희를 방문했다.[87] 이런 완호탑과 관련된 전후 사정은 김정희의 편지를 묶은 『주상운타(注箱雲朶)』의 후기에서도 드러났는데, 초의의 첩 후발에는 초의와 함께 상경한 취련이 이들 사이를 오가며 심부름을 했다는 사실도 서술해 두었다.

신위가 완호 삼여탑의 서문을 쓰게 된 연유는 무엇일까. 바로 1831년 청량산방에서 홍현주(洪顯周)가 신위에게 부탁했기 때문인데, 신위는 완호 탑의 서문은 완성했지만 글씨를 쓰지 못한 채 호해로 귀양을 가는 위기를 겪어 그동안 글씨를 완성하지 못했던 것이다. 이 글에서 신위는 완호 탑을 세우는 과정에서 요청을 받은 지 12년이 지나서야 서문을 완성하게 된 사정을 명확하게 밝혀놓았다. 처음에 신위는 완호 탑의 서문은 완성했지만, 탑에 새길 글씨를 쓰지 못했다. 이는 1832년 7월 암행어사 황협(黃峽)과 경기도어사 이시원(李是遠, 1790~1866)의 탄핵으로 평산부로 귀양을 갔기 때문이었다. 황협은 신위가 평산진검사로 재직할 때 잘못을 저질렀다는 것을 논핵(論劾)하는 상소를 올렸다. 이는 그가 외척 세력의 미움을 받은 것에서 기인한 것이다. 이런 사정이 있어 오랫동안 신위 자신은 완호의 탑명이 이리저리 흩어진 줄만 알았는데, 다행히도 초의의 걸망에서 찾은 부본으로 완호의 탑명을 완료하게 되었다. 1841년 완성한 완호의 탑은 권돈인이 글씨를 썼다.

초의가 신위에게 완호의 탑명을 부탁하는 과정에서 일어난 일들을 기록한 자료로는 신위가 초의에게 보낸 시 4편이 남아 있다. 초의는 그에게 비문을 부탁할 때 항상 차와 시를 함께 보냈다는 사실도 밝혀졌는데, 이는 신위가 1831년 2월부터 5월까지 지은 글을 모은 「북선원속고(北禪院續稿)」에서도 확인할 수 있다. 당시 초의는 상경하여 수종사에 묵고 있었다.

초의가 차운한 것을 내가 금령에게 보냈는데 시운이 너무 아름답다. 그러므로 다시 원운으로 시를 지어 보였다. 이때 초의는 그의 스승 완호대사의 삼여탑을 세우려고 해거도위에게 탑명을 구했으며 나에게는 서문을 지어 달라고 하면서 네 개의 덩이차를 보냈다. 초의가 손수 만든 것으로 보림백모(寶林白茅)라고 부르며, 시와 함께 보내왔다.[88]

초의는 신위에게 삼여탑의 서문을 부탁하며 보림백모차를 보냈다. 이 자료 이외에도 초의가 완호 탑명을 받기 위해 보인 노력은 신위의

「산방기은집(山房紀恩集)」에 "의순이 편지를 보내 금선암[89]에서 한번 만나기를 구했지만, 이때 내가 한질이 있어서 우선 이 시를 지어 답한다"[90]라 한 것이나, 「축성팔고(祝聖八藁)」에 "초의가 몸소 차와 편지를 보내 그 스승의 사리탑기를 요구하면서 또 금선암에서 한번 만나기를 원했다. 이때 형역(亨役)으로 달려가지 못하여 시로 답을 대신한다"[91]라고 한 내용이 그것이다. 「산방기은집」은 1834년 5월부터 7월까지, 「축성팔고」는 1838년 정월부터 5월까지 신위가 저술한 글을 묶었으므로, 초의가 1826년에 입적한 완호의 탑명을 완성하기 위해 지속적으로 노력하였음을 알 수 있다.

「축성팔고」의 일부 내용에는 초의가 보내준 차를 마시며 시비를 초월한 담담한 현인의 모습을 드러내었다.

> 초의가 청공하려 만든 차가 나의 산방에 도착했네.
> 조심조심 기울여 다시 자완의 차색을 감상하니
> 투명함 속에서 먼저 차향이 피네.
> 공하다는 걸 깨달았으니 무엇을 등질까.
> 책상을 마주하니 담담한 말, 서로를 잊었네.[92]

초의가 보낸 차를 마신 신위는 혼란했던 몸과 마음이 안정되고 세상이 모두 공(空)하고 허망하다는 것을 깨달았다. 또한 초의가 보낸 맑은 차를 따르면서 투명한 차색, 피어나는 맑은 향을 통해 이미 시비 분별이 사라져 분별심조차도 일어나지 않는 상태, 즉 피차의 경계가 없어지는 경험도 하였을 것이다. 차를 통해 격물(格物)을 이루고 결국에는 치지(致知)에 이르려는 인식 세계를 드러낸 것이라 하겠다.

완호의 탑이 완성된 1841년경은 초의가 제다의 원리를 터득하여 차의 극치를 이룬 시기이다. 초의가 만든 차는 불이(不二)의 경계를 이룬 차였고, 이 시기에 신위뿐 아니라 초의와 교유하던 경화사족들은 초의가 보낸 차를 통해 차의 진미를 경험할 수 있었다. 당연히 조선에서 생산한 차의 우수성을 인정하였다. 초의는 차뿐 아니라 시문을 통해 격의 없는 교유를 이어 나갔다.

그런데 초의는 1840년경 이전인 1830년경에는 미흡함이 드러난 차를 만들었다. 이와 관련된 자료는 신위의 「축성팔고」이다. 그 내용은 아래와 같다.

> 초의차는 맛이 너무 엷고 싱겁기 때문에 오래전부터 보관했던 학원차[壑源茶]와 섞어서 한 항아리에 보관하여 다시 햇차와 서로 어우러지기를 기다렸다가 사용하였다. 또 시를 지어 초의에게 보이려 한다.[93]

신위는 초의차의 맛은 너무 싱겁고 엷어서 학원차와 섞어 차 맛을 보강했다는 것이다. 이는 묵은 차와 햇차를 섞어 보관함으로써 차의 기미를 보강하려는 것으로, 초의가 만든 차의 미흡한 점을 보강해 보려는 의도를 드러냈다. 이때 사용한 학원차는 북원(北苑)의 남쪽에 위치한 학원(壑源)에서 생산한 차를 일컬으며, 명차로 인정받았다. 학원에는 황제에게만 바치는 차를 재배하는 어다원(御茶園)이 있다. 아직 극치에 오르지 못한, 1830년경 초의가 보낸 차는 맛이 엷고 싱겁다고 한 신위의 언급으로 보아, 이 무렵 그에게 보낸 차는 작설로 만든 고급 잎차였을 것으로 짐작된다.

당시 사람들은 잎차를 최고급 차로 인식했고, 초의는 잎차와 덩이차를 모두 만들었을 것으로 짐작된다. 이런 사실은 1818년 정약용이 강진 제자들과 맺은 「다신계절목」에서 "곡우에 딴 어린 찻잎으로 잎차를 만들고, 늦게 딴 찻잎으로 덩이차를 만든다"[94]라고 한 것에서 확인된다. 이 말에서 강진이나 대둔사 지역에서는 채다 시기에 따라 차를 만드는 방법이 다르다는 것과, 잎차를 고급 차로 인식하고 덩이차를 품질이 낮은 차로 인식했다는 것을 알 수 있다.

그런데 1830년경 초의가 경화사족에게 선물한 차는 잎차이지만, 포장 방법이 덩이차처럼 둥근 통에 넣어 보냈기 때문에 둥글다고 표현했으리라 생각한다. 특히 초의는 1830년 이후 본격적으로 잎차를 만드는 제다법을 연구했기 때문에 잎차 제다에 매진했을 것이라 여겨진다.

신위는 불교에 관한 지대한 관심을 드러냈던 친 불교적인 인식을 가졌던 유학자이다. 이런 사실은 초의와 나눈 석가탄신일에 대한 담론에서도 드러난다.[95] 신위가 자하산방에 머물던 시기엔 초탈한 삶의 태도를 보였다. 이런 정황은 초의가 1831년(신묘) 8월에 쓴 「북선원알자하노인(北禪院謁紫霞老人)」에서 드러난다.

문을 연 사람이 문을 닫고 갈 사람임을 알기에
잠깐 사이에 오십 년이 지났네.
비각(祕閣: 신위)은 단련(丹鍊)한 전 학사(前學士)인 듯
범궁에서 향 사르는 대승의 선객이라.[96]

초의가 1830년 상경한 다음 해에 북선원으로 신위를 찾아갔을 때 신위가 어떤 모습으로 삶을 영위했는지를 잘 보여준다. 탈속한 그의 삶은 초의가 지은 「자하시(紫霞詩)」에서도 확인할 수 있다.

차가 더욱 진수를 드러낼 때 속된 기운 고칠 수 있고
좋은 시, 아름다운 곳 모두 참선에서 득의한 듯.
비명을 청하니 과거 미래의 완호가 여기 계신 듯
삼생은 잠시뿐, 본성이 원만하네.
제자들이 성에 가득해서 돌아가지 못한 듯
정을 끊자 하지만 인정에 이끌려서라네.[97]

초의는 신위가 이미 참선을 통해 득의했기에 좋은 시를 짓는다고 생각했다. 그러므로 완호의 비문을 청하자 과거 미래의 완호가 현재 여기에 계신 듯하다고 묘사했고 과거 현재 미래, 즉 삼생은 공한 것이므로 본성이 자재(自在)하다고 하였다. 신위는 완호의 수행력이 삼생을 초탈한 삼세여일(三世如一)의 경지를 드러낸 수행자라고 평했다.

신위는 초의뿐 아니라 금파 일원(錦波一員), 범어사의 보혜(普惠), 금선

암(金仙庵)의 선홍(善洪), 직지사의 채정(采淨)[98] 등 승려들과도 돈독한 교유의 정을 나눴다.

③ 신위의 초의차 애호

차를 즐겼던 신위는 몇 편의 다시(茶詩)를 남겼다. 그가 언제부터 차를 즐겼는지는 알 수 없지만, 그의 학문에 영향을 미쳤던 강세황(姜世晃, 1713~1791)이 차를 즐기고 선비에게도 차가 유익한 물품이라는 인식이 있었던 인물이라는 것에서 추정이 가능하다.

강세황이 차를 즐긴 정황은 그의 「풍로명(風爐銘)」에 "향을 피우면 오래도록 남아 있고 차를 끓이면 쉽게 익는다. 나의 서재에 (이것들이) 이바지하고 있으니 혜강(嵇康)의 벽(癖)을 비웃지 마라"[99]라고 한 것에서도 알 수 있다. 그러므로 강세황이 차를 즐겼다는 점에서 그의 만년 제자인 신위도 영향을 받았으리라 여겨진다.

이 외에도 신위가 차에 대한 높은 식견을 갖출 수 있었던 연유로 옹방강과의 만남을 들 수 있다. 그가 연경에서 옹방강을 만나 좋은 차를 경험했을 가능성이 높기 때문이다. 이런 관점에서 본다면 신위는 강세황을 통해 차에 눈을 떴을 것이며, 연경에서 옹방강이 대접한 차를 통해 그의 차에 대한 안목이 구체화되었을 것이라 생각한다.

조선 후기에 청나라 시단의 경향은 조선의 일부 문인들에게 영향을 미쳤다. 이 무렵 청에서는 근대화와 더불어 전통문학에 대한 재검토가 일어났고, 서양에서 유입된 신문학을 바탕으로 새로운 문학창작

이 시도되었다. 특히 종송파(宗宋派)와 종당파(宗唐派)로 나누어져, 종당파 중에서도 왕사정(王士禎,1634~1711)의 신운설(神韻說)과 심덕잠(沈德潛, 1673~1769)의 격조설(格調說), 원매(袁枚,1716~1797)의 성령설(性靈說), 옹방강의 기리설(肌理說)이 청의 고전 시단을 대표하였다.

신위가 자신이 쓴 글을 대부분 불태워 버렸기[焚稿] 때문에 그의 시격을 살펴 볼 수 있는 자료는 상당 부분 망실되었다. 현재 남아 있는 『경수당전고』는 그가 43세 이후에 쓴 글만 모은 것이다. 옹방강의 시론에 영향을 받은 신위는 유소입두(由蘇入杜)라는 시작(詩作)의 입장에서 사회 현실을 비판하는 시를 남겼다. 유소입두는 시를 공부하는 방법론으로, 소식(蘇軾)의 시격(詩格)을 따라 두보(杜甫)의 시격에 들어가 시의 신격(神格)에 이른다는 이론이다. 아울러 신위는 선시일치(禪詩一致)의 입장을 견지했고, 다시(茶詩)에서도 이러한 사의적(思意的) 성향을 드러냈다. 그가 시를 지을 때 전거(典據)에 대한 고찰을 엄격하게 했던 것은 고증을 중시했던 그의 학문적 성향을 드러낸 것이기도 하다.

이런 정황을 고려해 볼 때, 신위의 「남다시병서」는 한국 차의 연원이나 자신의 차에 대한 입장을 전거를 밝히며 서술하였을 뿐만 아니라, 다시로서의 품격도 높은 시이다. 그가 「남다시병서」를 짓게 된 연유는 서문에서 확인할 수 있다.

남다는 호남과 영남 사이에서 난다. 전대[勝國]에 사람들이 중국 [中州]에서 차씨를 가져와 산곡(山谷)에 심었다. 종종 차 싹이 돋았으나 후인들은 쓸모없는 잡초라 여겨 그 (차의) 참과 거짓을 분별할 수 없었다. 근래에 차가 나는 산지의 사람들이 차를 따다가 (차를) 쪄서 마셨으니 (이것이) 곧 차이다. 초의는 몸소 차를 만들어 당대의 명사에게 보냈는데 이산중이 (초의차를) 얻어 금령에게 나누어 주었다. 금령이 나를 위해 (초의차를) 달여 맛보고, 「남다가」를 지어 나에게 보이니 나 또한 그의 뜻에 화답하노라.[100]

신위가 언급한 남다(南茶)는 호남과 영남에서 나는 차를 말하지만, 다른 한편으론 초의차를 지칭한 것이라 여겨진다. 그뿐 아니라 "중국 (중주)에서 차씨를 가져와 산골짜기에 심었다"라는 구절은 차가 중국에서 들여온 외래문화임을 분명히 인식하고 있었음을 알려준다. 위 인용문에서 '승국(勝國)'은 원래 전대(前代)의 왕조라는 의미이고, 우리 역사에서 보면 고려를 지칭한다. 그러나 신위는 차씨가 신라 말에 유입되었다는 것과 왕명으로 지리산 산골짜기에 파종했던 점도 소상하게 알고 있었다. 그러므로 문맥에 따라 승국은 신라로 이해하는 것이 타당해 보인다.

우리나라에 차 문화가 확산된 시기는 나말여초 구산선문이 개창된 이후이다. 고려 시대 차 문화가 난만한 문화를 이룩했던 것은 불교의 번성과 밀접한 관련이 있다. 그러므로 조선의 건국과 불교의 위축은 차가 점차 쇠락해질 수밖에 없었던 시대 환경을 짐작케 한다. 특히 임진왜란과 병자호란을 겪은 후 차를 아는 이가 적어 차를 잡초로 여겼으니, 차 문화의 암흑기에 보인 상황이 그랬다. 그럼에도 신위는 우리나라의 차 문화가 오랜 역사를 거쳐 왔기에 영·호남 사이에서 차나무가 자란다고 인식했다. 차 문화가 쇠퇴하여 차를 아는 사람이 줄어들다가 조선 후기에 와서야 다시 음다의 가치를 인식하는 사람이 늘어나던 상황이므로, 신위는 차의 참과 거짓을 분별하는 이가 드물다고 표현하였다.

신위의 「남다시병서」는 차에 대한 다양한 정보도 제공하고 있다. 이는 18세기 말 조선에서는 다양한 정보를 수록한 백과사전류가 나왔고, 중국 다서(茶書)를 등초한 다서들이 출현한 것과도 밀접한 관련이 있다. 이러한 사실은 당시 문인들의 차에 대한 관심뿐 아니라 다서에 나타난 차의 이론에 주목하는 사람들이 있었던 시대 흐름을 나타낸 것이다. 신위는 이런 시대 흐름을 선도했던 인물로, 그의 「남다시병서」에는 그가 지향했던 차의 세계가 또렷하게 드러난다. 그가 다벽이 있다는 사실도 이 시를 통해 알려졌다.

> 내 삶은 담박하나 다벽이 있어
> (차를) 마시니 정신이 환하네.
> 용봉단차는 모두 가품이라,
> 화려한 그릇에 낙장(酪漿)은 쓸데없이 너무 사치하다네.
> 한 잔의 차로 기름진 음식[梁肉] 씻어내고
> 겨드랑에서 바람이 인다는 것을 옥천자(노동)에게서 경험했네.[101]

욕심 없는 담박한 삶을 살았던 신위가 탐한 것은 차뿐이었다. 신위는 스스로 '삶은 담박하나 다벽이 있는' 생활을 고백했다. 그는 어떤 연유로 다벽이 생기게 되었을까. 차를 마시면 마음과 몸이 맑고 깨끗해지기 때문이고, 차를 통해 청빈과 담박함을 실천하려는 의지의 결과였다. 홍현주가 자신의 문집인 『해거집(海居集)』을 완성한 후 신위에게 평을 부탁하자, 신위는 "지극한 맛은 담박함에 있으니 내 탐하는 것을 다 버리리. 교유하는 마음 시심과 함께 하니 마땅히 이것으로 향하는 중에 찾으리"[102]라고 평하였다. 순수한 우정을 실천한 신위의 인간적인 모습이 엿보인다.

담박한 심성을 지닌 신위는 차의 가치를 맑고 담박함이라고 인식했다. 위 인용문에서 '용봉단이 아무리 아름다운 차[佳品]이지만, 화려한 그릇[金盤]에 담긴 차는 너무 사치'라고 했다. 낙장(酪漿)은 맛있는 음식을 의미하므로, 이 시에서는 용봉단 즉 차를 지칭한다. 양육(粱肉)은 곡식과 고기라는 뜻이지만, '차를 마셔 씻어낸다'라 하였으므로 기름진 음식이라 번역하면 의미가 더 명료해진다. 그러므로 '옥천자에게서 경험'했다는 말은 노동의 「칠완다가」와 관련이 있다. 「칠완다가」는 차를 마신 후에 나타나는 몸과 마음의 변화를 상세히 드러낸 다시(茶詩)이다. 노동이 차를 마시고 난 느낌의 변화를 적은 시를 인용하여, 신위는 초의차를 맛본 후에야 차의 기묘한 세계를 느끼게 되었다는 것을 고백한 것이다.

육우의 『다경』은 신위에게도 영향을 미쳤다. 신위는 『다경』을 읽고 차의 역사와 원리를 터득하였다. "아득한 강남 상저옹을 생각하며 홀로 『다경』을 품고 은밀히 베끼네. 금령(박영보)은 늦게 나를 불러 질화로를 가져다가 우선 차를 먼저 달이네"[103]의 상황을 상상해 보자. 신위가 『다경』을 베끼는데, 박영보가 자신을 부르더니 차를 달여 준다. 박영보가 차를 달이는 모습을 서정적으로 표현한 담하(澹霞)라는 언구에서 차 향기가 피어나는 고요한 한 때가 떠오른다. 상저옹은 육우의 호이고, 금령은 신위의 제자인 박영보의 호이다.

조선 후기에는 승려조차 차를 아는 이가 드물었다. 「남다시병서」에는 당시의 이런 현실을 "이 차씨 영호남에 파종해 천 리의 푸른 산에서 홀로 피고 맺네. 스님들 이리저리 이끼처럼 밟고 다니고 나무꾼은 (차나무를) 베고 또 쪼개 내네"[104]라고 하였다. 찻잎을 이끼마냥 밟고 다니는 수행자나 차나무를 아무렇게나 베어버리는 나무꾼의 일상에서 차에 무지하고 무관심한 조선 후기의 상황을 직감할 수 있다. 초의도 『동다송』에서 이러한 시대 상황에 대해 언급했다.

> 화개동 옥부대 아래 칠불선원에서 수행하는 사람들이 항상 느지막하게 쉰 잎을 따서 (찻잎을) 햇볕에 말려 삭정이 나무로 불을 때서 나물죽처럼 끓였다. 차는 농후하고 탁하며, (차)색이 붉고 맛은 몹시 쓰고 떫었다. 다시 바로 말한다면, 천하의 좋은 차를 미숙한 솜씨로 훼손시킴이 흔했다.[105]

우리나라에서 차나무는 대개 경상도 일부 지역과 전라도 지역에 퍼져있고, 초의가 언급한 지리산 화개동은 하동 쌍계사 부근에 위치한다. 역사적으로 승려는 우리나라에서 차 문화를 주도해온 계층이었음에도, 1828년 이전의 칠불선원 수행자들이 찻잎으로 죽을 만들어 먹는 상황을 지적한 초의의 서술에서 사찰의 음다풍이 거의 사라졌다는 것을 알 수 있다. 조선 후기에는 사찰의 경제력이나 승려의 사회적인 영향력이 미약했기 때문에 새로운 음다풍을 생성할 수 있는 여력 또한 미미했다. 하지만 차를 잘 만드는 승려가 없었던 것은 아니었다. 쌍계사 승려 만허가 만든 차를 김정희가 극찬했던 사례처럼, 차에 능했던 승려가 소수이지만 분명히 존재하였다. 다만 위에서 언급된 칠불선원의 상황처럼 차를 모르는 승려가 대다수였다.

> 아는 사람 없는 골짜기에 난향처럼 은근한 향기,
> 초의 스님 차 따기에 두 손이 분주하구나.
> 승루에는 곡우절 봄비 내리고
> 새로 만든 덩이차, 붉은 비단에 쌌네.
> 부처께 공양하고 남은 차는 시인의 벗이요
> 묵객의 품격을 아름답게 높여 주네.[106]

위 인용문은 초의가 찻잎을 따서 차를 만드는 모습을 신위가 묘사한 내용으로, 「남다시병서」의 일부이다. "부처께 공양하고 남은 차는 시인의 벗이요"라는 표현은 당나라 각림사(覺林寺) 지숭(志崇) 스님의 차고사를 인용한 것이다. 각림사 지숭은 세 가지 차를 만들었다. 초의의 『동다송』에 이 내용이 나오는데, 지숭은 자신이 마시는 차는 경뢰소(驚雷笑)라 하고 부처님께 올리는 차는 훤초대(萱草帶)라 했으며 손님을 접대하는 차는 자용향(紫茸香)이라[107] 하였다. 신위는 초의가 만든 차를 지숭(志崇)이 만든 차처럼 수준 높은 차라고 칭송하였고, 차를 시인이나 묵객들의 인격을 높여주는 벗으로 칭했다. 차에 대한 신위의 이해도를 짐작할 수 있는데, 이와 더불어 신위가 초의차를 얼마나 신뢰했는지 드러낸 구절이기도 하다.

「남다시병서」에는 신위가 초의차를 마시게 된 연유와 보관 방법에 대한 내용도 있다.

> 소사(苕士)가 (초의차를) 얻어
> 강옥의 금령(錦舲)에게 보내니
> 봉한 백자 항아리에 녹설아(綠雪芽)라고 썼네.
> 생강과 계피는 묵을수록 맵고
> 도리어 삼(蔘)과 창출 그릇에서
> 약효가 더한 것보다 훨씬 낫네.[108]

소사(苕士)는 이산중이고, 금령(錦舲)은 박영보이다. 박영보는 이산중에게 받은 초의차를 백자 항아리에 담아 신위에게 가져다주었고, 초의차를 담은 항아리에는 '녹설아'라고 써 있었다고 한다. 녹설이란 차의 이름으로, 귀한 차를 의미한다. 아마도 초의차가 흰 항아리에 담겨 있는 모습을 푸른 눈[綠雪]이라고 표현하여 붙인 이름인 듯하다. 신위는 이 구절에 협서를 붙였는데, 당나라의 승려인 제이(齊已)가 흰 항아리를 봉하고 '화전(火前)'이라고 썼다는 것이다. 차를 담은 항아리에 제(題)하는 전통이 당나라 이후로도 이어졌고, 조선 후기 차 애호가들도 이

전통을 따랐던 것 같다. 이를 통해 당시에는 차를 항아리에 보관했다
는 것을 알 수 있다.

푸른 하늘 흰 구름에 물결 흔적이 남아 있고

화려하게 장식한[釵頭][109] 옥명차, 자태를 뽐내지 말라.

차와 먹은 상반되지만

(그윽한 향 단단함은 서로 같아서)

(차) 끼고 가는 고인(高人) 몇 번이나 감탄했었지.

건주의 섭씨 해마다 공물이 많아

차를 지고 가는 사람 먼 길까지 이어졌네.

이 차의 유래야 원래 사람을 번거롭게[勞人][110] 하는 것은 아니었

지만

경화에 부쳐온 것, 마치 나비 떼 같아라.

남쪽[南鄉][111]은 지금 풍미가 좋을 때니

이는 구루 지역에서 단사가 나오는 격이지.

몸소 차를 포장하던 일 떠올리니

제이가 만든 묘한 차처럼 차향이 치아 사이로 피어나네.

이월, 주룩주룩 소나기 내리는데

누룩 수레 만나도 철철 넘치게 마시지 못해 침만 흘리네.

시정(詩情)이 뜻에 맞는 건 (차를) 맛봄과 부합하는 것이니

금령이 있는 강의루가[112] 곧 추관아라.[113]

신위가 "푸른 하늘 흰 구름에 물결 흔적이 남아 있으니"라고 한 구절은 청자로 만든 찻잔의 아름다움과 차를 마신 후에도 남아 있는 차 거품의 흔적을 표현한 것이다. "차와 먹이 상반되지만 그윽한 향, 단단함은 서로 같아"는 그가 마신 차가 덩이차였음을 알려준다. 그러므로 1830년경 박영보가 이산중에게 얻은 초의차는 덩이차라는 것이 확인되었다. 또한 신위는 덩이차의 향과 단단함을 먹에 비유하여, 차와 먹이 같은 덕성을 가졌다고 하였다. 이 구절에 대한 협서에는 차와 먹을 비교한 온공(溫公)과 동파(東坡)의 말을 인용해 놓았다. 온공은 차는 희어지려는 성질이 있고 먹은 검어지려는 성질이 있으므로 서로 상반된다고 하였고, 반면에 동파는 차와 먹은 모두 향이 있고 견고하므로 이 둘은 절개를 지녔다는 공통점이 있다고 하였다.[114] 신위는 선비가 차를 가까이해야 하는 연유로써, 차와 먹은 상반되면서도 같은 덕성을 지녔다는 점을 들었다. 때문에 선비가 차의 향기에 감탄한다는 것이다.

신위는 초의가 만든 차를 구루(句漏)에서 나는 단사(丹砂)에 비유했다. 단사는 신선이 되기 위해 연단할 때 필요한 일종의 약재로서, 마시면 신선의 몸을 만들어 준다고 하였다. 진나라 갈홍이 교지(交趾)에서 단사가 나온다는 말을 듣고 구루현령을 자처했다는 고사가 회자된다. 이는 몸을 맑게 해주는 차의 효용을 언급하면서 초의차의 우수성을 드러내려는 의도가 엿보인다. 초의차를 마시면 치아 사이로 차향기가 피어난다는 표현에서도 초의가 성의를 다해 만든 차는 오묘한 원리가 있는 명차라고 인정한 신위의 생각을 알 수 있다. 신위는 「차운추사내

한견증병서(次韻秋史內翰見贈幷序)」에서 "차가 익으니 시도 완성되어 (차의) 기운과 맛을 겸했다"[115]라면서 김정희에게 초의차의 격조를 칭송하는 글을 보내기도 하였다.

2. 초의차를 애호한 중인

　초의와 교유했던 중인(中人)들은 대개 정약용과 학연을 맺었던 강진
지역 인사들과 전라도 지역 아전 출신으로 분류할 수 있다. 초의와 교
유했던 아전은 대둔사와 관련이 있던 인물이라는 특징을 보인다. 정약
용과 학연의 맺었던 중인 중에 대표적인 인물은 황상, 허련, 조희룡 등
이 있다. 허련은 초의에게 불화를 배운 제자로, 그가 김정희와 사제의
인연이 이어진 것은 초의의 역할이 컸다. 허련은 정약용의 아들인 정
학연과도 교유했는데, 이들은 초의와 깊이 교유하며 차를 애호한 인물
이라는 특징을 보인다. 초의와 교유했던 중인 중에 허련, 황상과 조희
룡 등이 초의차를 애호했던 연유를 살펴보고자 한다.

1) 소치 허련

　소치(小癡) 허련(許錬, 1809~1892)은 진도 출신으로 조선 후기 남종화
를 대표하는 화가이다. 그의 본관은 양천이며, 본명은 연(鍊)과 유(維)를

함께 썼다. 호는 소치(小癡)·노치(老痴)·치옹(痴翁)·석치(石痴)·옥주산인(沃州山人) 등을 사용하였다.[116]

허련이 초의를 만난 시기는 1835년(을미)이다. 당시 초의는 한산전에서 수행하고 있었고, 자신을 찾아온 허련에게 한산전의 방 한 칸을 빌려주어 머물도록 하였다.[117] 허련은 초의의 소개로 해남 윤씨 소장본인 윤두서의 화첩을 빌려 임모(臨摹)하는 등 그림 수업에 열중하였고, 불화에 능했던 초의에게 불화를 배웠다. 이러한 사실은 1839년 김정희가 초의에게 보낸 편지에 "대개 초묵법은 전하기 쉽지 않는 오묘한 진리인데, 우연히 허소치가 이어 드러냈으니 전해지고 전해진 초묵법이 또 그대에게까지 이른 것이라 여겨진다"[118]라고 한 대목에서 드러난다. 초묵법이란 진한 먹을 사용하여 그리는 화법으로 선종의 승려들에게 이어진 화법이다. 초의에게 전해진 초묵법을 허련이 전해 받은 것이다.

1839년(기해) 초의는 허련이 모사한 그림을 김정희에게 보여주었다. 김정희는 한눈에 허련의 재주를 알아보았고, 즉각 그를 상경케 하여 자신의 장동 집에 머물며 공부하게 하였다. 이로부터 허련의 명성이 중앙예단에 알려져 헌종을 알현하였다고 한다. 그러므로 허련은 평생 초의와 김정희가 자신에게 베풀어준 사제의 은혜를 잊지 않으며 제자의 의리를 지켰다.

허련이 정학연을 만난 인연도 초의를 통해서였다. 초의는 허련을 통해 정학연과 김정희에게 편지와 차를 전달하였다. 특히 김정희의 제주 유배 시절이나 과천 시절에 제주를 왕복하며 초의의 차와 편지를 전달한 것도 그랬다. 이런 사실은 1850년경 김정희가 허련에게 보낸 편지에서 살펴볼 수 있는데, 그 내용은 아래와 같다.

> 이번에 부쳐온 차도 초의암에서 나온 것인가. 대단히 좋은 품질이라 기꺼울 따름이네. 그대가 가끔 초의암에서 나는 차를 가로채 인편이 되는대로 다시 부쳐주기를 간절히 바라네.[119]

허련은 초의암에서 만든 차를 김정희에게 전달하였다. 차편[茶片]이라는 단어로 보아, 초의가 김정희에게 보낸 차는 덩이차일 것으로 추정된다. 김정희가 "대단히 좋은 품질이라 기꺼울 따름이다"라고 높이 평가할 정도로 당시 초의의 제다술은 이미 완성 단계에 있었다는 것을 알 수 있다. 1841년(신축)에 허련이 초의에게 보낸 편지에는 초의가 만든 차의 품색을 다음과 같이 표현했다.

> 지난번 연영에 보낸 차는 비록 스님이 손수 감독해 만든 것은 아니지만, 차품이 깨끗하고 맛이 맑아 사람들에게 칭찬을 받을 만합니다. … (중략) … 이 차 한 포로는 부족하니 애석합니다.[120]

이는 1841년경 대둔사에서 생산된 차의 품격을 짐작하게 하는 자료이다. 허련이 받은 차는 초의가 직접 만들지는 않았지만, 대둔사에서 생산한 차로서 차 맛이 깨끗하고 맑다고 하였다.

한편 초의가 만든 차는 송사(訟事)를 해결하는 데 요긴한 예품으로

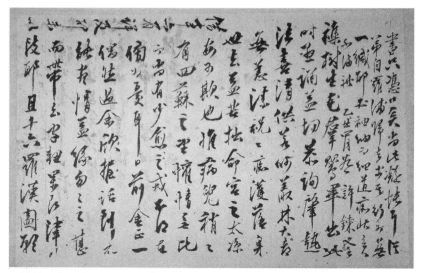

소치 허련이 초의에게 보낸 편지(국립광주박물관 소장, 박동춘 기증본).

쓰였던 정황도 드러난다. 같은 해에 허련은 초의에게 대둔사가 송사에 처한 내용을 적어 편지를 보냈다. 당시는 사중에서 관리하는 사찰림이라 할지라도 해변에 위치한 소나무는 관에서 엄격히 통제 관리하고 있었다. 그런데 대둔사에서 이를 무시하고 소나무를 베었기 때문에 관의 문책을 면할 수 없게 되었다. 허련은 이 송사를 해결하는 데 초의차가 유용하기 쓰일 것이라고 생각한 듯하다.

지난번 수영(水營: 전라도 우수영이 있는 진도의 관영으로 추정)에 있을 때 쓴 편지에는 놀랄 만하고 기이한 말이 있습니다. 법당에 배론이 많은 것은 아닌데 소나무를 함부로 베었으니 단지 놀라서 논의할 수만은 없습니다. 비록 영읍의 허생이 돕는다고 하지만 승가에서 행한 행동을 보면 공을 빙자하여 사적으로 소나무와 자작나무를 베었으니 해변에서는 중히 금하는 것입니다. 이와 같은 답답한 것들은 결코 일상적으로 처리할 수 없고 바야흐로 감찰하려고 합니다. 하루 저녁 관리를 보고 머물며 말했는데 일상적인 말에서 큰 절의 폐막을 말하는 데까지 이르렀습니다. 또 어떤 스님이 폐단을 일으켰다는 말이 건너가서 의심을 사게 되었고 이때 이와 같은 저의 답변이 여기저기에 돌아다니는 듯합니다. 막원 중에 친한 사람과 하룻밤을 함께 보내시며 모든 의문에 대해 세세히 알아보시면 비로소 알게 될 것이며, 알고 난 후 제가 주선해 보는 것이 오히려 어떻겠습니까. 이 사이에 스님께서 법제한 차를 소개하면 곧 처리할 수 있을 것입니다. 반드시 모시고 만나는 자리에서 편안히 계획하시지요. 대개 이와 같으니 편하게 여기시고 근심하지 마십시오.[121]

위 편지에서 허련은 안면이 있는 아전을 통해 이 문제를 해결하기 위해 노력하고는 있지만, 초의가 만든 차를 선물한다면 관청의 무고를 면하여 원만히 처리할 수 있을 것이라고 조언한다. 이는 초의차의 명성이 매우 높아졌음을 알려주는 일화이다. 이후에도 대둔사 인근의 유생들이나 고을 아전들이 차와 동백기름을 요구하는 서간문들이 발견된다. 1845년 완남(莞南)에 사는 최정간이 초의차를 받고 감사 편지를 보낸 것이나, 1849년 반계옹이 과일 대신 차를 더 많이 보내주길

바랐다는 마음을 담은 편지를 보낸 것으로 보아[122] 초의차에 대한 사람들의 열망을 확인할 수 있다.

1852년(임자)에 허련은 김정희에게 편지를 받는다. 김정희가 "초의선사는 전각을 따로 지었다고 하니, 선사 말년의 얼마나 큰 행복인가"[123]라고 한 것은 1851년(신해)에 신축된 대광명전[124]을 말하는 것이다.

이처럼 허련은 초의에게 불화를 배운 화가로 초의와 사제관계를 맺은 이후 차를 애호했던 중인이었다. 그의 음다 경향은 초의에게서 영향 받았을 것이라 추정된다.

2) 치원 황상

치원(巵園) 황상(黃裳, 1788~1863)이 초의를 만난 것은 1809년경 다산초당에서다. 당시 초의는 정약용을 만나기 위해 다산초당을 찾았다. 황상은 강진으로 유배되어 사의재에 머물던 정약용에게 강학한 제자이다. 평생 스승에 대한 예를 충실하게 이행했던 황상은 1818년 정약용이 해배된 후에는 강진 대구면 백적산 아래 일속산방(一粟山房)을 짓고 평생 주경야독하며 산림처사로 살면서 정약용의 자제들과 대를 이어 교유했다. 정약용의 장남인 정학연이 1845년(을사)에 쓴 『유산시첩(酉山詩帖)』에는 이들의 돈독한 우정이 곳곳에서 확인되며, 일속산방에 대한 설명도 있다.

『유산시첩』에 의하면 "동쪽은 석영옥(石影屋)이요, 북쪽은 만고송실

(萬古松室), 서쪽은 노학암(老學菴), 남쪽은 일속산방(一粟山房)이고, 동쪽 석영옥은 김정희가 지은 이름"[125]이라고 한다. 1855년(을묘) 정학연이 지은 「일속산방기(一粟山房記)」에는 이와 관련된 내용이 자세하게 서술되어 있다.

을묘년, 나의 형제가 급난을 당하여 슬픔으로 문을 닫고 아파했다. 작은 길에는 푸른 이끼가 가득하고 이리저리 떨어진 낙엽이 계단을 이루고 있다. 가을에는 마음이 처연하고 숙연하여 모든 감정이 다 일어난다. 홀연히 치원 황상이 문을 열고 들어오니 마치 빈 골짜기에 들을 만한 것이 있을 뿐만 아니라 아픔도 갑자기 줄어들어서 기쁨을 느낄 만하다. 황상은 출세를 위해 아부하는 것을 저버린 모습으로 출세한 벼슬아치와 귀인들과 노는 것을 부끄럽게 여겨 다만 나와 서로 교유하기를 좋아하였다.
한번 생각이 미치면 문득 꺼끄러기 난 짚신과 마른 지팡이를 구부정히 짚고 천 리를 걸어서 한가하고 소슬한 이곳을 찾아왔다. 젊은 사람도 오히려 어려울 것인데 하물며 칠십이 된 노인이거늘 그 뜻은 천고에나 있을 만하다.
황상은 가산을 잘 다스리기를 좋아하지 않았고 또한 홀로 시를 짓는 것을 좋아하여 세상에서 글 하는 사람들은 모두 (그를) 현실성이 없다 비웃고 아끼지 않았다. 백적산 중에 집을 지어 즐기고 휴식하며 시를 짓는 장소로 삼아 노닐며 소요한다. 나에게 그 집의 이름을 부탁하고 기(記)를 써달라고 하였다. 나는 곧 그곳을 일속산방(一粟山房)이라 하였다. "아, 세상이 커서 몇만 리가 되는지는 모르겠지만, 인물과 초목과 금수가 산다. 또 몇 천만리인지를 알지 못하니 이것을 대괴(大塊)"라 하였다. 그러나 창해로부터 보면, 작은 한 줌의 흙이니 하물며 다른 것이랴. 황상이 사는 산은 바다 모퉁이에 치우쳐 있으니 '일속(一粟)'에 불과하다. 대괴 중에는 사람이 초목, 금수보다 커서 그 통달함으로써 풍운과 더불어 넉넉하니 공경(公卿)이 당세에 그 위엄을 두려워하게 하고, 그 은혜를 생각하니 우뚝하게 크지 않은 것은 아니다. 달인의 경지에서 본다면 모두, 마치 일순간의 틈에 있는 쭉정이 겨, 흙에 떨어진 삼씨, 몽환, 허공의 구름 같은 것이니 하물며 어찌하랴. 늙은 황상은 나무와 돌과 더불어 만나는 것이 아니라 바다와 강가의 적막한 땅에서 귀뚜라미와 지렁이의 울음소리를 이웃으로 삼았으니 또한 일속에 불과할 뿐이다. 비록 그러하나 시우산(施愚山)이 말하길 봉황은 천 길을 날고 뱁새나 메추라기는 한 가지에 깃드니 각각 그에 맞는 곳에 머문다. 입장을 바꿔 그 의지할 곳을 잃게 한다면 모두 맞지 않는다고 했다. 지금 황상은 일속 같은 작은 몸으로 일속 같은 작은 산에 살며, 마당을 쓸고 차를 달이고 시를 짓는 것을 그치지 않는다. 시가 더욱 아름다워지고 글 또한 더욱더 묘해져서 조용하고 여유로우며 담담하게 맑다. 지금 세상을 멀리하고 작게 여기며 부귀를 뜬구름처럼 여긴다. 우산이 말한 봉황이 뱁새나 메추라기보다 즐거우며, 가지 하나가 천 길보다 낮은지를 알지 못한다. 천 길과 가지 하나, 대괴와 좁쌀 한 알

을 애오라지 일순간에 알맞은 것을 취할 뿐이다. 대저 누가 알리
오. 을묘(1855)년 유산 씀.[126]

이 글은 황상과 정학연의 교유가 깊었다는 것을 드러낸다. 정학연
은 황상이 차를 좋아하고 세상의 권세와 부귀에 뜻을 두지 않았던 처
사라고 하였다. 아마도 황상은 고상하고 맑은 인품을 지녔다고 생각된
다. 그의 당호인 일속(一粟)은 '푸른 바다 위에 떠 있는 작은 낟알 하나'
를 뜻한다. 일속처럼 미미한 존재로 초야에 묻혀 살지만, 황상의 일상
은 시를 짓고 차를 즐기는 삶이기에 진정 세상의 표상이 될 만한 인물
이라는 점을 표현한 것이다. 이런 의미에서 일속산방은 황상이 이상을
실현하는 곳이라 하겠다.

황상은 1845년 3월 15일 두릉의 정약용 묘소를 참배하였다. 1848
년에는 황상·정학연·정학유가 두 집안 간 두터운 의리를 대대손손 이
어가기를 약속했다. 바로 「정황계안(丁黃契案)」을 맺은 것인데, 이 계
는 정약용과 황상의 지극했던 사제의 의를 기리기 위한 것이었다. 당
시 황상은 61세, 정학연은 66세, 정학유는 63세였다. 정학연 형제가
1848년 12월 8일에 이 계안을 작성하여 황상에게 보내자, 황상은 「별
소운삼아사(別小耘三雅士)」라는 시를 지었다.[127]

정약용 10주기 제사에 참석한 황상은 정학연에게 초의의 근황을
들었을 것으로 추정된다. 강진으로 돌아온 후 1849년 겨울에 황상이
대둔사 일지암을 찾아가 초의를 다시 만났고, 일속산방으로 돌아와 재
회의 기쁨을 담아 「초의행」을 지었다. 이 글에는 거의 40여 년 만에

60대 노인이 되어 다시 만난 초의와의 해후에 대한 내용이 담겨 있다.

> 내가 어려서 정약용 선생 문하에서 공부하였는데, 초의가 선생
> 님을 찾아와 물었을 때에 한번 보고 헤어진 이후 나는 백적산 가
> 야에서 농사를 지으며 40여 년을 숨어 살았다. 혹 진주(陳州)에
> 서 오는 사람 중에 비슷한 사람을 보면 마음으로 잊지 않았다. 기
> 유(1849)년에 정약용이 계셨던 열수에서 돌아와 초의가 계신 대
> 둔사 초암으로 찾아갔는데 머리가 하얗고 주름이 깊어 알아보
> 지 못하였다. 그의 목소리와 모습을 보고 과연 초의인가 하는 의
> 심이 없어졌다. 김정희 선생이 보낸 수묵 '죽로명선(竹爐茗禪)'[128]을
> 빌려다 보았다.[129]

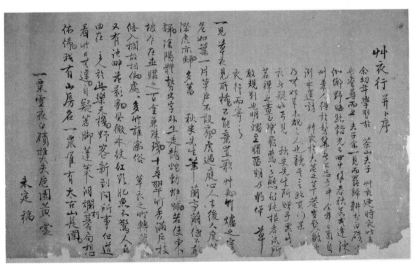

황상 「초의행」(국립광주박물관 소장, 박동춘 기증본). 황상이 초의에게 보낸 글이다.

황상은 강진 백적산에서 농사를 지으며 40여 년을 숨어 살면서도 한 번 만났던 초의를 잊지 않았다고 한다. 실제로 이들은 1809년 다산초당에서 처음 만난 후 서로 만날 기회가 없었던 듯하다. 그러다가 1849년(기유) 겨울, 대둔사의 초암(일지암)으로 찾아간 황상은 이미 늙어버린 초의를 처음엔 알아보지 못하다가 그의 목소리를 듣고 한참 살펴본 후에야 초의인 줄 알아보았다고 한다. 62세의 황상과 64세의 초의가 40여 년 만에 반갑게 해후하는 모습이 연상되는 장면이다. 일지암을 방문한 황상은 초의에게서 김정희의 수묵화인 죽로(竹爐)·명선(茗禪)을 빌려 보았다.

황상이 초의에게 보낸 「걸명시(乞茗詩)」에 "명선(茗禪)이란 아름다운 호는 김정희가 (초의에게) 주신 것이네"[130]라고 언급한 내용은 '명선(茗禪)'이라는 호를 김정희가 지어주었다는 사실을 확인시켜 준다. 또 황상은 이 글에서 "정학연은 좋은 차를 초의차라 했다"[131]는 주석을 붙였는데, 이 무렵 경화사족이 초의차를 높이 평가하고 있었음을 알 수 있다. 더구나 1849년경은 초의가 이미 자신의 제다법을 완성했던 시기였다.[132] 이러한 점은 황상이 초의에게 보낸 시에서 확인할 수 있다.

초의차의 명성은 선생(丁學淵)에게 들었네.
나의 계곡이 남령(南零)에는 미치지 못하지만,
오히려 전천(箭泉) 아래 있어서 살 만하네.
그대에게 청하노니 자용향[133]을 아까워하지 말게.[134]

초의와 황상은 정약용의 제자라는 인연을 맺었기에, 자신을 위해 초의가 만든 좋은 차를 아끼지 말고 보내달라고 한 것이다. 초의가 황상의 「걸명시」에 화운하여 「일속암가병서(一粟菴歌幷序)」를[135] 지어 황상에게 보내는[136] 등 초의와 황상의 교유에 차와 시가 얼마 중요한 촉매제가 되었는지를 가늠할 수 있다.

3) 호산 조희룡

호산(壺山) 조희룡(趙熙龍, 1789~1866)은 김정희의 문인이다. 시와 그림, 글씨에 능해 추사체를 방불하며 난초와 매화를 잘 그렸다. 그의 난초 그림은 추사의 묵란화를 본받았다. 조희룡이 전라도 임자도에 유배되었을 때 자신의 거처에 화구암(畵鷗盦)이라는 편액을 걸고 기량 있는 예술미를 탁마했다.

조희룡의 집안은 양반 가문이었으나, 그의 조부 때부터 벼슬에 나아가지 않았다. 조희룡 또한 여항인(閭巷人)들과 어울린 화가였으므로 중인으로 분류한다. 이견(而見), 치운(致雲)이라는 자를 썼다. 그의 호는 우봉(又峰), 철적(鐵笛), 호산(壺山), 단로(丹老), 매수(梅叟), 수도인(壽道人)이라고 알려졌다. 그리고 국립광주박물관 소장본인 조희룡의 「일정화영(一庭花影)」첩에 '불노(佛奴)'라는 호를 썼음이 확인된다.

1813년 식년문과(式年文科)의 병과(丙科)로 급제한 후 벼슬길에 올라 오위장(五衛將)을 지냈고 헌종의 총애를 받은 것으로 알려져 있다. 62

세가 될 무렵 진종(眞宗)의 조천(祧遷)에 반대하는 권돈인과 이 일에 연루된 김정희와 가장 가까운 인물로 지목되어 임자도로 유배되었다. 그가 완숙한 예술미를 완성한 것은 절해고도, 임자도의 유배지였다. 자신의 거처를 '만구음관(萬鷗唫館)'이라 칭하고 이곳에서 그림에 몰두한다. 병약했던 그는 '마치 학이 가을 구름을 타고 훨훨 날아가듯이 길을 걸어 다녔다'고 할 정도로 약골이었다. 그리 오래 살 것이라고는 생각하지 않았던 그이지만 천수를 누렸다.

조희룡이 자신의 호를 수도인(壽道人)이라 한 연유는 『근역서화징(槿域書畵徵)』에서 찾을 수 있다.

> 내가 어렸을 때에는 키만 훌쩍 크고 야위어, 옷을 걸치기에도 힘겨울 만큼 약했다. 그러므로 내 스스로 오래 장수할 상(相)이 아닌 줄을 알았으니 다른 사람들이야 말해 무엇 하겠는가. 열네 살 무렵에 어떤 집안과 혼담이 있었다. 하지만 그 집에서는 내가 반드시 일찍 죽을 것이라 하여 퇴짜를 놓고 다른 집안과 혼인하였다. 그런 지 몇 년이 되지 않아 그 여인은 과부가 되었다. 내가 이제 70여 세가 되었고 많은 아들, 딸과 손자, 증손자들을 두었으니 이제부터는 노인이라 큰소리칠 만하다. 그러므로 스스로 수도인(壽道人)이라는 호를 지었다.

어려서는 키만 크고 병약했던 그는 70세가 되었음에도 건재하므로, '수도인(壽道人)'이란 호를 지어 자축하였다. 조희룡은 "장수할 상이 아닌데 늙은 나이가 되었고, 매화를 사랑하여 백발이 되었다"라며, 매화를 아꼈기 때문에 장수할 수 있었다고 밝혔다. 그는 자신이 매화벽(梅花癖)에 이르게 된 사연을 『석우망년록(石友忘年錄)』에 남겨놓았다.

내가 그린 매화병풍을 둘러치고 매화를 읊조린 시가 새겨진 벼루와 먹은 매화서옥장연(梅花書屋藏烟)이라는 것을 썼으며 「매화시백영(梅花詩百詠)」을 지어 큰 소리로 읊다가 목이 마르면 매화편차[梅花片茶]를 다려 마셨다. 나의 거처를 매화백영루(梅花百詠樓)라 하였고 (나의) 호를 매수(梅叟)라고 하였다.

조희룡은 온종일 매화 향기 속에 묻혀 살았고, 꿈속에서도 매화를 자주 보았다고 한다. 그의 「한와헌제화잡존(漢瓦軒題畵雜存)」에 "대룡과 소룡이 연지에서 일어나 푸른 산호를 다투어 움켜쥐며 붉은 여의주를 토해내고 있었다"라든가, "깜짝 놀라 깨어 보니 크고 작은 홍매화가 작은 방안에 다투어 피고 있었다"고 한 것에서도 그의 매화벽을 가늠할 수 있다.

매화벽뿐 아니라 조희룡에게는 벼루벽도 있었다. 그는 선화난정연(宣和蘭亭硯)이나 임길인풍자연(林吉人風字硯), 기효람옥정연(紀曉嵐玉井硯)과 같은 명품 벼루를 수집했던 수집가였고, 소장한 벼루를 모으면 벼루벽을 이룰 정도였다고 한다. 그가 특별히 애지중지했던 벼루는 기효람옥정연(紀曉嵐玉井硯)이다. 골동상에서 우연히 명연(名硯)을 구하게 되었는데 그 벼루 후면에 '수사고전서지연(修四庫全書之硯)'과 '기윤(紀昀)'이라는 글자가 있었으므로, 이 벼루에 '기효람옥정연(紀曉嵐玉井硯)'이라는 이름을 붙였다.

원래 이 벼루의 소장자인 기윤(1724~1805)은 청 중기 학자로 『사고전서』 총찬수관을 지낸 인물이다. 자는 효람(曉嵐)·춘범(春帆)이고, 호는 석운(石雲)이다. 조희룡은 기윤이 『사고전서』를 편찬할 때에 쓰던 벼루임을 한눈에 알아보고 자신이 소장한 후 '기효람옥정연(紀曉嵐玉井硯)'이라 명명한 것이다. 조선 후기에 중국 고기(古器)와 예술품을 수집하는 풍조는 여항시인 조희룡뿐 아니라 재력을 갖춘 중인으로 문인이나 문인 취향을 가진 이들 사이에서 유행했다.

조희룡의 예술적 취향은 김정희의 문하에서 더욱 그 빛을 더했다. 개방적인 인품의 소유자였던 김정희는 신분을 따지지 않고 승려나 중인들과도 널리 교유하며 사제의 연을 맺었다. 조희룡 또한 김정희의 문하에서 그림과 글씨를 본받아 추사체를 방불(彷彿)할 정도로 글씨를 잘 썼다. 후일 그의 글씨는 김정희에 비해 금석기가 덜하고 부드럽다는 평가를 받는다.

또한 조희룡은 난초를 치는데도 일가를 이뤘다. 그는 「한와헌제화잡존」에서 "문형산(文衡山)과 진백양(陳伯陽)은 난초 그리기를 좋아했다. 나하고 천 년이나 떨어져 있지만 마음은 같았다. 나는 오늘도 아침부터 저녁까지 난 30폭을 쳤다"라며 "두 선생에게 그 풍격을 묻고 싶었지만 할 수가 없었다"라고 고백했다. 하루 종일 난초를 쳤던 그의 그림에 대한 열의를 짐작할 수 있는 대목이다. 충성스런 문형산과 진백양의 인품을 흠모했던 조희룡은 이들에게 난초를 치는 격을 묻고 싶었지만, 천 년 전의 사람에게 어찌 물으랴. 다만 이들과 멀리 떨어져 있지만 "마음은 같다"라고 한 것에서 그의 속내를 짐작할 수 있다.

김정희는 조희룡의 난을 치는 법을 신뢰하지는 않았다. 이는 김정희가 아들 상우에게 보낸 글에서 "난을 치는 법은 예서(隸書) 쓰는 법과 가까우니 반드시 문자향(文字香)과 서권기(書卷氣)가 있은 다음에야 얻을 수 있다"고 하였고 이어 "난 치는 법은 화법(畵法)대로 하는 것을 가장 꺼린다. 만약 화법대로 하려면 일필(一筆)도 하지 않는 것이 옳다"라고 하였다. 따라서 김정희는 "조희룡은 내게 난 치는 솜씨를 그대로 배웠지만 한 가지 화법만을 쓰는 폐단을 면치 못했다. 이는 그의 가슴 속에 문자기(文字氣)가 없기 때문이다"라고 지적한 바가 있다.

하지만 김정희는 조희룡의 재주를 인정하여 중인의 제자 중에 조희룡을 으뜸으로 여긴 정황을 여기저기에서 확인할 수 있다. 아울러 여항인들에게 가장 애호를 받았던 그림은 조희룡의 그림이었다. 직업 화가에 비해 문인적인 취향을 드러냈던 그의 그림은 여항인들이 좋아했던 요소를 갖추고 있었던 셈이다.

조희룡이 불교와 친숙했던 정황은 아무래도 김정희, 초의와 교유하며 영향을 받았을 것이라 여겨진다. 그가 친 불교적인 문인화가였음은 '불노(佛奴)'라는 호에서 짐작할 수 있다. 앞서 말한 바와 같이 '불노'라는 호는 조희룡이 초의에게 보낸 「일정화영(一庭花影)」첩에서 확인되었다. 이 시첩은 총 7장으로 구성되어 있고 겉표지엔 조희룡의 친필로 '초의노사사수(草衣老師 査收)'와 '철적도인이 보내다(鐵篴道人寄)'라는 글씨가 있다. 첫 장에는 "해남에서 소치도인(허련)이 자신이 그린 관음상과 글을 보내왔기에 시로 사례한다(小癡道人 自海南貽書 兼寄自寫觀音像 以 詩謝之)"는 부제와 함께 시문으로 구성되어 있다. 그가 해악(海嶽: 금강산) 에서 돌아온 후 초의와 포연상인(蒲蓮上人)에게 보낸 시문도 남아 있다. 마지막에는 "초의 스님에게 일중공안을 참증해 달라"는 부제가 붙은 시문도 포함되어 있다. 그가 초의와 포연에게 법교를 청하며 지은 시 는 다음과 같다.

도로 향하는 착하고 좋은 남녀가	向道善男與善女
번뇌와 고통을 다 없애려고	煩惱苦趣共欲除
머리를 조아려 금강저에 비네	稽首願乞金剛杵
내 생애 천하의 책을 다 보지 못하고	吾生未窮天下書
누가 장차 이런 지경을 글로 쓸 수 있으랴	誰將是境下箋疏
신선의 땅, 부처의 세계를 유생이 올라	仙都佛界登楮墨
더러운 도랑에서 흰 연꽃 피웠다는 소식을 듣지 못했네	未聞自成白芙蕖
비바람을 맞고 파도에 휘날릴까 두려워	恐被風雨飄烟瀛
유선에 숨을 수 있을까 나루에 묻는 마음	可惹遊仙問津情
댕그랑 패옥 소리 울려도 머물 곳이 없어서	環珮冷冷無處所
다만 노을 바라보고 마음대로 가지 못하네	只見雲霞無恙橫
황괴가 일어나도 큰 붓이 없어서	發皇愧無大手筆
공연히 세상을 향해 무리지은 쇠파리라	空向海內擬蠅肹
세간의 문자란 오목한 절구 구멍	世間文字是臼窠

어찌 모양 밖을 다 들 수 있을까	安能象外可擧悉
만약 천고에 통한 사다리와 배를 만든다면	若使千古通梯航
이에 공덕을 노래해 황왕을 칭송하리	功德向此頌皇王
칠십이가를 봉선한 일이니	七十二家封禪事
빛나는 옥문갑에 금니를 모으리	玉檢金泥聚煌煌

조희룡은 "홀로 헐성루(금강산 정양사)에 올랐지만, 이 묘체를 증명할 사람이 없어 이것을 기록하여 포연상인에게 보내니 아울러 초의선사에게도 보낸 것입니다. 또한 법교를 청합니다(獨上歇惺樓 無人證是妙諦 錄此寄示蒲蓮上人 轉呈草衣禪師 並請法敎)"라고 하였다. 그리고 "초의법사께서 금강산을 돌아보시고 쓴 시는 지금 저에게 있으니 때때로 다시 꺼내 읽었습니다. 해악(海嶽)에서 돌아온 후 처음으로 산을 보는데도 삼매(三昧)의 경지가 있다는 것을 알았습니다(草衣法師金剛望遊詩 今在余所 時復取讀於海岳 歸來之後 始知爲看山三昧)"고 하였다. 그가 "그림으로 불사를 하는 것은 나로부터 시작되었다(以圖畵作佛事 自我始也)"라고 한 사실에서도 그의 불교적인 인식을 나타낸 것이다. 따라서 그의 「매화도」는 부처를 현현한 것이고, 자신의 호를 불노(佛奴)라고 했으니 실로 그는 부처를 마음에 둔 화가였던 것이다.

조희룡이 허련에게 초의차를 얻은 후 이에 감사하는 시를 지어 초의에게 문자의 인연을 증명하고자 했으며, 초의차의 우수성을 "잎이 신선하고 윤기가 나고 봄빛이 가득한 것이 일반 차 같지 않았다(葉葉鮮潤 春色盎然 不類常茶)"고 하였다. 따라서 조희룡은 초의가 만든 차를 맛본 중인이었던 셈이다. 여항시사회에서 차를 즐긴 풍조는 조희룡의 차 애호가 영향을 미쳤을 것이라 생각한다. 초의와 교유하며 차의 세계를 탐닉했던 그는 초의차의 품색을 애호하고 칭송한 인물이었다.

1   金正喜,「上權彛齋」,『阮堂全集』天(과천문화원, 2005), p.295, "茶品果是勝雪之餘
     馥剩香 曾於雙碑館中 見如此者 東來四十年再見之".

2   金正喜,『阮堂全集』下(민족문화추진회 편, 1989), p.26, "茶品苟此另存 甚覺醒肺 每
     炒法稍過 精氣有稍沈之意 若更再製 輒戒火候 如何如何 戊戌 佛辰".

3   金正喜,『阮堂全集』天(과천문화원, 2005), p.487, "茶包果是佳製 有能透到茶三昧耶".

4   金正喜,『阮堂全集』下(민족문화추진회 편, 1989), p.26, "僧來得草緘 又得茶包 此中
     泉味 是冠嶽山一脈之流出者 未知於頭輪 甲乙何如".

5   金正喜, 위의 책, "前惠茶餅已喫盡 無厭之求 新茗摘來幾片 留取將與我來耶"

6   金正喜,「與草衣」三十二,『阮堂全集』人(과천문화원, 2005), p.418, "新茶何以獨喫
     於石泉松風之間了 不作遠想耶 可以痛棒三十矣".

7   金正喜,「與草衣」六,『阮堂全集』人(과천문화원, 2005), p.401, "原書亦以茶懇矣 此
     中茶事甚艱 師所知耳 師之自製法茶 當有年例 不必更言 寺中所造 小團三四十片 稍揀
     其佳 惠及切企".

8   丁若鏞,「茶信契節目」, "穀雨之日 取嫩茶焙作一斤立夏之前 取晚茶作餅二斤".

9   金正喜,「與草衣」三十七,『阮堂全集』人(과천문화원, 2005), p.421, "賤痒間經暴寫
     眞元敓下 世趣之苦 乃如此耶 幸因茗力得延煖觸".

10   金正喜,「與草衣」二十九, 위의 책, p.415, "薰衲之另贈朴生之葉茶 恐不下於坡公麤
     茶芽 香味絶佳".

11   정민,「남연군 묘자리 가야사 탑에서 나온 700년 된 용단승설차」,『차의 세계』8월
     호(차의 세계, 2009), pp.69~70.

12   李尙迪,『恩誦堂集』續集 卷1(韓國文集叢刊, 민족문화추진회 편, 2002), 312冊; 黃
     玹,『梅泉野錄』卷1 上.

13   草衣,「濟州華北津圖」, "然中受命濟州華北津譎所 仰仰延路 暫到一枝庵 平時 公與我信
     義重厚 不忘相思相愛之道 橫路留得 幸於幸耳 山茶一盃 終夜談論俗塵之勢 達磨大師觀

心論及血脈論 前後通儀 無漏速對".

14 意恂,「琴湖留別山泉道人」,『艸衣詩稿』(韓國佛教全書 10, p.851上),"因讒阻絶十有
    餘年".

15 金命喜(친필 간찰, 국립광주박물관 소장, 박동춘 기증본),"此行又南來若可以立地相
    接 盈盈一衣帶 反又漠然難及 …".

16 意恂,「奉和山泉道人謝茶」,『艸衣詩稿』(韓國佛教全書 10, p.860上),"茶如君子性無邪".

17 意恂,「奉和山泉道人謝茶之作」,『艸衣詩稿』(韓國佛教全書 10, p.860中),"深汲輕軟一
    試來, 眞精適和體神開. 麤穢除盡精氣入, 大道得成何遠哉 闕伽眞體窮妙源, 妙源無着波
    羅蜜".

18 意恂, 위의 책, "老夫平日不愛茶 天憎其頑中瘀邪 不憂熱殺憂渴殺 急向風盧瀹茶芽".

19 意恂, 위의 책, "自燕來者多贗品 香片珠蘭匣以錦 曾聞佳茗似佳人 此婢才耳醜更甚".

20 意恂,「附原韻」,『艸衣詩稿』(韓國佛教全書 10, p.860中),"草衣忽寄雨前茶 攛包鷹爪
    手自開 消壅滌煩功莫尙 如霆如割何雄哉".

21 意恂, 위의 책, "老僧選茶如選佛 一槍一旗嚴持律 尤工炒焙得圓通 從香味入波羅蜜".

22 意恂, 위의 책, "此祕始抉五百年 … 茶如茶好寧不愛".

23 송재소 외『한국차문화천년』2(돌베개 2009), p.190.

24 송재소 외, 위의 책, p.190.

25 意恂,「洌水泛舟」,『草衣詩稿』(韓國佛教全書 10, p.844上),"斜日西馳雨散東 詩囊茶
    椀小舟同".

26 丁學淵,「酉山詩」,『草衣詩集』卷下(韓國佛教全書 10, p.859中-下),"畦衣一棹廣陵煙
    雅集江樓十二年 遊寺詩應珍塢滯 謝茶書向塞琴傳".

27 丁學淵, 위의 책, "遊縣寺詩 因許小痴寄去後聞沈滯".

28 박동춘,『추사와 초의』(이른아침, 2014), p.131; 추사가 1843년에 초의에게 보낸
    편지에 "말안장에 볼깃살이 벗겨져 감당할 수 없는 고통을 당하셨다고 하니."라고
    하였다.

29 意恂,「奉答酉山詩」,『草衣詩集』卷下(韓國佛教全書 10, p.859中),"南來北去兩無緣 鱗
    鴻不肯隨人便 澄江如練山如畵 舊遊心眼印芳鮮 菜花小亭聽夜雨 雲吉山房試名泉".

30 丁學淵,「煎茶」,『三倉館集』,"水味堪羞惠山澗 木瘦不讓越州瓷".

31 丁學淵,「茶罐」,『三倉館集』,"去覓燕京時 來供牛渚堂 … 爲余淸口吻 終不避流湯".

32 송재소 외, 『한국의 차문화』 2(돌베개, 2009), p.158.

33 최순희(1979)의 「靈城君家系圖」 『耆隱朴文秀圖書目錄』(문화재관리국, 1979)에 의하면 朴永輔는 원래 鍾林의 아들이지만 鐘岳에게 養子를 갔다. 鐘岳은 忠圭의 자식으로 伯父 信圭가 孫이 없자 信圭의 養子가 되었다. 그러나 鐘岳에게도 後嗣가 없어서 鐘林의 아들인 永輔가 鐘岳의 養子가 되었다. 박문수는 靈城君派의 23代孫이고 朴永輔는 27代孫이다.

34 다산은 정약용의 호이며, 그가 승지 벼슬을 했기 때문에 당시 사람들은 丁若鏞을 다산승지라고 불렀다.

35 秋史는 金正喜의 호이다. 金正喜 또한 閣學이라는 벼슬을 했기 때문에 秋史閣學이라고 부른 것이다.

36 朴永輔, 「南茶幷序」(친필본, 국립광주박물관 소장, 박동춘 기증본), "南茶湖嶺間産也 草衣雲遊其地 茶山承旨及秋史閣學 皆得以文字交焉 庚寅冬來訪于京師 以 手製茶一包 爲贄 李山中得之 轉遺及我 茶之閼人 如金縷玉帶 亦已多矣 淸座一啜 作長句二十韻 以 寄禪師 慧眼正之 兼求郢和".

37 朴永輔, 『雅經堂集』(필사본, 고령박씨종친회 소장), "草衣能詩且工製茶".

38 醉蓮은 대흥사 승려로 草衣의 문인인 듯한데, 그의 행적은 상세히 알려지지 않았다. 다만 草衣가 玩虎의 탑명을 구하고자 해거와 丁若鏞 및 丁學淵 등을 만날 때 草衣의 심부름을 한 이가 취련이다.

39 金正喜, 『注箱雲朶』(필사본, 개인 소장), "道光庚寅冬 與醉蓮上京乞先師 塔銘於 海居都尉"; 『注箱雲朶』는 草衣에게 온 金正喜의 간찰을 묶은 서첩이다. 서첩의 후기는 草衣가 썼다.

40 申緯(2002), 『警修堂全藁』, p.368, "時草衣 爲其師玩虎大師 建三如塔 乞銘詩於海居都尉 乞序文於余 而遺以四茶餠 卽其手製所謂寶林白茅也".

41 朴永輔, 『雅經堂集』(고령박씨종친회 소장), "錦舶嘗有草衣茶歌遂與草衣證交"; 申緯(2002), 『警修堂全藁』, "草衣工製茶 錦舶嘗有草衣茶歌 因與證交".

42 申櫶, 『申櫶全集』(아세아문화사, 1990), pp.677~678; 「琴堂記珠」에 錦舶의 「南茶幷序」와 「몽하편」이 필사되었다. 대부분 사대부들은 좋은 문장을 필사하여 참고하는 것이 박학의 방법 중 하나였다. 이 두 편의 錦舶 글이 威堂 申櫶의 문집에 수록된 것으로 미루어 이 글이 金正喜의 문인들 사이에서 명문장으로 회자되었던 것으로 추정된다.

43 朴永輔, 「寄答丁士衡」, 『雅經堂詩初集』(필사본, 고령박씨종친회 소장), "昨臘士衡送

五圓茶覓詩今又次余茶歌二十韻見寄正是人日也".

44 朴永輔의 필사본 문집인「秋鶴吟藁」,『雅經堂初集』卷三은 己丑(1829)~庚寅(1830)
    사이에 쓴 시문을 모은 것이다. 錦舫이 그의 당호를 秋江鶴齋로 지은 연유는 이렇
    다. "予嘗夢吟十字云 介彼九霄禽勵操秋江水 九霄之禽 非凡羽所堪承當 張平子賦鶴云
    介鳥其爲鶴 無疑秋兼江 已淸矣 添一鶴 鶴又勵操其淸 豈可量哉 因扁居曰 秋江鶴齋 名
    集曰秋鶴吟 人與詩俱如秋江鶴 足矣"(내가 꿈결에 10자의 시를 지었는데 '지조로 하
    늘을 덮는 짐승은 힘써 추강의 물을 잡는다'라고 했다. 하늘을 덮는 짐승은 무릇 날
    개로 오르는 것을 감당하는 것은 아니다. 장평자의 학부에 절개 있는 새는 그 학이
    로다. 가을과 강물이 이미 맑음은 의심이 없는데 한 학을 첨가했으니 학이 또 힘써
    맑음을 잡으니 어찌 헤아릴 수 있겠는가 하였다. 이로 인해 사는 곳의 편액을 추강
    학재라 하고 문집명을 추학음이라 했다. 사람과 시가 모두 추강의 학과 같다).

45 朴永輔,『雅經堂初集』제4권(필사본, 고령박씨종친회 소장), "庚寅 十月十日 余自興
    邦 移居于西泠江意樓 是時 申紫霞侍郎 退居蓉涇 蓉涇一牛鳴地耳 一時酬唱 爲最多 故
    並錄編次 名曰西泠霞錦集".

46 朴永輔,「秋鶴吟稿」,『雅經堂初集』제3권(고령박씨종친회 소장), "癸未春舟次苔江 …
    己丑夏興坊書室後庭小桃下 …".

47 山人 靑棠에 대해 알려진 것은 없다. 다만 山人은 산에 사는 사람으로 야인을 의미
    하므로 산림문사로 약 처방에 밝았던 인물로 추측된다. 錦舫, 申緯와 교유했던 인물
    인 듯하다.

48 연훈은 한방 치료법의 일종으로 훈증요법인 듯하다.

49 朴永輔,『雅經堂集』初集 필사본(고령박씨종친회 소장), "紫霞侍郎患脚氣八年得不厭
    山人靑棠烟薰之方奏效故賞以一詩 … 公在霞山溶涇樓屑二年向爲 調治暫還山房"; 이
    문집은「西泠小岫」라는 부제가 있으며 1831년(辛卯)에서 1832년(壬辰)까지 지은
    시를 모은 것이다. 따라서 錦舫은 적어도 西泠에서 이 시기까지 머물렀던 것으로
    추정된다. 이 문집에 자하가 蓉涇에 있으며 각기병을 치료했다는 사실이 자세히 기
    록되어 있다. 錦舫이 스승인 신위가 잠시 병이 나아 紫霞山房으로 돌아간 것을 경축
    하는 시를 지은 연유를 기록한 것에서 이 사실이 밝혀졌다.

50 朴永輔,「西泠霞錦集」,『雅經堂初集』제4권 필사본(고령박씨종친회 소장), "草衣得余
    南茶詩委來證交 二首" 錦舫에게 보낸 草衣의 시는 문집에 들어 있지 않아 전고할 수
    없으나 錦舫은 草衣의 두 수 시에 차운하여 다시 시를 지었다.

51 意恂,「留宿錦公房」,『草衣詩稿』(韓國佛敎全書 10, p.843中) ; 意恂,「夏日西園與諸公
    雅集」,『草衣詩稿』(韓國佛敎全書 10, p.846下), "潤水琤琤寒射石 茶煙繚繞細芽林(시

냇물 졸졸 흘러 바위 위로 흐르고 차 이내 하늘하늘 숲속으로 퍼지네)"라고 하였다. 西園은 錦舲 朴永輔의 별서가 있는 西泠이다.

52 金正喜, 『注箱雲朶』 친필본(개인 소장). 이것은 金正喜가 보낸 편지를 草衣가 묶은 편지첩이다. 후발은 草衣가 썼는데 여기에 이 편지첩을 묶은 사연을 기록하였다. 그가 玩虎의 탑명을 받기 위해 상경한 사연과 금강산 유람할 때에 동행했던 인물 상황을 부기하였다. 草衣가 상경한 지 3년 후인 1834년(갑오) 가을 금강산 유람 길에 올랐는데 이때 동행한 승려는 醉蓮과 鐵船 萬休이다. 중간인 공주 지역에서 서로 헤어졌는데 이때 草衣는 醉蓮과 동행하여 錦舲의 보은산방에 들렀다.

53 朴永輔, 「次起山贈師韻以別」, 『紫雲吟藁』(필사본, 고령박씨종친회 소장), "草衣師與 鐵船見香自欣三和尙 約遊金剛 至漢上 只遣香 欣入山 因與金秋史 說經于琴湖 歸路訪 余 贈手製茶 數宿而去"

54 박영보의 「남다병서」는 현재 국립광주박물관 소장본으로, 2021년 1월 박동춘이 기증하였다.

55 이 자료는 박동춘이 2004년 錦舲 문중의 자료를 조사하는 과정에서 발견하였고, 2008년 한양대 정민 교수에 의해 월간 『차의 세계』에 소개되었다. 『琴堂記珠』에 실린 시를 원본과 대조해 보니 몇 자의 오자가 보인다. 淸座는 淸塵으로, 以寄는 以奇로 되어 있다.

56 申櫶, 『警修堂全藁』, pp.677~678.

57 朴永輔, 「寄答丁士衡」, 『雅經堂詩初集』(필사본, 고령박씨종친회 소장), "昨臘士衡送 五圓茶覓詩今又次余茶歌二十韻見寄正是人日也".

58 朴永輔, 「寄答丁士衡」, 『雅經堂詩初集』(필사본, 고령박씨종친회 소장), "六班茶出白 香山 來試楊泠第一泉 雁後花前思更發 題詩遙憶草堂筵".

59 송대의 명차로 雙井은 地名이었는데, 이 지역에서 나는 차를 雙井茶라고 한다. 洪州 分定(지금의 江西 修水) 雙井에서 생산되었다. 徐海榮, 『中國茶事大典』(華夏出版社, 2000), p.28.

60 송대의 명차이다. 원래는 日鑄라고 하며 日注는 異名이다. 日鑄는 地名이다. 越州(지금의 浙江 紹興) 會稽縣 東南의 日鑄岭에서 난다. 송대 잎차 중 극품이다. 草茶는 잎차를 말한다. 徐海榮, 위의 책, p.21.

61 朴永輔, 「南茶幷序」(필사본, 국립광주박물관 소장, 박동춘 기증본), "雙井日注世已遠 雨前紅穀名今傳".

62 朴永輔, 위의 책, "花瓷綠甌浪珍賞 眞味中華已經煎".

63 朴永輔, 위의 책, "東國産茶茶更好 名如芽出初芳妍".

64 朴永輔, 위의 책, "鷄林商客入唐日 携渡滄波萬里船".

65 朴永輔, 『雅經堂集』四卷, 「西泠霞錦集」에 실려 있는 「南茶幷序」에는 "鷄林使臣入唐日 携渡滄波萬里船"이라고 되어 있다.

66 「興德王」, 『三國史記』10권, "入唐廻使大廉持茶種子來".

67 朴永輔, 「南茶幷序」(친필본, 국립광주박물관 소장, 박동춘 기증본), "康南之地即湖建(南方海山間多有之 康津海南其最也)".

68 朴永輔, 위의 책, "一去投種逐如捐 春花秋葉等閒度 空閼青山一千年 奇香鬱沈久而顯 採春筐筥來賚緣".

69 朴永輔, 위의 책, "天上月撝小龍鳳 法樣雖鱻味則然".

70 朴永輔, 위의 책, "跡晦煎茶博士名".

71 정업은 깨끗한 행동, 선한 행동, 깨끗이 하는 행위, 청정한 선업, 염불이다. 『회독기』31에도 淨이라는 것은 淨土의 업이라 하였기 때문에 필자는 이를 근거로 하여 염불로 해석하였다.

72 朴永輔, 「南茶幷序」(친필본, 국립광주박물관 소장, 박동춘 기증본), "草衣老師古淨業 濃茗洗積參眞禪 餘事翰墨倒寥辨 一時名士瓣香處 雪飄裂裘度千里 頭綱美製玉團圞".

73 차를 특별히 좋아하는 것을 말한다. 陸羽는 茶癖이 있었다고 한다.

74 朴永輔, 「南茶幷序」(친필본, 국립광주박물관 소장, 박동춘 기증본), "故人贈我伴瓊玖 撒手的皪光走筵 我生茶癖即水厄 年深浹骨冷淸堅 三分飡食七分飲 沈家薑椒瘦可憐".

75 朴永輔, 위의 책, "伊來三月抱空椀 臥聽松雨出饞涎 今朝一灌洗腸胃 滿室霏霏綠霧烟 只煩桃花乞長老 愧無菊虀酬樂天".

76 意恂, 『東茶頌』(韓國佛教全書 10, p.875下), "東茶穀雨前後太早 當以立夏後 爲及時也".

77 申緯, 『南茶詩幷序』(필사본, 국립광주박물관 소장, 박동춘 기증본).

78 金正喜, 『阮堂先生全集』上(민족문화추진회 편, 1989), p.329, "紫霞前輩涉萬里 入中國瑰景偉觀 吾不如其千萬億 而不如見一蘇齋老人也".

79 신위의 분고 사실은 이현일이 2019년 12월 18일 국립중앙박물관에서 주관한 세미나에서 발표한 「자하 신위의 문예관과 자하가 교유한 우리 화가들」에서 상세히 밝히고 있다. 그의 주장으로는 "그가 초년에 월망 문하에서 동문의 선후배들과 함께 공부하면서 자신의 시 세계를 모색하는 과정에서 있었던 일이 와전된 것이다"라고

하였다. 그러면서 신위의 『焚餘錄』의 의미를 "시고를 불태운 뒤에 그 이후 지은 시를 모은 시집"이라 해석하였다.

80 이현일, 「자하 신위의 문예관과 자하가 교유한 우리 화가들」(국립중앙박물관 세미나자료집 2019. 12. 18), p.18.

81 孝明, 『敬軒集』 권2; 孝明世子는 문학, 예술에 괄목할 만한 업적을 보였고, 특히 연회의 규모를 창작한 인물로 평가된다. 그가 대리청정기에 부왕과 모후를 위해 설행한 연회 기록인 「慈慶殿進爵整禮儀」(1827), 순원왕후의 40세 생일을 기념해 2차례 거행한 진작(進爵) 의식 의궤인 「戊子進爵儀」(1828), 순조 등극 30년과 탄신 40년을 기념하는 연향 의궤인 「己丑進饌儀」(1829) 등의 자료가 남아있다. 안동 김씨를 배제하고 새로운 인물을 기용했는데, 풍양 조씨를 중용했다.

82 박영보의 「西泠小艸」는 辛卯(1831)년에서 壬辰(1832)년까지 지은 시를 모은 것이다. 따라서 錦舲은 적어도 西泠에서 이 시기까지 머물렀던 것으로 추정된다. 이 문집에 자하가 蓉溲에 있으며 각기병을 치료했다는 사실이 자세히 기록되어 있다. 錦舲이 스승인 자하가 잠시 병이 나아 紫霞山房으로 돌아간 것을 경축하는 시를 지은 연유를 기록한 것에서 이 사실이 밝혀진 것이다. 朴永輔, 『雅經堂集』(初集 필사본, 고령박씨종친회 소장), "紫霞侍郎患脚氣八年得不厭山人靑棠烟薰之方奏效故賀以一詩 … 公在霞山溶溲棲屑二年向爲調治暫還山房".

83 이현일, 「자하 신위의 문예관과 자하가 교유한 우리 화가들」(국립중앙박물관 세미나자료집 2019. 12. 18), pp.18~19.

84 1991년 김병기는 「紫霞 申緯의 예술관」에서 申緯의 졸년에 대해 이의를 제기하였다. 그는 김택영이 간행한 『申紫霞詩集』의 자하 연보를 따른다고 하였지만 『한국인명사전』과 『平山申氏宗譜』 제54호에는 신위의 졸년이 1847년으로 기록되었다고 주장하였다.

85 汲冢古書는 원래 汲冢周書에서 나온 故事이다. 晉나라 太康 2년에 汲郡의 不準이라는 사람이 魏나라 襄王의 무덤을 발굴하여 先秦의 古書를 얻었다. 이 고사에서 연유된 말로 보배 같은 귀중한 책 또는 글을 말한다.

86 申緯, 「代書答草衣竝書」, 「覆瓿集」, 『警修堂全藁』(韓國文集叢刊 291, 민족문화추진회 편, 2002), p.602, "往在庚寅冬 大芚僧草衣 訪紫霞山中 以其師玩虎三如塔銘 乞余序幷書 序則成而書未成 旋余湖海竄逐 文字散亡 序稿亦失甚恨之 今年辛丑春 草衣書來 幸有其副本之在鉢囊中而搜出者 十二之久而重讀之如得汲冢古書 始可以成書上石 庶畢草衣之願也 先以一詩賀之 且謝佳茗之充信也".

87 『注箱雲朶』 필사본 후엽; 이 자료는 金正喜가 초의에게 보낸 편지를 묶은 자료집이

272

다. 金正喜의 친필본이다. 이 서첩을 묶으며 草衣는 1830년(庚寅) 상경 후, 玩虎의
탑명을 구하기 위한 여정을 두루마리 말미에 기록해 두었다.

88 申緯, 「北禪院續稿」, 『警修堂全稿』, p.368, "草衣次余贈錦舲詩韻甚佳 故更用原韻賦
    示 時草衣爲其師玩虎大師 建三如塔 乞銘 詩於海居都尉 乞序文於余而遺以四茶餅 卽其
    手製 所爲寶林白茅也 詩中幷及之".

89 북한산에 있는 사찰이다. 申緯는 이곳에 주석했던 善洪과 교유하였다.

90 申緯, 「山房紀恩集」, 『警修堂全稿』(韓國文集叢刊 291, 민족문화추진위원회 편,
    2002), p.492, "得意洵書 要余金仙庵一會時余有寒疾先此賦答二首".

91 申緯, 「祝聖八藁」, 위의 책, p.557, "釋草衣有書致茶 求其師舍利塔記 且願金仙庵一會
    時有亨役未赴 以詩爲答".

92 申緯, 위의 책, p.558, "製茶淸供到山房 細傾且玩瓷甌色 透裏先聞箬葉香 悟在虛空何
    必面 對床言說淡相忘".

93 申緯, 위의 책, p.558, "草衣茶味太嫩故 與舊所藏壑源茶和勻同貯一籠中 更俟陳新相
    入而用之也 又成一詩 將以示草衣也".

94 丁若鏞 저, 양광식 역, 『강진과 丁若鏞』(강진문헌 제5집, 강진문헌연구회, 1997);
    丁若鏞의 「茶信契節目」에 "곡우(4월 20일)에는 부드러운 찻잎을 따서 볶은 차 1근
    을 만들고 입하 이전에는 늦은 차를 따서 떡차 2근을 만든다"라고 하였다.

95 申緯, 「紫霞原詩」, 『草衣詩稿』(韓國佛教全書 10, p.844上), 「紫霞原詩」, "釋迦生辰遇
    今蚤 非我臆說亦有考 周正夏正建寅子 四月二月隨顚倒 昭王甲寅四月八 西方星作 微乾
    道 恒星不見井泉溢 太史蘇繇占奇兆 是則夏正之二月 世俗不考何艸艸 東人不重上元節
    競說浴佛燃燈好 遂令四月初八日 硬做佛誕燈火鬧 我今鬖絲寄禪榻 二月八日春江曉
    我燈無盡 本無燈 作詩佛事心虔禱".

96 意恂, 「北禪院謁紫霞老人」, 『草衣詩稿』(韓國佛教全書 10, p.846下), "開門人記閉門旋
    回首中間五十年 祕閣丹錬前學士 梵宮香火大乘禪".

97 意恂, 「紫霞詩」, 『草衣詩稿』(韓國佛教全書 10, p.846下), "苦茗嚴時宜砭俗 好詩佳處
    合參禪 乞銘二夢師如在 彈指三生性自圓 檀越滿城歸不得 忘情時有爲情牽".

98 김병기, 「紫霞 申緯의 예술관」, 『시서화 삼절 紫霞 申緯 회고전』(예술의 전당,
    1991), p.133.

99 「豹菴先生行狀」에 "調琴品茶"라는 내용이 들어 있다. 따라서 豹菴 姜世晃도 차를
    즐겼던 인물로 여겨진다. 姜世晃, 「風爐銘」, 『豹菴遺稿』(정신문화연구원, 1995),
    p.375, "爇香久留 烹茶易熟 供我文房 莫笑嗜癖".

100 변영섭, 『豹菴姜世晃繪畵硏究』(일지사, 1988), p.47.

101 申緯, 「南茶詩幷序」(친필본, 국립광주박물관 소장, 박동춘 기증본), "吾生澹味癖於 茶 飮啜令人神氣華 龍團鳳尾摠佳品 酪漿金盤空太奢 假此一甌洗粱肉 風腋來從玉川 家".

102 申緯, 『警修堂全稿』(韓國文集叢刊 291, 민족문화추진회 편, 2002), p.424, "至味 在淡泊 衆棄吾所眈 交情與詩髓 宜向此中探".

103 申緯, 「南茶詩幷序」(친필본, 국립광주박물관 소장, 박동춘 기증본), "江南迢遞憶桑 苧 獨抱遺經書密斜 苔錦主人夕邀我 先將土銼生澹霞".

104 申緯, 위의 책, "爲言此種種湖嶺 碧山千里空結花 雲衲踏盡等苺苔 樵童芟去兼权枒".

105 意恂, 『東茶頌』(韓國佛敎全書 10, p.875中), "東國茶田之廣 料無過此者 洞有玉浮臺 臺下有七佛禪院 坐禪者 常晩取老葉曬乾 然柴煮鼎 如烹菜羹 濃濁色赤 味甚苦澁 政 所云天下好茶 多爲俗手所壞".

106 申緯, 「南茶詩幷序」(친필본, 국립광주박물관 소장, 박동춘 기증본), "無人識得谷 蘭馨 草衣掬撷雙手叉 僧樓穀雨細飛節 新餠蒸焙囊絳紗 供佛餘波及詩侶 紗帽籠頭添 品嘉"

107 意恂, 『東茶頌』(韓國佛敎全書 10, p.874中), "唐覺林寺僧志崇製茶三品 驚雷笑自奉 萱草帶供佛 紫茸香待客".

108 申緯, 「南茶詩幷序」(친필본, 국립광주박물관 소장, 박동춘 기증본), "苔士得之寄江 屋芽 白甄封題綠雪芽 大勝薑桂老愈辣 却與參苬籠裏加".

109 釵頭는 머리에 꽂는 비녀로 두 갈래진 것이다. 이 비녀는 귀부인의 머리 장식용으 로 화려한 자태를 자랑한다. 따라서 여기에서 채두는 용봉단처럼 화려하게 장식 한 차를 말한다.

110 勞人은 勞役을 하는 사람이다. 이 시구에서는 조공을 위해 차를 지고 가는 사람을 말한다.

111 南鄕은 남쪽으로, 草衣가 있는 곳이라는 뜻이다.

112 江意樓는 錦舫 朴永輔가 거처하던 집의 樓 이름이다.

113 申緯, 「南茶詩幷序」(친필본, 국립광주박물관 소장, 박동춘 기증본), "沈碧寒雲水生 痕 釵頭玉茗須莫誇 德操與墨自相反 抱向高人三歎嗟 建州葉氏歲多貢 勞人絡繹途里 遐 此品流來不煩力 寄到京華如蝶槎 南鄕到今好風味 便是句漏生丹砂 記得親包社前 齊已妙製香生牙 春陰蚓鳴驟雨來 未啜流涎逢麴車 詩情賴有合得嘗 江意樓是蠹官衙".

114 申緯,「南茶詩幷序」친필본(국립광주박물관 소장 박동춘 기증본), "溫公曰 茶欲白 墨欲黑 東坡曰 奇茶妙墨俱香 是其同德也 皆堅是其同操也 溫公曰 茶墨相反".

115 송재소 외, 『한국 차문화 천년』 1(돌베개, 2009), p.92, "茶熟詩成氣味參".

116 김상엽, 『小癡』(학연문화사, 2004), p.3.

117 김영호 역, 『小癡實錄』(서문당, 2000), pp.40~41.

118 박동춘, 『초의와 초의』(이른아침, 2015), p.95.

119 金正喜, 『髥阮帖』(필사본, 개인 소장), "今番所寄來茶片 亦出於草衣庵者耶 極佳可喜 君須更爲攪出草衣庵中物 隨便更寄 甚望甚望".

120 許錬, "向之蓮營所送茶物 雖非師之親手監封 品潔味淸 見稱於使家 奪人見功 有近歡然…這一苞茶 無足爲惜矣"(박동춘 소장).

121 박동춘, 『초의스님 전상서』(이른아침, 2019), pp.50~52, "向在水營作書中 有可驚可怪之 法堂排議不群 而松木之亂犯 不可但以駭然論 雖有營邑之許助 看作僧家之應行 憑公行私 亂斫松楸 海邊重禁 若此蔑然 若簡輩 決不可尋常處之 方欲發廉之際矣 一夕陪話於對軒之次 尋常語 到大寺弊瘼 且說某某僧之作弊 語涉疑訝 伊時鄙答若此 若此歸語 幕員中所親者 同枕一夜 細細諸問 然始爲知也 而得知之後 鄙之周旋 倘如何於斯之間 果以法製茶品紹介 竟有專使之擧矣 必待逢席穩討矣 大槩如彼 而休勿爲慮付之一笑也".

122 최정간의 친필 간찰은 1845년(乙巳) 4월 27일에 莞南에 사는 그가 초의에게 보낸 것인데 "보내준 차 2포를 잘 받았다"고 하고, 반계옹이 1849년 초의에게 보낸 편지에도 "보낸 차와 과일로 주신 정을 확인할 수 있습니다만 과일이 도리어 많은 것은 바라는 것이 아닙니다. 어찌 차로 보충하지 않고 과일로 하셨습니까"라고 하였다.

123 金正喜, 『髥阮帖』(필사본, 개인 소장), "艸禪別搆銀地 是何等末後大福分也".

124 尹致英,「大光明殿新建記」(친필본, 국립광주박물관 소장, 박동춘 기증본).

125 丁學淵, 『酉山詩帖』(친필본, 국립광주박물관 소장, 박동춘 기증본), "東石影屋 北萬古松室 西老學菴 南一粟山房 東石影屋 秋翁命名".

126 丁學淵,「一粟山房記」(金正喜 親筆本, 국립광주박물관 소장, 박동춘 기증본), "乙卯 余有鴒原之戚 閉戶吟病 蒼苔滿徑 荒葉凝階 秋懷凄然 蕭然百感振觸 忽見戹園黃子披戶而入 不啻若空谷足音 病爲之頓減 喜可知也 黃子負嶔崎歷落之骨 恥與達官貴人遊 而獨於余相善 每一意到 輒以芒屩枯筇 佝僂然徒步千里 而訪余于荒寒瑟居之中 少壯者 猶難之 而況七十老叟乎 其意足千古也已 黃子不善治家人產 且獨喜詩者 文詞人皆

笑其迂 而不岬 作一屋於所居白磧山中 以爲宴息吟哦之所 蓋徜徉自放焉 屬余名其屋
且爲記 余乃署之曰 一粟山房 噫 天下之大 不知爲幾萬里 有人物草木禽獸 又不知爲幾
千萬 是謂之大塊 然自滄海而觀之 渺然一拳土 何況乎 黃子所居之山 僻在海隅 則不
過一粟而已 所謂大塊之中 人惟大於草木禽獸者 以其達而與風雲富 而使公卿當世畏其
威懷其惠 非不巍然大也 自達人觀之 儘如枇穀土耳夢幻雲空 於一瞬俄頃之間 何況乎
黃子之老 白首無所遇 與木石爲隣 蚓叫蛙啌於海埤寂莫之鄕 則亦不過一粟而已 雖然
施愚山曰 鳳凰之翔千仞 鷦鷯之棲一枝 各適其適 使易地失所憑 則皆不適也 今黃子以
一粟之身 處一粟之山 掃葉烹茗 吟諷不輟 詩益工 文益妙 蕭閑而澹 遠貌今鄕雲富貴
愚山所謂鳳凰之樂於鷦鷯 一枝之卑於千仞 余未可知 而千仞與 一枝與 大塊與 一粟與
聊以取適於一瞬而已 夫孰得以知之 乙卯 嘉平月 西山 記(1855)".

127 黃裳, 『卮園遺稿』(필사본, 개인 소장) 2쪽;「丁黃契案文」의 내용은 다음과 같다.
"黃裳 字 子中 一字 帝戭 號卮園 戊申生 今年 六十一 哲嗣 農懋 字禹餘 丁卯生 今年
四十二 子吾朋 辛卯生 今年十八 子家朋 丙申生 今年十八 子期朋 甲辰生 今年五 丁學
淵 字穉修 號西山癸卯生 今年六十六 子 大林 字士衡 號蓮史 丁卯生今年 四十二 字
復慶 乙巳生 今年四 弟 學遊 字穉久 號芸逋 丙午生 今年 六十三 字 大懋 字子園 號硯
園 甲申生 今年二十五 子 大樊 字 子山 癸巳生 今年 十六 子 大楚 字 子城 乙未生 今
年 十四 此 吾兩家老人姓名及子孫錄也 西山老眼書 於千里 使兩家後生 爲世世講信修
誼之左契咨爾 諸君愼勿遺失".

128 「茗禪」은 간송미술관 소장품으로 지금까지 전해오고 있으나 「竹爐」는 다른 형태
의 유묵이었는지 자세하지 않다. 아니면 金正喜가 草衣에게 竹爐茗禪이라 써 주었
는지도 모르겠다. 현재 이 眞墨의 소재는 알려지지 않고 있다.

129 黃裳,「草衣行」(친필본, 박동춘 소장), "余幼年學習於茶山夫子 草衣乃時衣姑未也 參
尋而至夫子 余一見而罷歸 耕於白磧山伽倻 野晦疎韜光 已四十餘春秋矣 或逢陳州來
人得於彷佛者 不忘于中 今年己酉 自洌水還訪 草衣於大芚之草庵 雪髮皺皮 乃無始來
未覩之人也 聽其言跡其行 果草衣無疑也 丐見秋史先生所贈水墨竹爐茗禪之畵 …";
이 자료는 黃裳의 『卮園黃裳遺稿』에도 빠져 있다.

130 黃裳, 『卮園遺稿』(필사본, 개인 소장), "茗禪佳號學士贈".

131 黃裳, 위의 책, "西山茶之善者 謂之草衣茶".

132 黃裳, 위의 책, "炒用新意北苑以後集大成".

133 草衣가 『東茶頌』에서 인용한 志崇의 古事에 나온다. 紫茸香은 唐 覺林寺 志崇이
만든 세 가지 차품 중 하나로서, 손님을 접대하기 위한 차의 이름이다.

134 黃裳, 『卮園遺稿』(필사본, 개인 소장), "草衣茶名聽先生 我溪不及南零者 猶能可居

箭泉下 諸君莫惜紫茸香".

135　이 화답시의 原題는 一粟菴歌幷序인데 一粟山房歌라고도 한다. 一粟山房은 黃裳의
　　　室名이다.

136　意恂,「一粟庵歌幷序」,『草衣詩稿』(韓國佛教全書 10, pp.859下~860上), "… 乙酉
　　　冬訪余敍舊 旣歸以艸衣行一篇寄來用其韻作一粟山房歌以謝".

VI. 초의선사의 다도 사상

초의의 다도 사상은 불이선(不二禪)을 바탕으로 한 전다삼매(煎茶三昧),[1] 명선(茗禪), 다삼매(茶三昧) 등으로 나타난다. 이는 그의 제다법과 탕법을 서술한 『동다송』에서 드러난다.

김정희 친필(간송미술관 소장).
김정희는 자신에게 차를 보내주는 초의선사에게 명선이라는 호를 지어 보낸다.

1. 다삼매(茶三昧)

초의의 다도 사상은 조주(趙州, 778~897)의 '끽다거(喫茶去)'에서 영향 받은 것이다. 나말여초 구산선문(九山禪門)이 개창한 후, 수행과 융합된 끽다의 전통은 고려를 거쳐 조선으로 이어졌다. 이런 수행 전통은 대 둔사의 청허에게서 편양(鞭羊)으로 이어졌고 다시 연담과 완호로 이어 져 초의에게 전해졌다고 생각한다. 중국의 차 문화사에서도 선종과 음 다가 융합된 수행 전통이 확립되기 전엔 차를 약이나 음식으로 활용 하는 정도에 그쳤다. 차를 약으로 활용한 사례는 초의의 『동다송』에서 도 언급한 바가 있다.

수 문제(581~600)가 동궁으로 있을 때, 꿈에 귀신이 그의 뇌를 바 꿨다. 이로부터 머리가 아팠다. 홀연히 어떤 승려를 만났는데, (승려가) 말하기를 "산속에 차나무로 고칠 수 있다"고 하였다. 황 제는 차를 복용하고 병을 고쳤다. 이때부터 세상에서 차 마시는 것을 알게 되었다.[2]

위 인용문은 원래 『광군방보(廣君芳譜)』에 실린 내용이다. 중국에서도 6세기 말까지 차는 두통을 치료하는 약으로 활용했다. 차는 머리와 몸을 맑게 하고, 잠을 적게 자며, 술을 깨게 하는 데 효능이 있다. 특히 차에는 독성을 중화하는 효능이 있는데, 이러한 차의 효능을 처음 발견한 인물은 신농씨이다. 또 머리와 몸을 맑게 하는 차의 약성을 적극 양생에 활용하여 신선이 되고자했던 이는 도가이다. 당대에 지어진 다시(茶詩)에서 차를 마시면 봉래산에 오를 수 있다는 언구는 이를 방증한다.

한편 선종에서는 머리를 맑게 하고 잠을 적게 하는 차의 효능을 수행에 융합하였다. 선종의 좌선 수행에서 가장 장애가 되는 잠을 해결하기 위해 차를 활용한 것은 혜능계의 남종선 승려라고 생각한다. 후일 이들은 차의 실질적인 이론가로서, 제다와 탕법을 새롭게 발전시킨 계층으로 차 문화를 주도했다. 선종 승단에서 참선 수행 중에 차를 마시는 것은 일상화되었는데, 이는 봉연(封演)의 『봉씨견문록(封氏聞見錄)』의 다음 내용에서 드러난다.

> 개원(開元, 713~741) 중 태산의 영암사에 항마사(降魔師)가 있어서 선교가 크게 일어났다. 선을 수행하는데 잠을 자지 않는 것에 힘썼고, 또 저녁밥을 먹지 않았으나 차 마시는 것은 허락하였다. 이로부터 차를 마시는 것이 북방에서는 선교를 따라서 빠른 속도로 퍼졌다.[3]

차의 원산지는 중국의 파·촉 지역이다. 당대에 대운하를 통해 남북의 문화 교류가 확대되면서 남방의 음다 문화가 북방으로 확대된다. 8세기 태산에 위치한 영암사의 수행승들이 수행 중 잠을 쫓기 위해 차를 마셨다는 것은 차를 마시며 수행하는 남종선의 수행법이 북종선까지 확산되어 사원의 수행 일상으로 자리 잡은 연유를 밝힌 것이다.

　불교 수행과 차의 융합은 북방까지 음다가 확산되는 요인이 되었는데, 차가 수행에 필수품으로 자리 잡으면서 사원의 수행승들은 수행에 필요한 좋은 차를 얻기 위해 차에 대한 탐구를 하게 되었을 것이다. 그 결과 사원이 획기적인 제다법과 탕법을 주도하는 그룹으로 부상하였다. 이는 육우가 『다경』을 저술하여 차 문화를 집대성할 수 있었던 토대, 즉 당시로서는 매우 획기적인 제다법과 탕법을 완성한 것에서 기인된 것이다.

　육우가 제다법과 탕법을 완성할 수 있었던 것은 묘희사 승려 교연과의 교유를 통해 사원의 제다법과 탕법을 살펴볼 수 있었기 때문이었다. 그러므로 8세기 중국이 풍요로운 차 문화의 토대를 구축할 수 있었던 것은 바로 선종의 수행과 융합된 음다풍에서 영향을 받았기 때문이다.

　8세기 선종 사찰에서는 차와 관련된 공안이 출현하였다. 바로 조주선사의 '끽다거(喫茶去)'이다. 이미 승단의 수행 생활에 차가 수행의 필수품으로 자리 잡은 것은 마조(馬祖)가 선풍을 폈던 시기이며, 선종의 교세가 점차 확대되던 시기였다. 마조의 제자인 백장(百丈, 749~814)은 총림을 수호하고 평등 도량을 만들기 위한 독자적인 승단 규칙인 청규(淸規)를 만들었다. 이 청규의 내용에서 차가 선원의 수행 음료로 공고하게 자리잡았다는 것을 확인할 수 있다. 더구나 마조가 제창한 "하루라도 일하지 않으면 먹지 않는다(一日不作 一日不食)"는 정신은 선가의 비생산적인 태도를 경계하고 울력으로 상하 대중의 힘을 화합으로 이끄는 보청정신으로 이어졌는데, 이 정신은 혜능의 농선(農禪)의 수행체계를 이은 것이라고 할 수 있다.

그리고 남송대(南宋代)인 1274년(함순 10) 금화산 유면 화상이 만든 『교정청규총요(校正淸規總要)』[4]에는 사찰의 주요 행사에서 차를 올리는 예와 자리 배치, 위차(位次)까지 상세하게 서술하고 있다. 이는 음다가 사원의 제도화된 의례로 정착했음을 나타낸 것이다.

한편 신라의 도당 구법수행승들은 당나라 사원의 일상이 된 음다 풍속을 익히고 귀국하면서 완품의 차와 다구를 가져왔다. 나말여초 구산선문을 개창했던 인물로는 가지산파(迦智山派) 도의(道義, ?~?), 실상산파(實相山派) 홍척(洪陟, ?~?), 동리산파(桐裏山派) 혜철(惠哲, 785~861), 무염(無染, 800~888) 등이 있다. 그들은 대부분 강서 지역에서 수행한 마조와 서당(西堂, 738~817)의 제자였는데, 이들이 귀국하면서 차와 다구를 들여왔을 것이다. 학계에서는 구법승들이 귀국하면서 월주요 찻잔을 가져온 것도 고려 시대에 청자가 발전할 수 있었던 배경 중 하나일 수 있다고 추정한다.

신라에 처음 유입된 차가 어떻게 활용되었을까. 이에 대한 답은 『삼국유사』에 경덕왕(742~765) 때 충담선사가 삼화령 미륵세존에게 삼월 삼짇날과 구월 구일에 차를 올리거나,[5] 보질 태자가 오대산의 오백나

한들에게 차를 올렸다는 사실에서 확인할 수 있다. 이능화의 『조선불교통사』에는 수로왕비 허씨가 인도에서 차를 가져왔다는 차 전래설이 소개된 바 있다.[6] 그러나 차와 선 수행의 융합은 중국화된 불교의 수행에서 비롯된 것이기 때문에 인도에서 차가 유입되었다는 설은 그 가능성이 희박하다.

신라 말 유입된 차는 고려의 건국 이후 불교와 함께 더욱더 확산하여 가장 풍요로운 차 문화 시대를 이룩했다. 차와 다구도 고려적인 색채를 띤 완성품이 출현한 것은 10세기 말이라 생각한다. 고려 시대에 차 문화가 발전할 수 있었던 배경에는 왕실 귀족과 승려, 관료문인의 차에 대한 관심과 풍부한 경제적 후원에 힘입은 것이라 할 수 있다. 그러나 고려 말 사치하고 화려해진 차 문화의 흐름은 점차 백성에게 과도한 차세가 부과되는 등 피해를 가중시켰다. 결국 사치해진 다사(茶事)로 인해 극품의 차를 선호하는 풍조는 더욱더 백성들을 피폐하게 만든 요인으로 작용되었다.

이러한 차 문화의 말기적 현상은 조선이 건국된 후 왕실에서 차를 퇴출하게 만든 결과를 가져왔으니, 이는 조선 시대에 차 문화 발전의 토대가 상실되는 징후였다. 이뿐 아니라 불교계의 정치·사회·문화적인 영향력 약화도 차 문화가 쇠락된 요인의 하나로 작용하였다. 세월이 흘러 임진왜란과 병자호란을 겪으면서 차 문화는 더욱더 쇠락하고 말았다. 이로 인해 차 산지에서는 감기나 이질을 치료하는 약으로 활용할 뿐 차의 가치를 아는 이가 드물었으니, 이는 쇠락할 대로 쇠락한 차 문화의 유형을 드러낸 것이라 하겠다.

차의 이로움을 재인식하기 시작한 것은 조선 후기이다. 북학파 경화사족들은 차를 마시는 것이 선비의 수신에도 도움이 된다고 인식하였다. 이는 김명희의 시에 "더위는 걱정 없으나 갈증이 근심되어 급히 풍로에 불을 지펴 차를 다리네"[7]라고 한 것에서 드러난다. 초의가 김명희에게 보낸 「봉화산천도인사다」에서 "성현은 모두 차를 사랑했다"고 했는데, 그 내용은 다음과 같다.

> 예로부터 성현은 모두 차를 사랑했더니
> 차는 군자의 성품과 같아서 삿됨이 없어서라네.
> 일찍이 차를 다 맛보아
> 멀리 설령에 들어가 어린 찻잎을 따
> 법도에 맞게 만들어 품명을 나누었고,
> 옥단지에 가득 담아 비단으로 싼다네.[8]

순수한 본성을 행실로 실천하는 성현은 차의 맑은 품색을 사랑하여 곁에 두고자 했던 것이다. 또 차는 군자의 성품과 같았다고 하니 차는 삿됨과 가식이 없는 순수함의 결정체이기 때문이다. 그러므로 초의는 "하늘과 신선, 사람과 귀신이 모두 아끼고 중히 여긴다"[9]라고 하였다. 조선 후기 사대부들은 맑음의 극치를 함의한 것이 차라고 여겼다는 것을 알 수 있다.

소쇄 담박한 차를 얻기 위한 선비나 수행승의 노력은 치밀했다. 그러므로 초의도 "차를 딸 때는 그 오묘함을 다해야 하며, 차를 만들 때

는 그 바름을 다해야 하며, 진수의 물을 얻어야 하고, 차를 다릴 때 중
도를 얻어야 차와 물이 어우러져 차의 건(健)·영(靈)이 드러난다"라고
지적하였다.[10] 차의 오묘한 체(體)와 신(神)이, 다시 말해 차와 물이 서
로 조화를 드러낸 것이 차의 색(色)·향(香)·기(氣)·미(味)로, 이는 차의
진수이다. 초의는 차와 물의 상관관계를 정확하게 서술하였으니 이
것이 다도의 정수이며 핵심이다.[11] 아울러 물과 차의 조화를 이렇게
강조하였다.

> 가볍고 연한 물맛을 시험하여
> 좋은 차와 물이 서로 조화되어야 (차의) 체(體)와 신(神)이 열린다네.
> 추함과 더러움을 없애야 정기가 드러나니
> 대도를 이룸이 어찌 멀다 하겠는가.
> 영산에 가져다가 부처님께 올리는데
> 차 달이는 법은 범률(梵律)에서 다시 상고했네.
> 알가(閼伽: 차)의 진체(眞體)는 오묘한 근원을 궁구하는 것이라
> 그 근원은 집착 없는 바라밀이라.[12]

초의의 다도 사상을 극명하게 드러낸 이 시는 차의 체는 바라밀이
근원이라고 단언하였다. 알가는 범어로 물을 의미하지만 여기에서는
차를 지칭한다.[13] 차의 진체(眞體)는 오묘한 차의 근원을 궁구해야 도달
할 수 있는 세계로, 바로 바라밀이다. 바라밀은 깨달음의 궁극적인 목
표이다. 추함과 더러움이 없어야 차의 정기가 스며든다. 이는 초의가

인식한 제다의 원리이다. 차는 연하고 부드러운 물에서 차의 진체인 건령을 드러낸다. 이에 대한 초의의 견해는 다음과 같다.

차는 물의 신(神)이며,

물은 차의 체(體)이다.

진수(眞水)가 아니면

그 신(神)을 드러내지 않고,

진차[眞茶]가 아니면

(차의) 체(體)를 엿볼 수 없다.[14]

초의는 물은 차의 체이고 차는 물의 신이므로, 물에 우러난 차를 그 본체로 인식하였다. 차의 본질은 차와 물로 나눌 수 없다는 초의의 견해를 피력한 것이다. 차는 차이고 물은 물이라고 분별한다면, 차의 정수를 드러낼 수 없다. 이러한 초의의 다도 사상은 그의 불이(不二)사상에서 연원을 찾을 수 있다. 더구나 초의는 『동다송』에서 구체적으로 불이사상을 언급한 바가 있는데, 이는 "(차를 덖고 건조하는) 가운데 현미함이 있으니 오묘함[理致]을 드러내기가 어렵다. 차의 진정(眞精)을 물과 차로 나누지 마라"[15]고 한 것이 그것이다.

또한 초의는 『동다송』에서 차의 진체를 강조하였다.

체와 신이 설령 온전하다 하더라도

오히려 중정(中正)을 지나칠까 두렵다.

중정을 지나치지 않아야

(차의) 건령(健靈)이 아울러 드러난다.[16]

　다도에서 중정은 차를 만들고 다리는 제다법과 포법의 핵심 사항을 말한다. 이는 초의 다도의 핵심이다. 차의 진수는 기(氣)·미(味)·색(色)·향(香)으로 드러난다. 그러므로 법제한 차에는 진향(眞香)과 진색(眞色)과 진미(眞味)로 차의 진수가 드러나 차의 참됨[眞正]이 드러나고, 차의 본질적 세계인 맑고 활달한 기운이 발현된다. 그러므로 초의는 차의 향·색·기·미를 따로따로 구분하지 않아야 차의 진정성을 느낄 수 있다고 말한 것이다.

　포법(泡法)이란 차를 우려내는 순서와 방법이다. 그 핵심은 다구(茶具)의 청결성, 적정한 차의 양, 차가 침출하는 시간의 적의성(適宜性)에 따라 차의 진미가 드러난다는 것이고, 이러한 탕법의 적절성을 중정(中正)이라고 한다. 초의가 "대체로 다관이 너무 뜨거우면 차의 기미가 드러나지 않고, 다호(茶壺)가 깨끗해야 물의 기운이 맑고 좋다"[17]라고 하였는데, 이는 포법의 가장 중요한 조건을 설명한 것이다. 다도의 중정은 이런 조건이 적의해야만 실현된다. 그러므로 중정이 아닌 상태, 다시 말하면 다관이 너무 뜨거우면 차의 체(體)인 기미가 손상되어 차의 신(神)인 색·향·미가 온전하게 드러나지 않는다. 포법에서 과불급(過不及)이 없어야 차의 건(健)·영(靈)이 드러난다.
-　본체론으로 보면, 영(靈)은 차의 색·향·미가 겉에 드러난 차의 신이고, 건(健)은 차의 내밀한 기운인 차의 체이다. 차를 담아두는 다호(茶壺)

가 청결해야 물의 맑은 기운이 제대로 드러나서 차의 체가 발현된다. 그러므로 초의가 말한 중정은 포법의 핵심이며, 차의 체용(體用)이 드러난 세계이다. 이런 점에서 차를 만들고 탕법에 적용된 기준으로 넘치거나 미흡함이 없는 상태를 지칭하는 초의의 중정은 『중용』에서 말하는 중정의 개념과는 다르다.

위에서 인용한 『동다송』에는 제다의 주체, 즉 차를 만드는 사람의 경지에 대해서도 알려준다. 삼매의 경지에서 차를 만들어야만 차의 진수를 갈무리할 수 있다. 초의가 체득하여 완성한 초의차는 천연성을 드러낸 차라는 것을 알 수 있는데, 이는 초의가 "부처님의 법은 세상에서 깨치는 것, 세상을 떠나서는 깨침이 없으니"[18]라고 말한 것처럼, 일상과 상통하는 세계 가운데에 차의 효능적 실상이 현현될 수 있다고 본 것에서도 확인된다.

선은 안으로 움직이지 않는 자신의 마음을 보는 것[19]으로, 일심(一心)의 극치에 이르는 상태를 말한다. 일심은 유무이변(有無二邊)의 경계가 사라진 중도이며 불이(不二)이다. 차별을 여읜 순수한 상태, 피차(彼此)의 경계가 사라진 상태이다. 부동(不動)한 마음으로 차를 대해야 현묘한 차의 근본이 드러난다는 뜻이다. 사물에 대한 바른 관찰을 통해 피차에 대한 편견과 시비가 끊어진 상태가 되어야 '차'라는 대상물에 대한 치밀함과 엄정함을 살필 수 있는 마음 상태가 되고, 이러한 객관적인 입장에서 차의 보편성을 드러낼 수 있다는 것이 바로 제다의 원리이다.

쉰 잎[老葉]을 가리는 것은 차의 참됨을 드러내기 위함이니, 일치된

경지에서 치밀한 집중력과 흔들림 없는 마음 상태를 유지할 수 있어
야 정차[精茶]를 만들 수 있다. 바로 이런 경지에서만이 차의 천연한 진
체가 드러날 수 있게 된다.

초의는 차를 만드는 것이 은밀하여, 그 오묘함을 말로 표현할 수 없
다고 하였다. 이는 차의 천연성을 드러낸 것이고, 자연의 순리를 파악
하지 않고는 볼 수 없는 세계이다. 『동다송』에서 "물과 차를 둘로 나누
지 말라"고 한 초의의 말은 이것과 저것이라는 이변의 분별을 부정한
것이라 하겠다. 그러므로 다탕(茶湯)은 물과 차라는 두 개의 물질이 융
합해 하나가 된 진공묘유(眞空妙有)의 실상(實相)을 드러낸 것이다. 만약
차와 물을 각각 객체로 분리해 두 개로 본다면, 차와 물이 둘로 나누어
져서 차의 진정을 드러낼 수 없다.

초의의 불이(不二)사상은 다탕뿐 아니라 조다(造茶)에서도 나타난다.
김명희는 성심으로 차를 만드는 초의를 다음과 같이 표현하였다.

> 노스님 차 고르기 불성을 헤아리듯
> 엄한 기준을 가지고 일창일기만을 고르네.
> 초배(初焙)에 정성 들여 원통(圓通)을 얻으니
> (차의) 향·미를 따라 바라밀에 든다.[20]

윗글에서 초의가 찻잎을 고르는 데에 얼마나 정성을 다하는지를 언
급하고 있다. 그는 무념의 경지에서 차를 만들어 원융을 이룬 초의차
를 마시면 바라밀에 든다고 하였다.

초의가 차를 다루는 실상이나 제다법과 포법의 핵심을 용수의 『중론(中論)』 입장에서 고찰해 보자. 중(中)은 궁극적으로 해탈을 지향하는 것으로, 무자성공(無自性空)이다. 자아라는 인식 속에서 존재한다고 집착한 사물의 지멸(止滅)은 결국 인식의 지멸이다. 이러한 지멸을 통해 드러나는 존재의 모습이 곧 실상(實相)이다. 이를 차에 대입해 보면, 차란 물에 드러난 차를 대상으로 하여 인식한 것이다. 이는 '나가 있다[有我]'는 인식 속에 있는 차와 분별되며, 희론(戲論)을 떠난 존재로서의 차와는 다른 것이다. 존재하는 차는 물과 차라는 인연에 의해 생긴다. 현상으로 드러난 차라는 존재가 인연생기(因緣生起)의 현상으로 생긴 것이라는 뜻이다. 그러므로 중도를 잃지 않는 차란, 인식의 지멸 상태에서 드러나고 인식의 불가언설(不可言說)의 지혜가 작용한 상태에서 나타난 실상의 차를 의미한다.

다도는 물, 차, 사람의 삼요소를 고려해야 한다. 물은 본체이고 차는 현상의 주체가 된다. 물과 차가 서로 상대상즉(相待相卽)하여 중도실상(中道實相)으로 나타날 때, 이것을 주관하는 사람의 마음도 실상을 보게 된다. 차와 물, 인간이 무분별지(無分別智)의 상태에서 하나가 되어 차가 지닌 객관적인 본질을 그대로 드러내게 되는 것이다. 이렇게 되어야 차와 물이라는 체신(體神)이 원만하게 드러나고, 바로 차의 건(健)과 영(靈)이 함께 어우러져 차의 정수가 드러난다. 그러므로 초의는 "진수(眞水)가 아니면 그 신(神)이 드러나지 않고, 진차[眞茶]가 아니면 그 체(體)를 엿볼 수 없다[21]"라고 하였다.

물은 다탕의 본체로서 차를 드러내는 실체이다. 차는 물에 상대상즉(相待相卽)하여 드러나며, 물은 차와 상대상즉하여 실체로 드러난다. 차와 물의 참다운 경계는 무자성(無自性)한 공(空)의 토대 위에서 중도를 발현한 차에서 확인된다. 차는 인식 주관과 대상에 자성(自性)을 부여하여 대상화되는 것에서 벗어난 상태, 단견(短見)과 상견(常見)의 어느 한쪽도 치우치지 않는 중도의(中道義)에서 시작하고 종결해야 하는 것이다. 이렇게 하여야 다삼매, 전다삼매의 극치에 이르고, 차의 체와 신이 온전히 드러나 몸과 마음을 정화할 수 있는 효능이 발휘되는 것이다.

물과 차, 즉 피차라는 분별이 없어지면 천연의 조화로움이 일어나 서로 잘 어우러진다. 이렇게 되면 다탕의 모든 것이 순수 그대로 드러나 바라밀을 이룬 차가 된다. 일심으로 차를 따고, 선정에 든 마음 상태로 차를 덖고, 불의 온도에 따라 변화무쌍하게 변화하는 찻잎의 상태를 살피면서 만든 차가 바로 바라밀을 이룬 차이다.

원효는 "대승에서는 일체의 제법이 모두 별체가 없고 오직 일심(一心)으로써 자체를 삼는다"[22]고 하였다. 이는 만유가 곧 일심의 현현이라는 의미로, 결코 사물 밖에 실재하는 실체로서의 일심을 의미하지 않는다고 보았다. 그러므로 일심의 현현에서 드러난 차와 물을 둘로 분리하여 보면, 분별심이 생겨서 차의 건령이 발현되는 차를 만들 수 없다. 중도의 입장에서 차를 만들어야 정차[精茶]가 된다.

차는 물의 조화에 의해 그 영험한 세계가 드러난다. 물은 차의 바탕이므로, 좋은 차를 만들려면 좋은 물을 얻어야 한다. 차를 달일 때 중도를 얻어야 물과 차가 조화를 이루어 차의 건(健)과 영(靈)이 한 잔의 차에 드러나 9덕의 공능이 발현된다. 건(健)은 차의 진실함이고 영(靈)은 차의 정기이다. 건(健)은 하늘의 강건함을 의미하는 것으로, 곧 차의 본질은 변화되지 않는 준칙으로서 차의 본체를 말한다. 영(靈)은 차의 정기를 의미하는 것으로, 물의 맑음 자체에 투영된 차의 신령한 작용성이다.

차가 물의 신이 되고 물이 차의 체라는 것은 한 잔의 조화로운 차로 완성되었을 때 드러난 현상, 즉 우러난 찻물을 본체로 본 것이니 중정을 잃지 않아야 다도의 극치에 도달할 수 있다. 결국 다도의 지극함은 차와 물이라는 두 개의 대상이 하나로 융합된 세계이니 일심의 경계요, 피차의 분별이 없는 불이의 세계로 진정한 바라밀이다. 초의는 차가 이렇게 조화로 드러날 때 사람의 심신을 안정시킬 수 있다고 여겼다.

> 가볍고 연한 물맛을 보면
> 진정하여야 조화로워지니 차의 체와 신이 열린다.
> 추하고 더러움 없애야 차의 정기가 다 스미나니
> 큰 도를 이루는 것이 어찌 멀리요[23]

위 인용문에 따르면, 차는 물과 차의 참됨과 청량함, 조화가 이뤄낸 결과물이다. 차는 활활한 생명성을 내포해야 차의 체와 신이 융합된 정기가 드러나고, 사람의 마음과 몸에 유익함을 준다. 그러므로 초의는 추함과 더러움이 없어야 비로소 차의 정기를 드러낼 수 있다고 보았다.

　다도는 무아의 실현에 따라 변화무쌍하게 작용하는 세계이다. 초의의 다도 사상에는 득중(得中)과 상화(相和)를 통해 차의 근원적인 실체를 파악한다는 사상이 녹아 있다. 초의의 다도 사상에서 드러난 궁극의 목표는 물아일치(物我一致)이며, 원융무애, 자연합일의 무애 평등사상으로 드러낸다 하겠다. 이러한 그의 다도 사상은 『동다송』 말미에 다음과 같이 언급하였다.

　　밝은 달은 촛불이요 또 벗이라
　　흰 구름 자리 삼고 병풍으로 삼고,
　　솔바람 소리 들리는 듯 찻물 끓는 소리에
　　맑고 서늘한 기운, 영혼을 일깨우네.
　　흰 구름, 밝은 달 두 벗만 허락하니
　　도인의 찻자리 이보다 좋으랴.[24]

　자연과 합일된 세계, 이는 초의가 실현한 다도의 극치를 드러낸다.[25] 도인의 찻자리란 일체 속된 허례나 겉치레를 허용하지 않는다. 다만 불이, 즉 차별을 여읜 세계을 말한다. 그러므로 달과 흰 구름을 의인화하여 두 객(客)만을 허용하였다. 이것은 실로 관념이나 형식을 벗어나 피차간의 간극이나 차별이 없는 세계로, 차의 맑고 상쾌한 기미만이 영혼을 일깨운다는 초의의 다도 사상을 간명하게 나타낸 것이라 하겠다.

2. 전다삼매(煎茶三昧)

초의의 다도 사상은 전다삼매(煎茶三昧)로도 드러난다. 전다삼매는 김정희가 남긴 유묵[26]이 있고, 신위도 전다삼매라는 글씨를 남겼다.[27] 김정희의 전다삼매라는 글씨는 누구를 위해 쓴 것인지는 알려지지 않았다. 그러나 김정희나 신위의 전다삼매 유묵이 전해지는 것으로 보아 당시 차를 즐겼던 인사들 사이에서 탕법의 정수를 전다삼매로 이해했음을 알 수 있다.

초의의 다도 사상은 다삼매(茶三昧)로 드러낼 수 있고, 포법으로 말한다면 전다삼매로 표현할 수 있다. 차의 진수(眞髓)란 물을 어떻게 끓이느냐에 달려 있는 것이므로, 결국 전다삼매의 경지가 요구된다. 바로 물이 잘 끓은 상태인 순숙(純熟)의 상태를 알아차릴 수 있는 판단력과 순발력이 요구된다. 그러므로 전다는 삼매의 경지라야 순숙의 정도와 순간, 침출의 적절성을 알아차릴 수 있는 것이다.

조선 후기 차와 선의 경지를 동일시했던 김정희의 전다삼매는 그가 초의에게 호로 지어준 명선(茗禪)이나, 상훈에게 보내겠다고 했던 다선(茶禪)[28]에서도 동일하게 드러나는 개념이다. 김정희는 선의 경지인 무

념, 지관, 혹은 선정의 상태에 이르러야 차의 진수를 얻을 수 있다고
여겼다. 초의 또한 『동다송』에서 다도의 진수를 드러낼 탕법의 중요성
을 이렇게 말한 바가 있다.

> 차는 물의 신이며
> 물은 차의 체이다.
> 진수가 아니면 그 신을 드러내지 않고
> 진차가 아니면 그 체를 엿볼 수 없다.[29]

> 차의 체인 물과 물의 신인 차가 온전하다 하여도
> 탕수와 차의 양을 알맞게 해서 중정을 잃지 않아야 한다.[30]

그는 차의 체인 물과 물의 신인 차는 모두 진차[眞茶]와 진수(眞水)라
할지라도 차와 물의 양, 다호 등의 다구 상태에 따라 차의 향·색·맛 등
이 달라진다고 하였다.

> 차가 너무 많으면 차 맛이 쓰고 향이 무거워지며,
> 물의 양이 차보다 많으면 차 맛과 색이 엷어진다.
> 다호를 다 쓴 후 냉수로 씻어서 깨끗이 해야 한다.
> 그렇지 않으면 차의 향이 떨어진다.
> 대개 다관이 뜨거우면 다신이 건실하지 못하고,
> 다호가 깨끗하면 수성이 신령하다.

잠시 차와 물이 어우러지기를 기다린 후에 베에 걸러 마신다.

빨리 거르는 것은 마땅하지 않다.

(거르는 것이) 빠르면, 다신이 피어나지 않는다.

늦게 마시는 것도 마땅하지 않다.

늦게 마시면 (차의) 오묘한 향기가 먼저 없어진다.[31]

차에서 중요한 것은 차의 양과 탕수이다. 물량의 적합성, 다구의 관리와 다호의 온도, 침출되는 시간의 정확성, 음다에 대한 조절력 등 포괄적인 의미로 표현한 개념이다. 만약 이러한 조건이 미흡하거나 부적합하면 차의 정의함을 잃는다는 것이다. 그가 『동다송』에서 소동파의 시를 인용하여 "다삼매수(茶三昧手)"[32]라 표현한 것도 이와 상통하는 개념이다.

삼매(三昧)란 무념의 상태, 불이융즉(不二融卽)한 상태, 즉 고요한 마음을 말한다. 선정에 든 상태는 차의 진수를 드러내는 충분조건이자, 중정이 완비된 상태를 말한다. 이런 여건이 마련되어야 차의 진수인 건·영이 드러난다. 이런 그의 견해는 『동다송』에서 "맑고 깨끗한 밤이슬을 흠씬 머금은 찻잎은 삼매 중의 손안에서 기이한 향기 난다네"[33]라고 한 것에서도 드러난다. 바로 삼매의 경지에서 만든 차만이 차의 건·영을 드러낼 수 있다는 것이다. 따라서 초의 제다법과 탕법은 불이와 일미선의 경지를 드러낸 것이라 하겠다.

1   김용배, 『秋史文字般若』(金正喜 서거 150주기기념 한국서예사특별전 25. 예술의
　　　　전당, 2007), pp.40~41; 김정희 서거 150주년을 기념하는 전시회에 출품된 김정
　　　　희의 遺墨 속에 '煎茶三昧'를 쓴 작품이 있다. '煎茶三昧'는 차를 달이는 경지가 삼
　　　　매와 같다는 뜻인데 이는 차와 선의 경지가 같은 것이라는 것을 더욱 함축적이고
　　　　사실적으로 표현한 것이다. 김정희가 초의에게 준 茗禪이란 호는 煎茶三昧와 같은
　　　　의미인데, 초의의 차에 대한 경지를 잘 드러낸 작품이라는 평가를 받고 있다. 신
　　　　위가 쓴 煎茶三昧도 전해진다.

2   意恂, 『東茶頌』(韓國佛敎全書 10, p.874中), "隋文帝微時 夢神易其腦骨 自爾而病
　　　　忽遇一僧云 山中茗草可治 帝服之可治 於時 天下始知飮茶".

3   中華茶人聯誼會 共著, 『中國茶葉五千年』(人民出版社, 2001), p.19, "開元中 泰山靈
　　　　庵寺有降魔師 大興禪敎 學禪于不寐 又不夕食 皆許飮茶 于是茶飮在北方 隨禪敎也 遞
　　　　速發展起來".

4   금화산 유면, 『叢林校正淸規總要』(卍續藏經, 卷112).

5   일연, 『三國遺事』「記異」, "僧曰… 僧每重三重九之日 烹茶饗南山三花嶺, 彌勒世尊,
　　　　今玆旣獻而還矣'".

6   이능화, 『朝鮮佛敎通史』(보련각, 1972), "김해의 백월산에 죽로차가 있다. 세상에
　　　　서 전하기로 수로왕비 허씨가 인도에서 가져온 차라고 한다."

7   意恂, 「附原韻」, 『草衣詩稿』(韓國佛敎全書 10, p.860上), "不憂熱煞憂渴煞 急向風
　　　　爐淪茶芽".

8   意恂, 「奉和山泉道人謝茶」, 『草衣詩稿』(韓國佛敎全書 10, p.860上), "古來聖賢俱愛
　　　　茶 茶如君子性無邪 人間草茶差嘗盡 遠入雪嶺採露芽 法製從他受題品 玉壜盛裏十樣
　　　　錦".

9   意恂, 『東茶頌』(韓國佛敎全書 10, p.873下), "天仙人鬼俱愛重 知爾爲物誠奇絶".

10   意恂, 위의 책, p.875下, "采盡其妙 造盡其正 水得其眞 泡得其中 體與神相和 健與靈
　　　　相倂".

11   寶鼎,「東茶頌」,『栢悅錄』(韓國佛敎全書 12, p.518中),"評曰 … 茶道盡".

12   意恂,「奉和山泉道人謝茶」,『草衣詩稿』(韓國佛敎全書 10, p.860中),"深汲輕軟一試來 眞精適和體神開 塵穢除盡精氣入 大道得成何遠哉 持歸靈山獻諸佛 煎點更細考梵律 閼伽眞體窮妙源 妙源無着波羅蜜".

13   意恂, 위의 책, "梵語閼伽華言茶".

14   意恂,『東茶頌』(韓國佛敎全書 10, p.876上),"品泉云 茶者水之神 水字茶之體 非眞水莫顯其神 非眞茶莫窺其體"

15   意恂,『東茶頌』(韓國佛敎全書 10, p.876上),"中有玄微妙難顯 眞精莫敎體神分"

16   意恂,『東茶頌』(韓國佛敎全書 10, p.875上),"體神雖全 猶恐中正 中正不過 健靈相倂"

17   寶鼎,『東茶頌』(『栢悅錄』韓國佛敎全書 12, p.518中),"盖罐熱則茶神不健 壺淸則水性靈"

18   意恂,「答李兵使」,『草衣全集』(龍雲 編, 아세아문화사, 1985), p.320,"佛法在世間 覺 離世間覺離世".

19   意恂,『禪門拈頌選要疏』,『草衣禪師全集』(龍雲 編, 아세아문화사, 1985), p.341, "六祖云 內觀自心不動名爲禪".

20   意恂,「山泉道人附原韻」,『草衣詩稿』(韓國佛敎全書 10, p.860中),"老僧選茶如選佛 一槍一旗嚴持律 尤工炒焙得圓通 從香味入波羅蜜".

21   意恂,『茶神傳』(韓國佛敎全書 10, p.872下),"非眞水莫顯其神 非精茶莫窺其體".

22   元曉,『大乘起信論別記』本(韓國佛敎全書 1, p.678中),"今大乘中 一切諸法皆無別 體 唯用一心爲其自體".

23   意恂,「奉和山泉道人謝茶」,『草衣詩稿』下(韓國佛敎全書 10, p.860中),"深汲輕軟 一試來 眞精適和體神開 塵穢除盡精氣入 大道得成何遠哉".

24   意恂,『東茶頌』(韓國佛敎全書 10, p.876中),"明月爲燭兼爲友 白雲鋪席因作屛 竹籟 松濤俱蕭凉 淸寒瑩骨心肝惺 唯許白雲明月爲二客 道人座上此爲勝".

25   초의는『다신전』「음다」편에서 혼자 마시는 것을 神이라 하고 두 사람과 마시는 것을 勝이라 하고 서너 사람이 마시는 것을 趣라 하고 다섯이나 여섯이 마시는 것을 泛이라 하고 칠팔 인이 마시는 것을 施라 하였다. 여기서 초의가 말한 勝의 경지는 흰 구름과 밝은 달만 두 객으로 청한 것이니 이는 자연과 합일되어 홀로 차를 마시는 神의 경지를 말한다.

26 2006년 12월 27일~2007년 2월 25일에 예술의 전당 서예박물관의 특별전인 〈秋史文字般若〉에 출품된 작품 중 金正喜의 친필본 煎茶三昧가 있다. 이로 인해 당시 차와 선의 관련성을 드러낸 언구는 茶禪一味로 언급된 것이 아니라 煎茶三昧나 茶禪, 茗禪, 茶三昧, 茶三昧手 등으로 표현되었다는 것을 알 수 있다.

27 국립광주박물관 편저, 『남종화의 거장 소치 허련 200년』(국립광주박물관, 2008), pp.80~81.

28 정민, 「金正喜와 다선 尙熏」, 『차의 세계』 9월호(차의 세계, 2009), p.64, "茶禪字再寄時".

29 意恂, 『東茶頌』(韓國佛教全書 10, p.876上), "泉品云 茶者水之神 水者茶之體 非眞水莫顯其神 非眞茶莫窺其體".

30 意恂, 위의 책, "投茶葉多寡宜酌不可過中失正".

31 意恂, 위의 책, "茶重則味苦香沈 水勝則味寡色淸 兩壺後 又冷水蕩滌 使壺凉潔 否則減茶香 蓋罐熱則茶神不健 壺淸則水性當靈 稍候茶水沖和然後 布釃飮 釃不宜早 早則茶神不發 飮不宜遲 遲則妙馥先消".

32 意恂, 위의 책, "道人曉出南屛山 來試點茶三昧手".

33 意恂, 위의 책, "恰盡瀼瀼淸夜露 三昧手中上奇芬".

Ⅶ. 초의선사의 다도 계승

초의의 다도는 법제자(法弟子)와 은제자(恩弟子) 및 대승계를 받았던 제자로 이어졌다. 그의 법제자로는 서암(恕庵, 1811~1876), 월여(月如, 1824~1894)가 있고, 수은(受恩) 제자로는 내일(乃一)이 있다. 이 외에도 상훈(尙薰, ?~?), 자흔(自欣, 1804~1875), 보제(普濟, 1828~1875), 일암(日菴, ?~?), 무위(無爲, 1816~1886), 범해(梵海, 1820~1896) 등을 대승계 제자로 분류할 수 있다. 또한 초의 법제자인 서암의 제자로는 쌍수(雙修)와 상운(祥雲, 1827~1907)이 있고, 월여(月如)의 제자는 야은(冶隱, ?~?)이 있어 초의의 다도가 손제자까지 이어진다.

초의의 제자들은 대부분 차를 만드는 일에 익숙했던 것으로 추정되지만, 특히 차를 잘 만들었던 제자는 상훈과 자흔이다. 금명(錦溟, 1861~1930)은 「견향선사찬(見香禪師贊)」에서 "구주의 영험한 싹, 우담에서 빛났고 (차) 향기는 초의에게 받아 아름다운 못에 잔물결 일게 하네"¹라고 하여 상훈이 초의차를 이었다고 하였다.

초의가 대둔사에서 사용했던 다법과 다구를 살필 수 있는 자료를 남긴 범해 또한 상훈이나 자흔과 함께 초의의 선다를 계승했던 다승(茶僧)이다. 범해는 여러 편의 다시를 짓기도 하였는데, 특히 「초의차」는 초의의 제다법을 구명할 수 있는 중요한 자료이다. 또한 「다가(茶歌)」는 범해가 교유하며 차를 즐겼던 대둔사 승려들의 특징, 품성 등을 읊은 시이다. 그러나 범해 역시 조선 후기에서 근현대로 이어지는 시대의 흐름 속에서 초의가 실현한 차 문화 중흥을 이어 발전시키지는 못했다는 한계를 드러냈다. 이는 그의 차에 대한 이해 심도가 부족해서가 아니라 근현대로 이어지는 혼란기에 차를 애호하고 후원할 기층 세력을 확보하지 못했기 때문이다. 이런 시대 흐름 속에서도 초의 다법은 그 원형을 보존하여 그의 제자 금명과 응송(應松, 1893~1990)에게 이어져, 선다(禪茶)의 핵심이 간단(間斷)없이 이어질 수 있었다는 점에서 역사적 의미를 지닌다.

| 초의의 다도법계(茶道法系) |

부용(芙蓉) → 청허(清虛, 1520~1604) → 편양(鞭羊, 1581~1644) → 풍담(楓潭, 1592~1665) → 월담(月潭, 1632~1704) → 환성(喚醒, 1664~1729) → 호암(虎岩, 1687~1748) → 연담(蓮潭, 1720~1799) → 백련(白蓮, 1737~1807) → 완호(玩虎, 1758~1826) → 초의(草衣, 1786~1866)

| 초의의 다도제자(茶道弟子) |

▶ 서암(恕庵) → 쌍수(雙修)·상운(祥雲)
▶ 월여(月如) → 야은(冶隱)
▶ 상훈(尙薰)
▶ 자흔(自欣)
▶ 일암(日菴)
▶ 범해(梵海) ┬ 원응(圓應, 1856~1927) → 응송(應松) → 박동춘
         └ 금명(錦溟)

---

1. 범해의 초의 다도 계승

　범해는 초의 다도를 이은 인물로, 초의가 완성한 초의차의 이론에
관심을 가졌다. 법명은 각안(覺岸)이요, 자는 환여(幻如) 혹은 청해인(淸
海人)이다. 범해는 그의 호(號)이자 실명(室名)이기도 하다.[2] 그는 최치원
의 후예인 최수강(崔壽崗)의 6대손이다. 아버지는 최철(崔徹), 어머니는
성산 배씨다. 가경(嘉慶) 25(1820)년 6월 15일 완도에서 태어나 광서(光
緖) 12(1896)년 12월 26일에 열반하였다.

　14세에 대둔사 한산전에서 출가하여 16세에 호의(縞衣)를 은사로
모셨고 문암(文菴, ?~1862), 운거(雲居), 응화(應化) 등에게 나아가 참학했
다. 범해의 설계사(說戒師)는 하의(荷衣, 1779~1852), 수계사(受戒師)는 묵
화(黙和), 증계사(證戒師)는 화담(華潭, 1776~1849)이다. 또한 범해는 초의
에게 비구계와 보살계를 받았고, 당시 전법사(傳法師)는 호의이다.[3]

　범해는 역사 인식에도 관심을 가졌다. 그가 불교계의 역대 조사
들과 근대의 강백이나 선백들의 전기를 조사, 수집하여 1894년에
탈고한 『동사열전(東師列傳)』은 범해가 17~18세기 불교계의 역사 인
식에 영향을 받았다[4]는 것을 확인할 수 있는 중요한 문헌이다. 이와

더불어 그가 저술한 『통감사기(通鑑私記)』에도 자신의 역사적 관점을 드러내었다. 범해는 승려이면서도 유가의 사상에 조예가 깊었다. 선비인 이병원(李炳元)에게 수학하였고, 이 인연으로 유가서의 사기(私記)를 남길 수 있었다. 더구나 범해는 제의(祭儀)에도 밝았는데, 종교 의식에 밝은 태호(太湖, ?~1862)와 자행(慈行, 1781~1862)에게 제의를 배웠다고 한다.

범해는 24세 되던 해에 여러 곳을 찾아다니며 시를 지었다. 신라 일곱 왕자가 선도를 수련했던 지리산 칠불암과 최치원이 지은 진감국사비와 육조탑을 두루 친견하고, 화개동을 경유하여 진양의 촉석루에 올라 김천일 장군, 황진 목사, 최 병사를 조문하기도 하였다. 충절 높은 기생인 논개의 혼을 기렸고, 김해 가락국의 김수로왕릉을 찾아 시 2편을 짓기도 하였다. 다시 금정산 범어사에 가서 금파의 영각에 참배한 후 동래의 온천을 찾기도 했다. 통도사 사리탑을 참배한 후, 자장굴의 금와(金蛙)에 대한 「금와기(金蛙記)」를 등초하여 제명을 지었다. 이때가 자신의 생일인 6월 15일이었다는 점을 기연으로 여겼다고 한다. 양산 읍에서는 곽란(霍亂)을 만나 사흘 동안 어려움을 겪기도 하였지만, 김 정희가 유배 생활을 했던 제주 대정리를 답사하는 등 역사 현장을 두루 참배한 것은 그의 역사적 관심사를 드러낸 것이다.

초의의 다도를 계승하고 여러 편의 다시를 남긴 범해는 다승으로서의 면모도 두드러졌다. 그가 차에 관심이 컸던 것은 당시 차 문화가 부흥될 시기였다는 시대적 흐름과, 스승인 삼의(三衣: 荷衣, 縞衣, 草衣)가 모두 차에 밝았던 것도 영향을 미쳤다고 생각한다. 그리고 범해는 대은

(大隱) - 금담(金潭) - 초의(草衣)로 이어진 서상수계(瑞祥受戒)의 율맥을 이
어받은 수행자이고, 대둔사의 5대강사(五大講師)로 칭송되었으며, 8고
좌(八高座) 중 한 사람이었다.[5]

범해의 제자로는 원응(圓應), 취운(翠雲), 금명(錦溟) 외에 율암과 묘언
등이 있다. 그의 생애는 『동사열전(東師列傳)』 「자서전(自序傳)」[6]과 『범해
선사문집(梵海禪師文集)』을 통해 확인할 수 있다. 이 외에도 초의의 문집
과 금명의 문집 및 율암이 쓴 「범해선사행장(梵海禪師行狀)」 등에서 살펴
볼 수 있다.

범해는 『동사열전(東師列傳)』, 『통감사기(通鑑私記)』, 『사산비명주(四山
碑銘註)』, 『경훈기(警訓記)』, 『유교경기(遺教經記)』, 『사십이장경기(四十二章
經記)』, 『사략기(史略記)』, 『박의기(博議記)』, 『진보기(眞寶記)』, 『동시만선(東
詩漫選)』, 『범해선사유고(梵海禪師遺稿)』 등을 저술하였고, 그가 쓴 초고본
원고도 남아 있다. 이 외에도 금명이 쓴 『저역총보(著譯叢譜)』[7]에 『증정
록교(證正錄校)』, 『가고내전(家稿內傳)』, 『제서명수(諸書名數)』 등 범해의 저
술이 추가로 확인되었다.

1) 범해의 다도 체계

범해는 초의차의 이론을 체계화하는 한편 초의 다도를 계승하고 차
를 즐겼던 다승이다. 그가 설사병에 걸려 사경을 헤맬 때 차로 병을 치
료했던 경험이나, 수행 중 차를 마신 후 일어나는 심신의 변화를 서술

한 「다약설(茶藥說)」은 자신이 직접 경험한 차의 이로움을 자세히 서술한 글이다. 「다약설」에는 당시 대둔사의 승려 중 일부가 차를 즐긴 정황을 밝혔지만, 풍족하게 차를 보관하지 못했던 사실도 확인된다. 당시 사원은 미약한 경제력으로 인해 풍부하게 차를 만들어 즐길 수 없었던 현실 혹은 차가 귀했음을 드러낸 자료이다.

그가 지은 「초의차」는 '채다 – 덖음 – 유념 – 건조 및 포장'으로 이어지는 초의차의 제다법 및 장다법을 밝혀놓았으므로, 초의차의 제다 공정과 차 보관법을 연구하는 데 반드시 참고해야 하는 자료이다. 범해가 초의의 곁에서 초의차의 제다 과정을 상세히 본 인물이라는 점에서 그의 기록은 명확한 근거를 확보하였기 때문이다. 아울러 그의 「다가」는 차를 즐겼던 대둔사 승려들의 특징과 기호를 밝혔을 뿐만 아니라 차산지 별로 차의 특징을 서술했다. 이뿐 아니라 범해는 당시 사용했던 다구에 뜻을 새긴 「다구명(茶具銘)」을 지었는데, 이 글에 언급된 다구를 통해 그 시절 대둔사 승려들이 사용한 다구의 종류와 규모를 파악할 수 있다.

범해는 차를 즐기고 초의차의 제다와 탕법의 원형을 계승한 다승이자 수행자였다. 하지만 초의가 이룩한 차 문화의 중흥을 후대에까지 이어갈 여력이 부족하여 차 문화의 획기적 도약을 이끌지는 못했다. 그가 가진 차 이론의 토대가 미흡해서가 아니라, 더 이상 음다층을 확대할 수 없었던 당시의 시대 흐름을 극복하지 못했기 때문이다.

2) 범해의 「초의차」

제다란 차를 만드는 공정 및 보관법을 아우르는 말이다. 불이나 증기로, 찻잎을 익혀 차의 독성을 중화하여 향과 맛, 기운을 증진시키고 차의 이로움을 극대화하는 과정으로, 시대마다 좋은 차를 만들기 위한 이론과 경험 등이 축적된 것이라 하겠다. 그러므로 제다 방법의 변화는 차의 원리를 더욱 치밀하게 연구하는 과정에서 나온 결과물로써, 시대에 따라 나라마다 다른 수요층의 인식과 취향을 고려한 합리적인 제다 공정의 노하우에 대한 담론을 반영하였다고 판단된다.

중국의 제다 방법은 한국의 제다법에 영향을 미쳤고, 이를 토대로 제다의 한국화를 완성하였다. 그러므로 중국의 제다 변천을 살펴보는 것은 한국의 제다를 이해하는 데 필요한 과정이다. 고대 중국에서 차를 약용과 음식으로 활용한 시기인 제다의 맹아기에는 이렇다 할 제다법이 등장하지 않는다. 다만 쓴맛을 부드럽게 하려는 의도에서 차에 생강, 귤, 파, 쌀죽을 첨가하여 차를 마셨으니 순수한 차만을 가공한 차는 아닌 셈이다.

중국에서 제다법의 규모를 갖춘 시기는 8세기로, 육우에 의해 기본적인 제다법이 형성되었다. 육우가 병차(덩이차)를 만든 제다의 원리는 송대에 단차를 만든 토대가 되었으며, 찻잎의 고를 짜내는 연고차, 즉 백차[白茶, 하얀 거품이 나는 가루차]의 제다법도 육우의 제다법을 기초로 하여 채다의 시점과 제다 공정이 점차 정미해진 제다법으로 발전한 것이다.

우리나라에 차가 유입된 것은 6세기 말~7세기 무렵이다. 당시 도당 구법승은 중국에서 만든 덩이차와 다구를 가져왔다. 이미 선덕여왕 때부터 차가 있었다는 기록도 있지만, 음다가 성행한 것은 9세기경 차씨를 들여올 무렵이다. 당시 대렴이 차씨를 들여온 것은 신라에 차 수요가 형성되었고 이를 충당하기 위한 자급자족이 필요해졌기 때문이라 생각한다. 고려가 건국된 후 10세기 말에 이르러 고려에서는 고려색을 띤 차가 생산되어 풍요로운 차 문화를 이룩했다. 그러나 조선의 건국 이후 쇠퇴해진 차 문화로 인해 이렇다할 제다법으로 발전하지는 못한 채 퇴락하다가, 조선 후기 초의가 사원차의 제다법을 다시 완성했다.

가장 화려한 차 문화를 구가하던 고려 시대는 초기에는 단차[團茶]나 연고차[研膏茶]를 만들었고, 고려 중기인 11세기엔 잎차를 만들기도 했다. 지속적으로 차 문화가 쇠퇴해가던 조선 시대에는 고려 시대의 단차 제다법이 민간에서 약용으로 쓰일 뿐이어서, 제다의 형태만 유지된 채 좋은 차를 만들 수 있는 제다법으로 발전되지 못했다. 조선 후기에 와서야 차를 이해했던 경화사족들과 아암, 초의 및 그의 제자들에 의해 제다의 전통이 살아날 수 있었다. 이는 아암의 영향이 컸으며, 다른 한편으론 초의가 차의 이론과 제다에 대한 연구를 통해 초의차라는 우수한 차를 만들 수 있는 제다법을 완성한 것에서도 차 문화 부흥의 동력을 찾을 수 있다. 그렇지만 당시 사원의 경제력으로는 다량의 좋은 차를 많이 만들 수 없었다. 초의 이후 범해 당시까지도 어린 찻잎으로는 잎차를, 늦게 딴 찻잎으로는 덩이차를 만들었다.

조선 후기에 차 잎의 크기에 따라 다르게 제다한 차의 종류가 무엇인지를 살펴볼 수 있는 자료로는 정약용의 「다신계절목(茶信契節目)」이 있다. 「다신계절목」은 정약용이 다신계(茶信契)를 맺고 조항을 나열한 문서이다. 이 자료에 따르면, 1818년경 강진에서는 어린 찻잎으로는 잎차를 만들고 늦게 딴 찻잎으로 덩이차를 만들었던 사실을 확인할 수 있다.[8] 그런데 범해의 「초의차」는 일반적으로 앞에서 언급한 내용이 알려졌지만, 그의 「범해시초(梵海詩草)」 권1에 수록된 「초의차」의 종구는 "한 잔의 차, 본래의 참 향기 감도네(一椀本眞回)"[9]라 하여 앞서 "찻잔에 가득히 향이 뜨는구려(一椀滿香回)"라고 한 것과는 자구의 출래가 달라졌음이 드러난다. 결국 「범해시초」 권1의 종구는 "찻잔엔 본래의 참 향기 감도네(一椀本眞回)"였지만, 후일 수정되어 『범해선사시집(梵海禪師文集)』에는 "찻잔에 가득히 향이 뜨는구려(一椀滿香回)"라고 한 것이다.

초의 제다법은 초의가 편찬한 『다신전』과 그가 저술한 『동다송』을 통해 규모를 살펴볼 수 있다. 또한 범해의 「초의차」에 초의 제다법이 구체적으로 서술되어 있어, 조선 후기 대둔사를 중심으로 한 사원차의 제다법과 장다법을 밝힐 수 있게 되었다. 범해가 「초의차」를 지은 것은 1878년(무인)이다. 초의가 열반한 지 12여 년이 지난 후이지만 초의의 제자인 범해는 스승이 차를 만들 때 곁에서 참여했던 인물로 추정되므로, 초의차의 제다 과정 및 핵심 원리를 이해한 당사자로서 「초의차」를 저술했다고 생각한다. 따라서 범해는 초의차의 공정 과정을 가장 잘 파악할 위치에 있었던 인물이라는 점에서 그의 시는 신뢰성이 보장된 자료라 하겠다. 그는 「초의차」를 이렇게 읊었다.

맑은 첫 곡우에

아직 피지 않은 황아 잎을,

깨끗한 솥에 정성을 다해 덖어

밀실에서 말렸네.

잣나무 그릇 모나거나 둥글게 단단히 묶어

대나무 껍질로 잘 포장하네.

단단히 간수하여 밖에 기운을 막으니

찻잔에 가득히 향이 뜨는구려.[10]

위 시에서 "맑은 첫 곡우에"라고 한 것은 채다 시기와 날씨를 언급한 것이다. 그런데 초의가 『동다송』에서 "곡우 전후는 너무 이르고 입하 후에 채다하는 것이 좋다"라고 한 채다 시기와는 차이가 있다. 하지만 범해의 말이 초의와 다른 견해를 보였다고 하기보다는, 곡우나 황아(黃芽)는 가장 좋은 채다 시점에 딴 찻잎이라는 의미의 상징적인 표현으로 여겨진다.

범해가 「초의차」에서 서술한 초의차의 제다법을 살펴보면, '채다 → 초벌덖음 → 유념 → 재건 → 온돌에서 숙성'하는 공정을 거친다는 것을 알 수 있다. 초의 제다법의 특징 중 하나는 차를 완성한 후 뜨거운 온돌방에서 하룻밤을 재운다는 것이다. 이러한 초의 제다법의 특징은 근대까지도 그의 제자들에게 이어져 대둔사의 다풍으로 정착되었을 것이라 여겨지는데, 이는 대흥사(대둔사) 다풍을 이은 응송 박영희의 제다법에서도 온돌방에 하룻밤을 재우는 공정 과정을 거치기 때문이다.

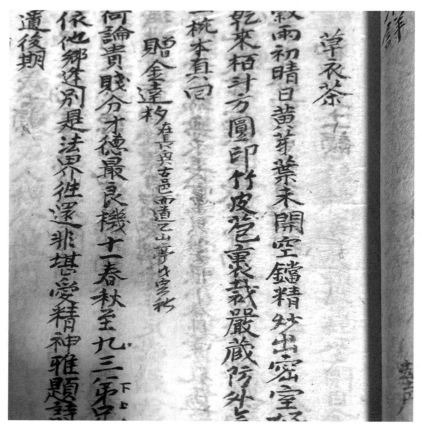

범해『범해시초』권1「초의차」(박동춘 소장).

따라서 응송의 제다 공정은 초의차 제다 공정에서 연원한 것으로 그 과정을 살펴보면, 채다 – 초벌 덖음 – 유념 – 건조 – 온돌방에서 숙성하는 공정을 거친다. 범해의 「초의차」에서는 채다 – 덖음 – 밀실에서 말리는 공정을 소개한 것으로, 이는 초의나 응송의 제다 공정이 같다는 것을 의미한다.

314

초의 제다법의 공정과 함께, 「초의차」에는 초의가 차를 보관하는 방법도 드러나 있다. 초의는 측백나무로 만든 둥글거나 모난 통 안에 말린 죽순의 껍질을 넣어 보관했다. 그늘에 말린 죽순껍질은 방습 효과가 뛰어난 소재로, 당시 중국이나 한국에서 범용적으로 활용했던 포장재이다. 차 보관의 중요한 핵심은 습기와 바람·잡냄새를 차단하여 차의 변질을 막는 것으로, 이는 차의 진수, 즉 감윤(甘潤)한 맛과 청향을 오래 보존하는데 목적이 있다.

3) 범해의 「다약설」

범해는 1852년(임자) 가을 대둔사 남암에서 수행하던 중 이질에 걸려 거의 달포 이상 사경을 헤맸다. 사형인 무위(無爲)[11]의 권유로 차를 달여 마신 범해는 자신의 몸이 회복되어 가는 과정을 「다약설(茶藥說)」에 상세히 기록하였다.

> (나는) 임자(1852)년 가을 남암에 있었다. 이질에 걸려 온몸이 늘어져서 끼니때가 지난 것도 느끼지 못한 지가 벌써 열흘을 넘기고 달포가 지났으니 나는 이제 죽게 되는구나 하고 생각했다. 하루는 함께 입실했던 무위 형이 어버이를 모시다가 왔으며, 함께 참선했던 부인(富仁) 아우도 스승을 모시다가 왔다. 머리를 들어 보니 좌우에 형과 아우가 마치 삼태성처럼 자리하고 있어서 나는

이제 반드시 살 수 있겠구나 하고 생각했다. 잠시 후 무위 형이 말하기를 "내가 차를 가지고 어머니의 병을 낫게 하였다. 위급하니 급히 차를 달여 쓰자"고 하자 아우 부인이 말하기를 "내가 차를 보관한 것은 갑자기 필요할 때에 쓰려 한 것이니 차를 쓰는 것이 무슨 어려움이 있겠는가"라고 하였다. 그가 말한 대로 차를 달여서 마셨다.[12]

범해가 이질에 걸린 시점은 1852년 6월경이라 추정된다. 왜냐하면 위 인용문에서 그가 병이 난 것은 열흘이 지나 달포라 하였고, 병이 나은 후 어머니의 기제사를 다녀온 것이 7월 26일이라 하였다. 1852년 6월 11일에 하의가 입적했다는 사실과 관련지어 생각해 보면, 범해가 이질에 걸린 건 6월 즈음이라 짐작된다. 범해의 발병 소식을 들은 무위가 부모를 모시다가 달려왔고, 부인(富仁)[13] 또한 스승을 모시다가 달려왔다고 하였다. 무위는 병으로 고생하던 어머니를 차로 치료했던 경험이 있다고 하면서 범해에게 차를 다려 마시기를 권했다. 부인은 자신이 보관하던 차를 내주었다. 이런 정황은 범해와 부인, 무위의 굳건한 의리의 정을 엿볼 수 있다.

범해는 차를 즐겼던 승려인데도 자신이 마실 차를 보관하지 못했다. 그가 병이 난 6월은 차를 만든 지 겨우 두어 달밖에 안 된 시점[14]인데도 차를 보관하지 못했다는 점이 주목된다. 이는 사중의 승려들이 충분히 마실 차를 생산하지 못했던 당시 대둔사의 열악한 경제 상황을 알려주는 일화이다. 이 무렵 대둔사에는 아암과 초의의 영향으로 차를 즐기는 승려들이 많았지만 차를 충분히 즐길 수 있는 환경은 아니었다. 이처럼 차는 귀한 물품[15]이었던 것이다.

대둔사에서는 보사(補寺)제도인 사찰계(寺利契)가 성립되어[16] 신앙적인 면[17]이나 경제적인 문제를 해결하였다. 사찰의 주 수입원은 탁발과 기도, 시주가 일반적이어서 기복에 의지하는 경향이 컸다. 이런 상황이므로 대둔사에서는 차를 충분히 만들어 승려의 수요에 대응하지는 못했던 것이다.

차는 원래 병을 치료하는 약으로 활용하였다. 신농씨[18]가 독초에 중독되었을 때 독을 중화한 것이 차였다. 차를 치료약으로 이용한 사례는 『동다송』에 수 문제 고사(故事)[19]를 인용한 바가 있고, 학질에 걸린 김명희(金命喜)가 차를 구했던 사실에서도 드러난다.[20] 따라서 범해의 「다약설」은 이질이나 학질을 치료하는 약재로 차가 쓰였던 정황을 확인하게 된다.

한편 범해는 병이 난 후 차를 마시고서 점차 회복되는 과정을 다음과 같이 밝혔다.

첫 모금을 마시자 뱃속이 조금 편안해지고,
두 번째 모금을 마시니 정신이 또렷해졌으며
서너 모금을 마시고나니 온몸에서 땀이 흐르며
맑은 바람이 뼈에서 일어나는 듯하였다.
상쾌하여 마치 처음부터 병이 없었던 것 같아졌다.[21]

차를 마신 후 나타난 자신의 심신 변화는 차가 몸과 마음에 미친 변화의 흐름을 밝힌 것이다. 사람에게 차가 이로운 첫째 가치는 병마를 몰아내 몸을 가볍게 하는데, 이는 오랜 세월 차를 즐기게 된 이유이다. 한편 범해가 병이 났을 때 무위가 보관했던 차를 끓여 마신 후 자신의 병을 낫게 한 형제의 정을 형제애와 효로 비견하여 이렇게 노래했다.

> 아! 차는 땅에 있고 사람은 하늘에 매였으니
> 하늘과 땅이 감응한 것이로다.
> 약은 형에게 있고 병은 동생에게 있으니
> 형제가 감응한 것인가.
> 무슨 신묘한 효험이 이와 같단 말인가.
> 차로 어머니를 살리고 차로 동생을 살렸는가.
> 효제(孝悌)의 도가 지극하구나. 안타깝구나.
> 병이 심하지 않았다면 어찌 반드시 죽겠구나 하고 알았을 것이며
> 정이 두텁지 않았다면 어찌 살 수 있겠구나 하고 알았겠는가.
> 평소의 정분이 어떤지를 알 만하다.[22]

범해는 차로 병을 치료하는 과정에서 드러난 형제의 우의와 효가 인간애의 극치라 여겼다. 그리고 사람에게 유익한 차는 물질이지만, 이를 통해 진정한 형제애를 발휘할 수 있고 사람을 구제할 수 있다고 생각하였다. 그러니 차의 공덕을 모르면 사람을 살릴 수 없다는 것이다. 그가 차의 공덕을 효제(孝悌)로 비견한 것은 차를 통해 인간의 효와

우애를 실현할 수 있다는 것으로, 이를 통해 보살도를 실현할 수 있었던 것이다. 그러므로 범해는 차의 효능을 알리겠다는 생각을 하게 되었다고 한다.

4) 범해의 「다구명」

범해의 「다구명(茶具銘)」은 조선 후기 대둔사 승려들이 사용했던 다구의 형태를 확인할 수 있는 문헌이다. 다구를 통해 근대 대둔사의 탕법과 제다법까지 살필 수 있는 중요한 자료로서 의미가 있다. 이 밖에도 조선 후기 다구의 유형을 살펴볼 수 있는 자료는 박영보의 「남다병서」와 허련이 그린 「청완도(淸玩圖)」,[23] 「기명도(器皿圖)」,[24] 「완당난화도(阮堂蘭話圖)」[25] 등이 있다.

박영보의 「남다병서」에는 녹구(綠甌)와 화자(花瓷)[26]를 언급하였고, 허련의 「완당난화도」에는 김정희가 청에서 수입된 채색 다기를 사용하였음이 확인된다. 박영보가 말한 녹구는 청자 잔일 것으로 추정되며, 화자는 채색된 홍유 잔이나 청화 잔이 아닌가 생각한다. 다구는 제다의 변천에 따라 재질과 형태가 변화되는 경향을 띠므로, 제다법의 변화에 따라 탕법이 변하는 것처럼 다구 또한 형태에 변화가 생기게 된 것이다.

육우가 제다법을 개량하기 이전인 6~7세기는 차에 생강, 귤피, 파, 대추, 수유, 박하를 혼합하여 끓여 마시던 시대였다. 이보다 앞선 3세기 초~6세기 말 위진 남북조 시대의 차는 쌀이나 한약재를 넣어 끓인 일종의 차죽이었다. 이 시기는 차가 음식과 약용으로 혼재되어 다구의 형태도 죽을 담는 그릇처럼 얕고 밑이 넓은 모양이었다. 이어 7세기 초에 해당하는 당(唐) 초기만 하여도 차는 아직 음약(飮藥)의 수준을 벗어나지 못했고, 중당 이후가 되어서야 육우에 의해 획기적인 제다법과 탕법이 연구되어 순수한 차만을 음용하게 된다.

8세기 육우가 제다법을 획기적으로 개량한 이후에도 단차류가 발전된 송대의 황실용에서는 용뇌 같은 한약재를 차에 혼합하여 차를 만들어 차의 기세를 강화하는 제다법이 병행된다. 그런데 당대에는 병차를 구워 가루로 만든 다음, 뜨거운 물에 가루차를 넣어 포말이 일어난 말발(沫渤)을 떠서 마시는 탕법이 주류였는데, 이를 자다법(煮茶法)이라 하였다. 육우의 『다경』에는 당시에 사용했던 다구를 이렇게 언급하였다.

> 월주요에서 나는 것을 최상으로 친다. 구연부가 말리지 않고 굽다리는 둥글고 얕으며 반승 이하가 담긴다. 월주에서 나는 잔과 악주에서 나는 잔은 모두 푸르다. 푸르면 차색이 좋아져 담홍색이 된다. 그 밖에 형주에서 나는 잔은 흰색이라서 차색이 붉으며 수주에서 나는 잔은 황색이라서 차색이 자줏빛이고 홍주에서 나는 잔은 갈색이라서 차색이 검다. 모두 찻잔으로 쓰기에 좋지 않다.[27]

육우는 월주요에서 생산된 청자 찻잔이 푸른빛을 띠고 있어서 차색이 담홍색으로 드러나기 때문에 가장 이상적인 찻잔으로 평가하였다. 당대(唐代)의 차는 대부분 병차로 만들어 차를 불에 구워 가루를 낸 후 가루차를 마셨기 때문에 차색이 붉은빛을 띤다. 그리고 형주의 붉은 잔이나 홍주의 다갈색 잔에서는 차가 붉고 검은빛을 띠기 때문에 선호하지 않았다는 것을 분명하게 밝혔다.

반면에 송대(宋代)에 흑유 다구가 유행한 것은 송(宋) 휘종(徽宗)이 백차를 선호했기 때문이었다. 격불(擊拂)한 차의 흰 거품을 감상하기 위해서는 차의 흰색에 대비되는 흑색의 다구가 적격이었다. 백설 혹은 흰구름 같은 거품이라고 묘사되는 다화(茶花)가 검은 잔에 담긴 모습은 차의 미학적 극치미를 드러낸 것이라 할 수 있다. 이처럼 송대에는 아름다운 차의 기품을 드러낼 수 있는 다구를 사용해 차 문화는 예술로 승화되었고, 이로써 완상의 극치미를 완성할 수 있게 되었다. 송 휘종 연간에 극품의 백차가 생산되어 유행을 선도했고, 휘종의 예술적 취향이 차를 예술로 승화시켜 차 문화를 새롭게 격상시키는 결과를 가져온 것이다.

12세기 송 휘종의 차에 대한 열정과 탐미는 차뿐 아니라 다구의 발달에 큰 영향을 미치며 가장 융성한 차 문화를 구가하였고, 이러한 송의 음다법에 영향을 받은 고려에서도 연고백차[硏膏白茶]가 유행되었다. 서긍(徐兢, 1101~1153)이 쓴 『선화봉사고려도경(宣和奉使高麗圖經)』에 의하면, 12세기 경 고려인들은 주로 비색소구와 금화오잔(金花烏盞)을 즐겨 사용하였다.[28] 비색소구는 청자 잔을 말하고, 금화오잔은 송대에 유행했던 흑유 잔이나 토호 찻잔이라 생각한다. 고려에서 이런 형태의 다구가 사용되었다는 것은 바로 제다법이 발달해 송과 비견할 수 있는 명차를 생산할 수 있었고, 왕실 귀족과 수행승, 관료 문인으로 구성된 음다층의 심미안에 자극을 받아 극품의 청자다구를 출현시킨 저력이 있었기 때문이다.

조선 전기에도 고려의 유습을 답습한 음다풍이 이어져 다구도 청자 찻잔을 썼을 것이라 여겨진다. 그러나 19세기 말 범해의 「다구명」에서 그가 실제 사용했던 다구는 옹기류였다. 이는 "와관은 오른편에 놓고, 왼편에는 자완(瓷盌)을 놓았다"[29]라고 한 사실에서 확인된다. 와관(瓦罐)은 일종의 오지 다관이다. 약을 달이는 약탕기와 비슷한 것으로 추정된다. 초의가 사용한 다관 중 이런 형태의 와관이 전해지고 있다. 도자사를 연구하는 학자들 사이에서 와관은 흑유의 일종이라고 보아야 한다는 설이 있기도 하다. 자완(瓷盌)은 일종의 백자 형태일 가능성이 높다. 그러나 자완의 형태와 크기는 밝혀지지 않았다. 「다구명」을 통해 19세기 말 대둔사의 수행승들이 옹기로 만든 잔을 사용하였다는 점에서 승가의 검소한 차 생활의 규모가 밝혀진 셈이다.

5) 「다가」와 대둔사의 다도

범해는 「다가(茶歌)」에서 차의 가치와 음다 후의 몸의 변화, 산지에 따른 차의 특징과 대둔사 다승들의 특징을 밝혔다. 이를 통해 조선 후기까지 차가 생산되었던 지역과 산지별 차의 특징, 대둔사 다승들의 음다의 형태를 살필 수 있다. 이 시에서 범해는 당시 세속의 음다 풍속이 결코 당·송과 비교하여도 조금도 뒤떨어지지 않는다[30]는 소신을 드러내었는데, 이러한 인식은 초의의 견해나 북학파 경화사족들이 보인 우리 차에 대한 인식과도 상통한다. 이는 『동사열전』의 편찬 과정에서 보인 그의 역사 인식[31]이 「다가」에도 드러난 것이라 할 수 있다.

한편으로 범해의 「다가」는 노동(盧仝, 775~835)의 시에서 영향을 받은 듯하다. 노동은 「주필사맹간의기신차(走筆謝孟諫議寄新茶)」(일명 「七碗茶歌」)에서 차를 마신 후에 나타나는 심신의 변화를 상세히 서술하였고, 이는 후일 차가 사람에게 기여하는 이로움을 서술하는데 영향을 미쳐 왔다. 당대(唐代)의 시인인 노동은 제원(濟源) 사람으로, 호는 옥천자(玉川子)이고 평생 벼슬에 나아가지 않았다. 이 시는 그의 오랜 벗인 맹간의(孟諫議)가 보내준 차에 대한 답례로 지은 것이다. 범해가 「다가」에서 "옥천(玉川: 노동의 호)의 「다가」에서 대체(大體)를 알았다"[32]라고 언급한 점이나, 노동의 「주필사맹간의기신차」의 체제를 따라 「다가」의 형식과 내용을 구성하였다는 점은 노동에게 영향을 받았음을 확인시켜 준다.

오래 앉아 책을 보니 정신이 희미하여
차 생각이 간절해져 견디기 어렵구나.
보글보글 솟는 샘물, 온화하고 달콤하여
물 길어 화로 곁에서 물 끓기를 기다리네.
일비(一沸), 이비(二沸), 삼비(三沸) 잘 끓인 물,

맑은 차향이 피어나고,

넷, 다섯, 여섯 잔[椀]에 은근히 땀이 나네.

육우(상저)의 차 도리, 이제야 깨달았고

노동(옥천)의 다가(茶歌), 대체를 알았네.[33]

　　범해는 원래 선교를 겸비한 수행자이므로 오래도록 책을 읽었기 때문에, 독서 후에는 절로 차를 마시고 싶다는 생각이 났을 것이다. "차를 마시니 땀이 난다"라고 한 것은, 피로해진 몸이 차로 인해 가볍게 풀렸음을 의미한다. 바로 차의 건(健)·영(靈)이 몸에 들어가자 몸이 가볍고 경쾌해진 경험을 드러낸 것이라 하겠다. 범해처럼 오랫동안 독서를 하거나 좌선을 하는 지식인과 수행자에게 차는 필수 물품이 되는데, 독서나 좌선 후 차를 마시면 피로해진 몸을 가볍게 하고 힘을 얻을 수 있기 때문이다.

　　이러한 음다의 공덕(功德)은 차의 원론적 가치이다. 육우의 『다경』이나 노동의 「다가」도 음다의 공능을 노래한 바가 있는데, 범해 역시 "온갖 병과 수심이 다 사라져 순리 따라 소요하니 부처님 같아라"라고 차의 공덕을 칭송하였다. 선종의 수행자들은 마음을 고요히 하여 혼란한 마음을 안정시켜주는 차의 효능을 수행에 응용하였다. 차를 통해 걸림 없는 평정을 얻어 정견(正見)의 지혜를 얻고자 하였는데, 범해의 「다가」에서 "부처님 같아라"라고 한 염원은 바라밀을 이루고자 하는 범해의 염원이라 할 수 있다. 또한 차를 통해 바라밀의 경지에 이른다는 견해는 초의에게서 영향을 받은 것이라 생각한다.

범해는 차의 이론을 두루 섭렵한 전문적인 차 이론가였다. 그가 조주선사의 '끽다거'로부터 이어온 선다(禪茶) 내력을 열거하고, "탕보(湯譜)에 따라 기록하고, 논송(論頌) 하는 동안에"라고 한 것은 초의의 차 이론이 그의 차 이론의 토대였음을 드러낸 것이다. 그러므로 초의가 정립한 대둔사의 다도가 자신에게 전해졌음을 "아, 어떻게 해서 기이하고 좋은 책이 나에게 전해졌을까"[34]라고 하였다.

그의 「다가」에는 차를 마신 후, 변화된 몸 상태를 이렇게 노래했다.

> 마음의 찌꺼기 일시에 다 사라져
> 맑고 환한 정신은 반나절이 지났는데도 또렷하여라.
> 졸음이 물러가니 눈앞이 환해지고
> 밥이 내려가니 가슴이 열리네.
> 괴로운 설사가 멈춤은 일찍이 경험했고
> 감기도 나으니 더욱 신통하여라.[35]

범해는 차를 마신 후 졸음이 물러가고 소화도 촉진되어 심신이 맑아지는 경험을 하였다. 그가 "마음의 찌꺼기가 일시에 없어져"라고 한 것은 근심이나 우울한 감정이 사라짐을 의미하고, "밥이 내려가니"라고 한 것이나 "졸음이 물러가니"라고 한 것은 차를 마시면 소화가 촉진되고 졸음이 사라지는 현상을 표현한 것이다. 더구나 그는 이질에 걸려 사경을 헤맬 때, 차를 마시고 병을 고친 경험이 있다. 실로 차의 신통함을 몸소 경험했던 수행자였다. 이런 효험은 범해뿐만 아니라 역사 이래로 차를 즐긴 이들이 경험했던 것으로, 사람들이 차를 곁에 두는 이유일 것이다.

조선 후기 대둔사에는 범해뿐 아니라 이봉(离峰, 1814~1890), 제봉(霽峰), 무위(無爲, 1816~1886), 예암(禮菴, 1834~1894), 남파(南坡, 1820~1888), 영호(靈湖, ?~1879) 등 차를 좋아했던 승려들이 있었다. 이는 아암이나 초의 같이 차에 밝은 승려가 있었기 때문이다. 범해는 당시 대둔사 승려의 음다 특징을 "차의 조화롭고 균등한 오미(五味)와 기운을 여법하게 드러낸 이는 무위였으며, 차의 보관에 탁월하였던 이는 예암이며, 차품의 호불호(好不好)를 논하지 않고 (차를) 즐긴 이는 남파였고, 차의 양을 불문한 이는 영호"[36]라 하였다. 이를 통해 대둔사에는 자신만의 독특한 차의 세계를 드러낸 승려들이 있었음을 확인할 수 있다.

대둔사는 선가의 선다 풍모를 이은 사찰이다. 이는 「다가」에서 "조주의 끽다풍은 제산(霽山)이 그 진미를 맛보았다"[37]라고 한 것에서 알 수 있다. 대둔사에는 조주의 선다(禪茶)의 풍습이 부용에게 이어졌고, 휴정에 이어 풍담, 월담, 환성, 호암, 연담, 백련과 완호를 이어 아암, 초의에게 이어졌다. 오랫동안 선다의 풍습이 이어진 대둔사에서 범해와 함께 참구했던 수행 도반들은 차를 통해 상교(相交)했음이 확인되는 대목은 이렇다.

만일암에서 공부를 마치고 달구경 하던 밤에
공양할 차 끓이는 소리 서로 이어지네.
정사언질(正笥彥銍)이 납일에 (차를) 취해 오니

성학(聖學)은 물을 길어 태련(太蓮)을 부르네.[38]

이들은 수행하며 차를 즐겼고 이를 통해 소요하고자 했다. 지음상보(知音相輔)할 때 중요한 매개물이 차였음을 밝힌 대목이다. 또 "세속을 살펴보니 차 즐기는 이 많고 차 다루는 솜씨는 당송의 성현보다 처지지 않네"[39]는 사대부들의 차에 대한 관심을 드러낸 구절로서, 당시 초의로 인한 경화사족의 차에 대한 관심을 언급한 것이다.

이와 더불어 범해는 차를 생산하는 지역을 언급하며 "보림사의 작설차는 관가로 실어 가고, 화개동의 진품은 궁궐에 바친다네. 함평 및 무안에서 나는 차는 남방의 기물이요, 강진 및 해남에서 만든 차는 한양까지 알려졌네"[40]라고 하여, 이곳에서 생산한 차의 명성이 매우 높다는 점도 기록하였다. 이어서 차 생산지와 차의 종류를 함께 언급하였다.

무등산 작설차는 부인(富仁)으로 인해 마셔 봤고,
백양사 작설도 신경(神傾)을 따라 마셨네.
불회사의 용봉단차는 고상한 교유를 넓히고
월출산에서 나는 차는 소식이 끊겨도 가볍게 여긴다네.[41]

범해는 당시 명품차가 나던 지역으로 보림사와 지리산 화개동, 함평, 무안, 강진, 해남, 광주의 무등산, 백양사, 불회사, 월출산 등을 꼽았다. 보림사에서 나는 백모차는 초의가 완호의 탑명을 부탁할 때 신위에게 보냈던 차였고, 지리산에서 만든 차는 김정희도 극찬한 바가 있다.[42] 또한 강진에서 나는 차는 정약용과 아암(兒庵), 황상(黃裳) 같은 이들에 의해 세상에 알려졌으며, 해남에서 나는 차는 초의차를 지칭하는 것으로 이미 경화사족들 사이에서 우수한 차로 회자하였다. 불회사 및 월출산은 예로부터 차의 명산지로 이름이 높았고, 함평과 무안에서 생산되었던 차도 당시 경향에 알려졌던 차였음을 알 수 있다.

6) 범해의「적다」와「제다」

지금까지 알려지지 않은 범해의 다시로는 「적다(摘茶)」와 「제다(題茶)」가 있다. 이는 범해의 필사본 미정고(未定稿)의 자료를 조사하던 중에 발견한 것이다. 먼저 「적다」의 내용을 살펴보면 아래와 같다.

다사의 유무를 어디에서 들었는가.
청룡굴 아래에서 스스로 알았다 하리.
옥색 바다 빛, 산색과 이어져
영롱한 구름 물결무늬 이루었네.
차나무에서 막 핀 싹은 참새의 혀와 같고
우거진 차나무, 처음 피어난 차 싹엔 온화한 봄바람 어렸네.
샘물 끓여 차 달이자 향기 피어나고,
맑은 차 석 잔을 각각 반분하리.[43]

차의 생육 환경과 막 돋은 차 싹의 아름다움뿐 아니라 어린 싹에 온화한 봄바람이 스몄다고 노래하였고, 차를 달여 마시는 정황을 읊었다. 대개 범해는 석 잔의 차를 즐긴 듯한데, 그가 마신 차는 작설로 만든 차였음이 이 시에 드러난다.

또 다른 그의 다시인 「제다」에는 용처에 따라 차의 이름도 다르게 명명했다는 것이 확인된다. 다만 「제다」는 시구의 일부가 망실되어 전체 내용을 파악하기 어렵지만, 망실되지 않은 부분을 살펴보면 대략의 내용을 짐작할 수 있다.

묘법이라 헤아릴 수 없는 차는 감로차요
때와 장소에 따라 마시는 차는 접빈차이라
□□□□□는 □화차요

진묵조사 드신 차는 곡차라고 전해지네.
초의차는 □□□
□□□□□□.[44]

「제다」는 1구 7언, 전체 6구로 이루어진 칠언 율시로 추정된다. 위 인용문에서 알 수 있듯이, 제3구에 5자, 제5구에 3자가 결락되었으며 제6구는 7자 전체가 결락되었다. 제5구는 초의차를 정의한 것으로 짐작되나 결락되었기 때문에 그 내용을 파악할 수 없다는 아쉬움이 남는다. 글자가 온전히 남아 있는 제1구와 제2구, 제4구에는 각각 감로

차, 접빈차, 곡차가 언급되어 있다. 범해는 감로차란 묘법으로 만든 차
이므로 제다의 오묘한 이치를 다 헤아릴 수 없는 차라고 정의하였고,
접빈차는 때와 장소에 따라 마시는 차라고 하였다. 제4구의 곡차는 진
묵조사가 마신 차를 지칭한다. 진묵조사는 술을 즐겼으나, 술이라 하
면 마시지 않았고 곡차라고 해야만 마셨다는 고사에서[45] 유래한 명칭
이라 생각한다.

2. 금명의 법계와 다도

1) 금명의 법계

금명(錦溟, 1861~1930)은 범해의 제자이다. 그의 「행록초(行錄草)」에 따르면, 1861년(함풍 11, 신유) 1월 19일 곡성군 운룡리에서 태어났다. 속성은 김씨이고, 법명은 보정(寶鼎)이며, 자는 다송(茶松), 호는 금명(錦溟) 및 첨화(添華)라 하였다. 그는 정수리가 높고 코 뿌리가 곧아 골상이 수려하였다고 한다. 겨우 5세에 스스로 이름을 영준이라 하여 이웃 노인들로부터 비상하다는 소리를 들었다.[46]

11세 때 향교에 입학하여 주경야독하던 중 4년 만에 어머니의 병이 위독해지자 스스로 약 수발을 자청하였다. 20개월이 지나 어머니의 병은 어느 정도 차도가 있었지만, 이미 가세가 기울어 가족과 형제들이 각각 흩어지게 되었다. 그는 15세에 순천 송광사에서 금련 화상(金蓮和尚)에게 득도하고 경파대사(景坡大師)에게 수계를 받았다.[47]

18세에 경붕(景鵬, 1836~1915), 구련(九蓮, 1844~1897), 혼해(混海, ?~?), 원화(圓華, 1839~1893), 원해(圓海, ?~?), 범해(梵海), 함명(菡溟, 1824~1902)

등 여러 대종사에게 나아가 참학하여 8~9년 동안 그들의 가르침을 받았다.[48] 1898년 금강산을 순례하였고 1902년 사립 보명학교(普明學校)를 설립하여 학감을 맡았다. 1911년 송광사의 전계사(傳戒師)가 되었고, 1916년 태안사에서 하안거하였다. 1930년 2월 13일 입적하였는데 세수는 70이요 법랍은 55세이다.

금명은 근현대의 격동기를 거치면서도 수행과 차 연구에 매진하였다. 그가 다원을 관리하고 차를 즐기는 등 차에 각별한 관심을 보인 것은 범해의 영향을 받았기 때문인데, 이런 정황은 그가 남긴 80여 수의 다시에서 드러난다.

금명이 자신이 참고할 글들을 필사해 둔 『백열록(栢悅錄)』에는 초의의 『동다송』이 있다. 또 다른 그의 편찬본인 『저역총보(著譯叢譜)』에는 육우의 『조다경(造茶經)』과 『훼다론(毁茶論)』, 백웅(伯熊)의 『다공론(茶功論)』 등이 수록되어[49] 있는데, 『조다경』과 『훼다론』은 중국에서도 이미 망실된 다서이다.[50] 이러한 목록은 금명이 섭렵한 다서의 규모뿐 아니라 그의 차에 대한 이론적 토대가 어떻게 이루어졌는지를 짐작하게 한다. 육우의 다서를 통해 구축되고 초의의 『동다송』을 통해 튼튼한 이론적 토대를 이룩한 금명의 차 이론은 그의 「전다(煎茶)」에서도 드러난다.

어떤 스님이 와서 조주의 문을 두드리니
자신의 다명이 부끄러워 후원으로 나가네.
해남 초옹(초의)의 송(『동다송』)을 보았고

다시 당나라 육우의 경(『다경』)을 참구했네.[51]

　금명은 자신이 초의의 영향을 받았다는 것을 스스로 밝혔고, 육우의 『다경』도 참구해 차의 이론적 바탕을 이루었다고 하였다. 이렇듯 금명은 초의와 범해의 학문적 성향에 영향을 받아 차에 대한 이론적 탐구를 이어간 듯하다.

　방대한 장서를 소장한 금명이 남긴 저술 또한 방대하여 『시고(詩稿)』, 『문집(文集)』, 『불조찬영(佛祖贊詠)』, 『정토백영(淨土百詠)』, 『조계고승전(曹溪高僧傳)』, 『저역총보(著譯叢譜)』, 『석보약록(釋譜略錄)』, 『삼장법수(三藏法數)』, 『염불요해(念佛要解)』, 『속명수집(續名數集)』, 『십지경과(十地經科)』, 『능엄경과도(楞嚴經科圖)』, 『대동영선(大東咏選)』, 『질의록(質疑錄)』, 『수미산도야(須彌山圖也)』 등이 있다.

2) 금명의 다도

　금명은 주로 송광사에서 수행했다. 송광사는 보조(普照) 등 16국사를 배출한 한국의 대표적인 대찰이고, 진각(眞覺, 1178~1234), 원감(圓鑑, 1226~1292), 부휴(浮休, 1543~1615) 등 이름 높은 다승(茶僧)이 차를 즐기며 수행하던 수행 풍토가 남아 있었다. 조선 시대에는 송광사, 대둔사, 선암사 승려들이 서로 강학하며 출입이 자유로웠는데, 이런 사찰의 풍습은 금명이 송광사로 출가할 당시에도 남아 있었던 것으로 추정된다.

그러므로 범해의 제자인 금명이 초의 다풍에 영향을 받은 것은 자연스러운 결과이다. 그가 남긴 다시(茶詩) 여러 편에는 자신이 초의의 다도를 익혔던 사실을 밝히고 있으며, 특히 「산거만음(山居漫吟)」에서 초의 다도를 흠모하고 따랐던 자신의 상황을 솔직하게 드러내었다.

> 나는 한가한 구름, 그림자도 하나라서
> 학들을 잡고 억지로 부르네.
> 차를 달일 때는 항상 『동다송』을 읊고
> 패인(佩印)은 반드시 붓다를 본받으리.
> 만법에 밝기 어려우니 유(有)를 묻지 말고
> 일진(一眞)을 통하지 못했으면 무(無)를 보지 말게나.[52]

차에 대한 금명의 관심이 얼마나 깊었는지는 자신의 자명(字銘)을 「다송명(茶松銘)」이라 한 사실에서도 드러난다. 「금명명(錦溟銘)」, 「보정명(寶鼎銘)」과 함께 자신의 명호가 함의한 취지를 답한[53] 「다송명」에는 '다송'의 취지를 "솔잎 한 줌 차 한 병, 모든 인연에 흔들림 없이 여기에 있네. 옛사람 결사 모임 가소롭구나. 새소리를 듣고 꽃구경함이 무슨 해가 되랴"[54]라고 밝혔다. 솔잎이나 차는 세상사 모든 인연에 흔들리지 않는 담박한 삶을 살 수 있게 하는 중심이 된다는 것인데, 다송이란 그의 자명에는 수행자의 검소한 삶에 차의 담박한 유용성을 표상한 삶에 대한 소망이 담겨 있다.

그의 정취 있는 다연(茶緣)은 「전다(煎茶)」에 확연하게 드러나는데, 그 내용을 살펴보자.

> 질화로에 돌솥 놓고 솔가지를 피우니
> 부글부글 활수가 끓어오르네.
> 가늘디가는 학의 혀 같은 차를 구리 병에 달이니
> 한 잔의 좋은 차(驚雷笑)에 시심이 솟누나.[55]

위 시에서 산림에 수행하는 승려의 탈속된 삶을 엿볼 수 있다. 금명에게 차는 시심을 일으켜 주는 매개물이었다. "질화로와 돌솥에서 물을 끓이고, 솔가지를 태워서 차를 달였다"라 하고, 「전다」의 다른 구절에서는 "토화로 동병에서 물 끓는 소리 잦아드니 한 잔의 작설차는 제호보다 낫다"라고 하였으니, 그가 평소에 사용한 다구는 질화로와 돌솥, 동병이다. 동병은 청동으로 만든 다관을 말한다. 이는 초의가 사용했던 다관과 같은 유형이라 여겨진다.

금명은 다원에서 차를 따서 만들고[56] 차를 연구했지만, 그의 다도는 후대로 이어지지 못했다. 이는 근현대의 혼란기를 겪으면서 그의 법제자 용은(龍隱, ?~?)과 백은(栢隱, ?~?)이 해방 후 불교정화로 인해 송광사를 떠나 환속했기 때문이다. 특히 백은은 외나로도에서 시계 수리공으로 생활하다가 재혼해 간구하게 살았다고 한다. 그가 승려였다는 사실을 애석히 여긴 마을 주민들의 주선으로 고흥에 있는 봉래사에서 거처하였다는 사실은 그가 얼마나 감당하기 어려운 가난과 고통을 겪었는지를 짐작하게 한다. 백은이 열반할 때 후인에게 스승 금명과 함께 자신의 제사를 부탁하는 유언을 남겼다고 전해진다. 봉래사에서는 그의 유언 때문인지는 알 수 없으나 금명이 누구인지도 모른 채 기일마다 이들의 제사를 지낸다고 전해진다.[57]

3. 응송 박영희의 초의 다풍 계승

1) 응송의 발자취

　응송(應松, 1896~1990)은 대둔사에서 출가한 승려로, 박영희는 그의 속명이다. 그는 승려의 신분으로 독립운동에도 참여한 신지식인이었다. 응송은 법명이며 일주(一舟)·매다옹(賣茶翁)이라는 호를 썼다. 본관은 밀양이고 아명(兒名)은 포길(浦吉)로, 학규(學珪), 영희(暎熙)라는 속명을 사용했다. 조부는 충직(忠直), 자는 일명(一溟), 호가 암애(巖崖)이고 아버지는 용권(鎔權)으로, 숙민공파 27대손이며 어머니는 함양 박씨이다.

　4세에 완도 소재 향교에 다니며 『명심보감』·『소학』·『논어』 등 유가서를 익혔고, 17세에 완도로 유배된 군관 출신 황준성의 가르침을 받았다. 황준성은 응송의 생애에 가장 영향을 미친 정신적인 스승이었다. 완도 향교에서 수학하던 시절 응송은 황준성에게 투철한 자주독립 정신과 항일의식을 키웠다고 한다. 응송이 소년 민병으로 심적암 의병운동에 연루된 것도 황준성으로 인한 것이다.

　심적암 의병운동은 1911년 해남을 기점으로 항일운동을 벌이던 의

응송 스님과 그의 제자 박동춘(박동춘 제공).

병 황두일이 주도한 민병대가 황준성을 대장으로 삼고 대흥사 산내암
자였던 심적암에서 해남 주둔 일경과 대치했던 민병독립운동이다. 이
항일운동은 결국 거의 전멸된 상태로 끝이 나, 황준성의 부관과 박영
희 등 소수의 인원만이 겨우 탈출하게 된다. 현재 심적암은 폐허로 남
아 있지만, 최근 심적암 의병운동을 기리는 비가 세워졌다.

　심적암 의병운동 후 일경을 피해 친척 집을 전전하던 응송은 황준
성의 권유로 1911년 1월 15일 대흥사의 인담(印潭)를 은사로 사미계
를 받았고, 원응(圓應, 1856~1927)을 법사로 사교과를 수료했다. 1919
년에 사비(寺費) 장학생으로 선발되어 중앙학림에 입학한다. 당시 불교
계는 과학적인 신교육을 통해 불교계의 유신(維新)을 촉구하는 방안이

대두되었고, 각 사찰에서 공비생(公費生)을 선발하여 서울로 유학시켰는데 이들을 사비 장학생이라 하였다. 응송은 중앙학림 재학 시절 3·1 만세운동에 참가했다가 상처를 입는다. 독립운동에 참여했다는 이유로 피신하게 된 응송은 이시영(李始榮, 1882~1919)이 설립한 만주 신흥무관학교에 입학하여 독립군으로 활동하다가 일본군과의 전투에서 부상을 당해 귀국한다.

그 후 응송은 1920~1926년까지 대흥사에서 설립한 장춘 보통학교에서 교편을 잡았으며, 완도군 금일면과 소안면에 있는 소학교에서 어린 학생들을 가르치기도 하였다. 1928년 서울 혜화전문(동국대학교 전신)에 재입학한 그는 정인보(鄭寅普, 1892~?), 김영수(金映遂, 1884~1967), 박한영(朴漢永, 1870~1948)에게 가르침을 받았다. 당시 박한영은 당대 최고의 불교학자로 근현대를 대표하는 수행승이었다. 응송이 3·1 만세운동에 참여한 것도 박한영의 영향이며, 응송에게 피신처를 알선해 준 이도 박한영이다. 응송이 대흥사 주지로 있으면서 민멸된 초의 비석을 재건할 때 박한영이 초의 비석에 후기를 썼던 것도 이런 사제의 묵은 인연 때문이다.

응송은 만해 한용운(萬海 韓龍雲, 1879~1944)이 조직한 불교 비밀결사 독립운동단체인 만당원(卍黨員)으로도 활약하였다. 만당은 조직되고 얼마 지나지 않아 밀고자에 의해 조사를 받게 되었지만 조직의 실체가 드러나지 않아 무혐의로 처리되었다. 만당이 실제로 활약했던 기간은 1년 여도 되지 못했다고 한다.

응송은 1935년에 대흥사 주지로 천거되었으나, 독립군 출신이라는 점과 3·1 만세운동 전력 등 독립운동 참여를 이유로 조선총독부에서 주지인가를 보류하였다. 결국 1937년이 되어서야 제9대 대흥사 주지로 취임할 수 있었고, 이로부터 20여 년간 주지 소임을 봉직하였다. 그가 대흥사 주지[58]에 취임한 것도 만당의 독립자금을 지원하기 위한 방편이었다고 한다.

그런데 독립운동에 참가했던 응송은 현재 불교계 친일 인사로 분류되어 있다. 그가 주지 시절에 조선총독부의 지시로 '불전 개발 강연' 등에 참여했다는 이유이다. 대흥사 주지였기 때문에 피할 수 없었던 공적(公的) 활동이었으나, 일제강점기에 부역의 성격을 띤 행위라는 점에서 어쩔 수 없는 평가이자 시대적 아픔이 아닐 수 없다. 응송이 비록 친일 인사 논란에 휘말려 있지만, 그가 초의의 종법손(從法孫)으로서 한국 차 문화를 계승한 업적과는 별개의 관점으로 보아야 한다고 생각한다. 법계로 보면 응송의 은사인 인담(印潭)은 치암(痴庵)의 제자이며, 치암은 완호(玩虎)의 제자이다. 응송이 법을 받은 원응(圓應)은 초의의 다도제자인 범해의 제자이고, 치암은 초의와 형제간이다. 응송을 초의의 방계손, 즉 종법손이라 하는 것은 이러한 법계에 근거를 두고 있다.

응송은 근현대로 이어진 대흥사의 사원차 원형을 가장 지근한 거리에서 체험했던 승려이다. 그가 대흥사로 출가한 후 맡은 소임은 다각(茶角)이다. 다각이란 다두(茶頭)라고도 하는데, 선원의 여러 소임 중 하나로서 차를 달여 대중을 대접하는 일을 담당한다. 응송은 이 소임을 통해 초의 – 범해 – 원응으로 이어진 대흥사 다풍을 몸소 경험할 수 있었다. 그리고 초의를 흠모하여 초의와 차에 대한 자료를 두루 수집하고, 『동다송』, 『다신전』 등 초의의 저술을 통해 차를 연구하였다. 초의의 선사상을 잇고 초의차를 복원하고 계승하고자 하였다. 이처럼 응송은 수행의 여가에 차를 만들어 즐기면서 수행과 융합된 차 생활을 평생 실천하였다.

응송이 초의 연구에 매진한 시기는 1960년대 불교정화불사 이후이다. 그는 모든 사회활동을 중단하고 대흥사 산내 암자인 백화사에서 수행정진하면서 초의와 제다 연구에 심혈을 기울였다. 사원차에 대한 연구를 한층 심화시켰고, 그의 연구 결과가 1985년에 호영출판사에서 출판한 『동다정통고(東茶正統考)』이다. 『동다정통고』는 한국 차 문화와 대흥사 다법을 고찰한 연구서로, 초의차의 실체를 드러내어 초의 다풍이 현재까지 이어지는 이론적 토대를 마련하였다.

응송은 3·1 만세운동에 참여한 공로로 1977년에 국가 독립유공자에 추서되었다가 친일 불교계 인사로 분류되어 공적이 취하되는 불운을 맞기도 하였다. 1990년 1월 10일 광주 소재 극락암에서 열반하였다. 그의 저술은 『동다정통고』와 미간본 『선학연구(禪學研究)』, 『인도철학개요』 등이 있다.

2) 사승 관계

응송은 인담(印潭, ?~?)을 은사로 사미계를 받았으며 원응을 법사로 사교과를 수료하였다. 원응은 해남 녹산방(鹿山坊) 사람으로 어려서 동화(東化)에게 출가하였고 영호(靈湖)에게 구족계를 받았다. 그는 보제 강백에게 보살계를 받았으며 보제(普濟), 범해(梵海), 연주(蓮舟), 응화(應化), 월화(月華) 등 5대 강사(五大講師)에게 참학(參學)한[59] 범해의 제자이다. 원응은 초의의 『선문사변만어(禪門四辨漫語)』를 책자로 발간하고 그 서문을 썼으며 『초의시집』 상·하를 간행하여 초의의 뜻을 세상에 알렸다. 초의 – 범해 – 원응으로 이어진 대흥사의 다풍은 응송으로 이어졌다.

3) 응송의 다도 및 전승

초의 다풍을 이은 응송은 소박하고 자유로운 다풍을 구가했다. 응송의 다도는 1980년 문화재관리국 문화재연구소에서 한국 다도의 유형을 조사 의뢰하고 김운학이 보고한 『전통다도풍속조사』「현대, 응송」조에 다음과 같이 서술되었다.

> 응송 스님은 임진생(壬辰生, 1893)이다. 주로 대흥사 입구(삼산면 장춘동)에 위치한 백화사에서 거주했다. 이곳은 아담한 정원을 가진 집으로, 호남 지역 원림의 하나로 회자되었다. 18세 출가 후 평생 대흥사 주지와 방장 등을 연임하면서 대흥사에서 살아온 대흥사의 산 역사로, 130여 년 전 초의가 이곳에 남겨 놓은 다

풍을 그대로 간직해 온 분이다. 오늘날 초의를 이야기하고 우리 차의 전통을 이야기하게 된 것도 거의 이 응송 노장의 공로이다. 응송 스님은 평생 차와 함께 살아오기도 하지만, 그는 초의 유품을 오늘날에 전해주어 오늘날 우리의 다전(茶典)들을 말하게 된 것이다.[60]

이 보고서를 작성한 김운학은 응송이 외형적인 형식보다 차의 본질을 중요하게 여긴 다승이라 평가했는데, 이는 초의의 소박한 차 정신에서 영향을 받은 것이라 하겠다.

응송은 자신이 다각 시절에 경험한 대흥사의 다풍에 대해 증언을 남겼다. 그가 "1900년대 초까지만 하여도 '어느 차독인가'라는 말은 어느 문중이냐는 것을 의미했다"[61]고 한 말에서, 근대까지도 대흥사에서는 암자마다 차를 만들던 전통이 있었다는 것을 알 수 있다. 또 그는 다각 소임을 맡아 차를 달이던 상황에 대해서도 이렇게 회상하였다.

만일 사중에 손님이 오면 어른 스님께서 차를 준비해 오라고 하셨다. 부엌에는 늘 숯불이 준비되어 있었고, 천정에 연결된 도르래 끝에 V자형으로 만든 나무에 주전자를 매달아 놓았다. 물이 끓기 시작하면 차를 한 줌 넣어 푸르르 소리가 나면 얼른 도르래를 올려 뜨거운 차를 따라 손님에게 가지고 갔다.[62]

이 증언은 1920년경의 일로서, 이 무렵 대흥사의 탕법은 끓는 물에 차를 넣어 우리는 방법이었다. 단원 김홍도(1745~1806)의 「시명도(試茗圖)」[63]나 유숙(劉淑, 1827~1873)의 「벽오사소집도(碧梧社小集圖)」[64]에 차를 달이는 다동(茶童)의 모습은 바로 이런 탕법의 유형을 그린 것이다. 범해의 수제자인 금명의 다시에 의하면, 그가 다원을 관리하며 차를 만들던 정황이 드러나는데, 이는 일제강점기까지도 일부 사찰에서 차를 만들었다는 것을 알 수 있다. 이 외에도 1926년 최남선의 『심춘순례(尋春巡禮)』[65]에서도 차나무가 산재한 송광사의 모습을 그리고 있어서 이 무렵 금명이 다원을 관리하며 차를 만들던 정황을 미루어 짐작할 수 있다.

일제강점기에 한국 차 문화를 조사했던 모로오카 다모쓰(諸岡存)·이에이리 가즈오(家入一雄)의 공저인 『조선의 차와 선』[66]「강진읍 목리의 청태전」에서는 강진에서 차를 대접받았던 정황을 다음과 같이 서술해 두었다.

> 마실 때는 차가 누렇게 될 때까지 뭉근한 불에 구워서 탕관의 물 속에 하나 또는 둘, 셋까지 넣고 달이면 속에서 끓는 물이 진한 찻빛이 되므로 이때 찻 주발에 따라 마신다.[67]

모로오카 다모쓰는 강진의 유대의에게 차를 대접받았다.[68] 유대의는 자신의 아버지가 차를 끓여 마시는 방법 그대로 모로오카를 대접했는데, 이 자료에는 차 덩이 3개를 숯불 위에 구운 후 물을 끓인 탕관에 넣어 다시 2~3분 간 끓여 마시는 과정이 순서대로 기록되어 있다.

또 모로오카는 숯불 위에 차를 굽자 차다운 탄 냄새가 났고, 탕관에 끓인 후의 차 빛깔은 막차[番茶]의 진한 빛깔과 같았으며, 차맛은 담박하였고 특별히 다른 맛은 나지 않았다고 세세한 느낌까지 묘사하였다.

일제강점기에 잔존한 탕법을 소개한 위의 기록은 응송이 증언한 탕법과 유사하다. 차이점이라면 응송이 증언한 탕법은 잎차를 우렸다는 것이고 유대의가 다린 차는 덩이차였다는 점이다. 그러므로 대둔사에서는 1830년 이전까지도 덩이차와 잎차를 만들었지만, 초의는 1830년대 이후에 주로 잎차 제다에 치중했던 것이라 생각한다.

응송은 "차는 성질이 찬 것이어서 뜨겁게 마시는 것"이라 하여 뜨거운 차를 선호하였다. 1980년대 이후에 숙우를 이용하여 탕수의 온도를 60~70도로 낮추어 차를 우리는 탕법이 유행하였는데, 응송은 이러한 탕법의 폐단을 엄하게 지적하였다. 그의 다풍은 수수하고 담박하며 맑고 시원하며 청온(淸溫)한 차 맛을 지향하였고, 차의 오미(五味)를 드러내는 탕법과 뜨거운 차를 강조하였다.

응송은 일탕법(一湯法)을 강조했다. 이는 뜨거운 탕수에 차를 우려 첫 탕만을 마시는 탕법으로, 큰 찻잔을 사용했다. 그의 탕법은 초의 당시부터 유행했던 탕법으로 대흥사의 탕법 유형이라 여겨진다. 그는 섭씨 90도 내외의 탕수로 차를 우려 첫 탕만을 즐겼다. 이런 탕법은 차의 맛·향·기운이 잘 드러난다. 이 탕법은 탕수의 온도와 침출 시간, 다구의 선별에 세심한 판단력이 요구된다. 이는 초의가 저술한 『다신전』의 탕법에 근거를 둔 것이다.[69]

응송도 초의처럼 차 이론을 연구하고 몸소 차나무를 길러 차를 만

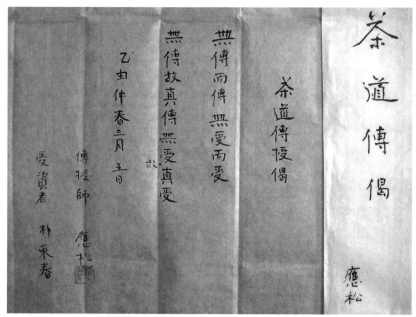

1985년 응송 스님은 박동춘에게 다도전수게를 내린다(박동춘 제공).

들어 즐겼다. 이는 차의 이론과 실증을 겸비한 초의의 연구 방법이 응송에게까지 이어진 것이라 할 수 있다. 응송이 다포(茶圃)를 만들어 차나무의 육종을 연구한 것이나 품천(品泉)을 연구하면서 차 문화 전반을 연구한 것은 초의에게서 연원된 것으로 1917년경 대흥사에서 유행된 탕법이라 생각한다.

　응송은 평생 초의 다도 연구를 위한 문헌 수집에 심혈을 기울였으며, 이를 토대로 차의 진실한 진리를 터득하려 하였다. 응송의 이러한 노력은 근현대로 이어진 초의차 제다법의 원형을 계승하여, 사원차의 원형을 보존함으로써 대둔사의 다풍이 후대로 이어졌고, 1985년에

박동춘(朴東春, 1953~)에게 전해졌다. 응송은 박동춘에게 「전다수게」를
내려 그의 다맥을 전했다.

1 錦溟 編, 「見香禪師贊」, 『栢悅錄』(韓國佛教全書, p.12中), "九疇靈苗 燁然優曇 芬襲草衣 爾滴華潭".

2 覺岸, 「自序傳」, 『東師列傳』(韓國佛教全書 10, p.1050上), "名覺岸 字幻如 室曰 梵海".

3 覺岸, 위의 책, p.1047中, "荷衣禪師爲說戒師 黙和禪師爲受戒師 華潭禪師爲證戒師 草衣爲比丘及菩薩戒師 縞衣禪師又爲傳法師".

4 오경후, 「梵海覺岸의 고대불교사 인식」, 『회당학보』 제6집(회당학회, 2002), p.246.

5 양은용, 「梵海覺岸의 茶禪思想 연구」, 『차문화학』 제4권 2호(국제차문화학회, 2008), p.19.

6 覺岸, 「自序傳」, 『東師列傳』(韓國佛教全書 10, pp.1047中~1050上).

7 寶鼎, 『著譯叢譜』(韓國佛教全書, 12, p.447下).

8 丁若鏞의 「다신계절목」에 '곡우 날 눈차를 덖어 1근을 만들고 입하 날 늦은 차를 따서 떡차를 2근 만든다. 이 엽차 1근과 떡차 2근과 시와 편지를 같이 부친다'는 절목이 나온다.; 송재소·유홍준 외, 「다신계」, 『한국 차문화 천년』 2(돌베개, 2009), p.86.

9 梵海, 「草衣茶」, 『梵海詩草』 권1(박동춘 소장).

10 覺岸, 「草衣茶」, 『梵海禪師文集』(韓國佛教全書10, p.1120上-中), "穀雨初晴日 黃芽葉未開 空鐺精炒出 密室好乾來 栢斗方圓印 竹皮苞裹裁 嚴藏防外氣 一椀滿香回".

11 無爲는 법호이며 安忍은 법명이다. 字는 眞如요 속성은 김씨이다. 청해 세포 사람이다. 가경 21(1816)년 12월 10일 태어나 광서 12(1886)년 8월 15일 示寂했다. 11세에 보타산에서 출가한 후 16세에 두륜산으로 옮겨 호의에게 출가하였다. 玩海大師에게 受具를 받았고 신월, 청선, 문암, 용연, 화담, 초의, 인암, 성담, 호의 등 9대 법사에게 受教를 받았다. 초의에게서 대승보살계를 받았다.

12 覺岸,「茶藥說」,『梵海禪師文集』(韓國佛教全書 10, p.1080上),“予壬子秋 住南庵 以 痢疾爲四支 忘三時 奄及旬朔 自知其必死矣 一日 同入室號無爲兄自侍親而來 與同禪懺 名富仁 自侍師而至 擧首左右 三台分位 自知其必生矣 俄爾兄曰 我以冷茶救母 幾危之 際 急煎用之 弟曰 我藏芽茶 以待不時之需 何難用之 如言煎之 如言用之”.

13 富仁의 행적은 아직 알려지지 않았다. 그가 범해와 동시대 인물이며 아우뻘이라는 것이 알려졌을 뿐이다.

14 草衣는 우리나라의 채다 시기는 입하 후가 알맞다고 하였으니, 대둔사에서는 입하 후에 차를 만들었을 것으로 추측된다. 입하는 대략 4월(음력) 초순경이다.

15 金正喜,「與權彝齋敦仁」,『阮堂全書』地(과천문화원, 2005), p.303, “山僧亦如蟻聚 金塔 實難多得”.

16 한상길,「조선후기 사찰계 연구」(동국대학교 박사학위논문, 2000), p.24.

17 사찰계에 신앙적인 배경이 작용했다고 보는 견해도 있다. 한상길, 위의 논문, p.25.

18 상고시대 전설적인 인물이다. 사람들에게 농사법을 가르쳤으며 약을 발명하여 병을 치료했다.

19 意恂,『東茶頌』(韓國佛教全書 10, p.874中), “隋文帝微時 夢神易其腦骨 自爾而痛 忽 遇一僧 云 山中茗草可治 帝服之有效”.

20 龍雲,「附原韻」,『草衣禪師全集』(아세아문화사, 1985), p.210, “病瘥渴甚 乞靈茗椀 近日燕肆購來者 錦囊繡包 徒尙外飾夵 柯梗葉不堪入口”.

21 覺岸,「茶藥說」,『梵海禪師文集』(韓國佛教全書 10, p.1080上-中), “一椀腹心小安 二 椀精神爽塏 三四椀 渾身流汗淸風吹骨 快然若未始有病者也”.

22 覺岸, 위의 책, p.1080中, “呀 茶在地 人在天 天地應數 藥在兄 病在弟 兄弟感歟 何神 效之如此 以茶救母 以茶活弟 孝悌之道盡矣 傷心哉 病不甚重 何知必死 情不甚厚 何知 必生哉 可知其平生情分之如何”.

23 『許鍊 200년』(국립광주박물관, 2008), p.311.

24 위의 책, p.310.

25 위의 책, p.61.

26 朴永輔,「南茶幷序」(친필본, 박동춘 소장), “花瓷綠甌浪珍賞 眞味中華已經煎”.

27 陸羽,「四之器」,『茶經』(中國古代茶道祕本五十種) 1(新華書店, 2003), p.42, “甌 越 州上 口脣不卷 底卷而淺 受反升以下 越州瓷 岳瓷皆靑 靑則益茶 茶作白紅之色 荊州瓷 白 茶色紅 壽州瓷黃 茶色紫 洪州瓷褐 茶色黑 悉不宜茶”.

28 박동춘, 「고려와 송의 차문화 교류―『선화봉사고려도경』을 중심으로」, 『월간선문화』 6월호(불교춘추, 2009), p.49.

29 覺岸, 「茶具銘」, 『梵海禪師文集』(韓國佛敎全書 10, p.1083中), "瓦罐列右 瓷盌在左".

30 覺岸, 「茶歌」, 『梵海禪師文集』(韓國佛敎全書 10, p.1119上), "細看流俗嗜者多, 不下唐宋諸賢聖".

31 오경후, 「梵海覺岸의 古代佛敎史 認識」, 『회당학보』 6(회당학회, 2011); 오경후는 覺岸의 『東師列傳』에 나타난 역사인식은 조선의 불교사에 대한 무지를 반성하고 그 정통성을 재확인하려 한 것이라고 피력하였다.

32 覺岸, 「茶歌」, 『梵海禪師文集』(韓國佛敎全書 10, p.1118下), "玉川茶歌知大體".

33 覺岸, 위의 책, "攤書久坐精神小, 茶情暴發勢難禁, 花發井面溫且甘, 剌罐擁爐取湯音 一二三沸淸香浮, 四五六椀微汗泄, 桑苧茶經覺今是, 玉川茶歌知大體".

34 覺岸, 위의 책, p.1119上, "萬病千愁都消遣, 任性逍遙如金仙 經湯譜記及論頌 如何奇 正力書與我傳".

35 覺岸, 위의 책, p.1118下, "心累消磨一時盡 神光淨明半日增 睡魔戰退起眼花 食氣放下開心膺 苦利停除曾經驗 寒感解毒又通明".

36 覺岸, 위의 책, p.1119上, "調和如法無爲室 穩藏依古禮庵姘 無論好否南坡癖 不讓多寡靈湖情".

37 覺岸, 위의 책, "禪家遺風趙老話, 見得眞味霽山先".

38 覺岸, 위의 책, "挽日工了玩月夜 茗供吹籥煎相率 正筍彦鋌臘日取 聖學汲泉呼太蓮".

39 覺岸, 위의 책, "細看流俗嗜者多 不下唐宋諸賢聖".

40 覺岸, 위의 책, "寶林禽舌輸營府 花開珍品貢殿陛 咸務土産南方奇 康海製作北京啓".

41 覺岸, 위의 책, "瑞石槍旗因仁試 白羊舌嘴從神傾 德龍龍團絶交闥 月出出來阻信輕".

42 金正喜, 「與權彝齋敦仁」, 『阮堂全書』 地(과천문화원, 2005), p.303, "茶果品是勝雪之餘馥苾香 曾於雙碑館中 見如此者 東來四十年 再未見之 嶺南人得之於 智異山山僧".

43 覺岸, 「摘茶」(미정고 필사본, 박동춘 소장), "茶事有無何處聞 靑龍窟下自知云 海光縹緲遠山色 雲氣玲瓏添水紋 葉裏新開如雀舌 叢中初出蒂風熏 茶煎文火香煙起 三椀淸茶各半分".

44 覺岸, 「題茶」 미정고 필사본(박동춘 소장), "妙法難思甘露茶 時時到處接賓茶 □□□ □□話茶 震黙祖師傳謂穀 草衣宗師□□□ □□□□□□□"

45 草衣意恂 撰, 霽山雲皋 校,『震默祖師遺蹟攷』上(韓國佛教全書 10, p.878中),"師尙喜飲 然謂之穀茶則飮 酒云則不飮".

46 寶鼎,「行錄草」,『茶松文稿』(韓國佛教全書 12, p.771中-下),"法諱寶鼎 字茶松 錦溟其號 亦名添華 … 谷成郡雲龍里人也 姓金氏 … 咸豊十一年辛酉 一月十九日丑時生 頂高鼻直 骨相修豊 年甫五歲 自言名曰英俊 隣老以爲非常云".

47 寶鼎,「行錄草」,『茶松文稿』(韓國佛教全書 12, p.771下),"十一歲入學 日耕夜讀者 僅四年慈母病篤 自任侍湯 … 以至二十個月後慈恙雖小差 家道悉蕩敗四子各散 無處可往 … 十五歲乙亥十二月二十日 乃謝親發行 至順天郡松廣山 依金蓮和尙得度 拜景坡大師受戒".

48 寶鼎, 위의 책, p.771下,"十八歲 陪戒師遊學 參于景鵬九蓮混海圓華圓海梵海菡溟等諸大宗師 八九年之間 飽得其糟粕之味".

49 寶鼎,『著譯叢譜』(韓國佛教全書 12, p.447下).

50 그의『著譯叢譜』에 이 다서가 수록된 연유는 알려지지 않았지만 여기에 수록된 것은 대부분 錦溟이 일람했던 도서라고 하니 추후 이 다서에 대한 행방도 밝혀져야 할 부분이다. 송광사에 문의해 보니 현재 이 다서에 대해 그 행방을 알 수 없다고 한다.

51 寶鼎,「煎茶」,『茶松詩稿』卷一(韓國佛教全書 12, p.539上),"有僧來叩趙州□ 自愧茶名就後庭 曾觀海外草翁頌 更考唐中陸子經".

52 寶鼎,「山居漫吟」,『茶松詩稿』卷一(韓國佛教全書 12, p.606上),"身作閑雲影自孤 故携群鶴强相呼 煎茶常誦東茶頌 佩印必摹南印圖 萬法難明休問有 一眞不達莫觀無 …".

53 寶鼎,「錦溟銘」,『茶松詩稿』卷二(韓國佛教全書 12, p.645中),"有問人之名號 各有趣旨否 曰".

54 寶鼎,「茶松銘」, 위의 책,"一囊松葉一瓶茶 不動諸緣臥此家 堪笑昔人修結社 何妨聽鳥又看花".

55 寶鼎,「煎茶」,『茶松詩稿』卷三(韓國佛教全書 12, p.651中),"土爐石鼎燃松枝 活水澎澎初潑時 鶴舌纖纖銅瓶點 一種驚笑鬱金詩".

56 寶鼎,「雨後採新茶」,『茶松子詩稿』卷二(韓國佛教全書 12, p.622中),"昨晴朝雨掩柴扉 借問茶田向竹."

57 백기란,「다송자 다시 고찰」(성균관대 석사학위 논문, 2002), pp.9~66.

58 「大興寺住持順序」,『佛祖直傳宗派』(필사본, 총 35엽, 개인 소장).

59 梵海覺岸, 『東師列傳』(韓國佛教全書 10, p.1070下).

60 김운학, 『傳統茶道風俗調査』(문화재관리국 문화재연구소, 1980), pp.43~45.

61 박영희, 『東茶正統考』(호영출판사, 1985), p.30.

62 박영희, 위의 책, p.30.

63 『간송문화』 제68권(민족문화연구소, 2005), p.19.

64 유숙의 『五老會帖』에 들어 있는 그림으로 서울대학교 박물관 소장본이다.

65 최남선, 『尋春巡禮』(신문관, 1926), p.210. 이 책은 육당 최남선이 石顚 朴漢永 (1870~1948)과 함께 1926년 3월 하순부터 50여 일간 지리산을 중심으로 답사한 것을 기록한 일종의 순례기이다. 육당은 이 책 冒頭에 "이 작은 글을 영호당 石顚大師께 드리나이다"라는 글을 남겼다. 특히 육당은 이 책에서 백양사의 차 맛을 언급하였다.

66 이 자료는 1937~1939년간 한국 차 산지였던 전라남도 지역을 조사한 것이다. 昭和 15년(1940) 10월 1일 日本の茶道社에서 처음 출판되었으며, 김명배에 의해 1991년 보림사에서 『朝鮮의 茶와 禪』으로 번역 출간하였다.

67 김명배 역, 『朝鮮의 茶와 禪』(보림사, 1991), p.232.

68 김명배 역, 위의 책, p.234.

69 박동춘, 「응송 박영희의 다법 연구」, 『한국 근현대 차 연구』(국제차문화학회, 2008), p.22.

VIII. 나오며

초의는 '한국의 다성(茶聖)'으로 불린다. 그는 조선 후기 민멸 위기에 있던 사원차를 복원하여 초의차[草衣茶]를 완성하였고, 실학에 눈뜬 경화사족들의 차에 대한 관심을 유도하여 애호층을 확산했다. 이러한 분위기는 초의가 차 문화를 중흥할 수 있었던 동력이라 하겠다. 당시 초의와 교유했던 경화사족들은 그를 전다박사(煎茶博士)라 칭하였는데, 이는 초의를 차 전문가라고 인정한 것이다.

초의가 차 문화 중흥에 미친 영향을 살펴볼 수 있는 자료는 초의의 저술인 『동다송』과 『일지암시고』, 초의가 남긴 서책의 목록을 기록한 『일지암서책목록』, 박영보의 「남다병서」, 신위의 「남다시병서」가 있다. 그리고 유학자들이 초의에게 보낸 간찰, 범해의 문집인 『범해선사유고』, 초의와 교유했던 인사들의 문집 등이 있다.

초의는 선·교 융합의 수행체계를 토대로 그의 선사상을 정립하였다. 이는 휴정 이후 대둔사에 전해진 수행 체계를 계승한 연담, 완호 등에게 영향 받은 것이다. 아울러 그의 사상에 습윤된 유학사상은 정약용, 김정희 등 성리학에 밝았던 인물과의 교유를 통해 영향을 받은 것이라 사료된다. 특히 초의는 정약용의 전등계 제자로, 시학과 학문 방법, 유가 사상 및 역사관 등 정약용에게 많은 영향을 받았다. 그뿐 아니라 수행승이었던 초의가 유학, 시학, 문예예술에 깊이 천착했다는 점은 그의 장서 목록인 『일지암서책목록』에 상당량의 유가서(儒家書), 당송대의 시문 등이 포함되었다는 사실에서도 드러난다.

초의가 당대의 지식인들과 차를 통한 교유를 확대하기 시작한 것은 1815년경이며, 그가 완호의 탑명을 받기 위해 상경했던 1830년경에 경화사족들과의 본격적인 교유가 확대된다. 이 무렵 그가 봉례품(奉禮品)으로 가져온 초의차는 자신과 교유했던 인사들의 우리 차에 대한 관심을 촉발시킨 매개물이었다. 초의가 경화사족들과 널리 교유했던 연유는 차뿐 아니라 그가 시에 밝았던 점도 영향을 미쳤다. 그의 원융무애와 불이사상을 함의한 선시는 경화사족들을 매료시켰고 그들의 열렬한 환호를 받았다.

초의 다도는 선림(禪林)의 끽다거(喫茶去) 전통을 이은 것이라 할 수 있다. 중국 당나라에서도 차와 선종이 융합하여 제다법과 탕법에 획기적인 발전을 가져왔으며, 이를 토대로 발전된 차 문화를 구축할 수 있었다.

7세기 도당 구법승에 의해 신라에 유입된 차는 우리나라 불교 수행에 습윤되었다. 따라서 초의는 조주선사의 '끽다거' 전통을 이은 선종 수행승들이 지향했던 선림의 차 문화 전통을 이었다. 이를 기반으로 차 이론을 정립하고 제다법을 완성하여, 조선 후기 쇠퇴하던 차 문화와 대둔사의 끽다 전통을 되살리는 토대를 마련할 수 있었다.

초의가 차의 이론을 정립하는 과정에서 이론적 토대를 삼았던 것은 육우의 『다경』이며, 그 외에도 명대의 다서를 고찰했다. 그가 『다신전』을 편찬하는 과정에서 보인 연구 태도에서 알 수 있듯이 차에 대한 철저한 연구는 초의차의 신묘한 경지를 이룬 근간이었다. 초의의 『동다송』은 차의 역사는 물론 좋은 차의 기준, 잎차의 제다의 원리와 그 가치를 확연히 드러낸 저술이다. 그의 다도는 제다를 통해 차의 오묘한 실체를 탐구, 관찰하여 실증적 이론을 완성하여 초의차를 만들었는데, 이는 차의 원리를 체화한 결과물이라 하겠다.

초의차의 완성에 실질적인 제안을 한 인물은 김정희와 신위이다. 그들은 초의가 만든 차의 미흡한 점을 일일이 지적함으로써 초의차의 질적 향상에 기여했다. 더구나 김정희는 초의차를 가장 애호한 인물로, 초의의 가장 든든한 후견인이자 지기(知己)였다. 이로 보아 초의차의 완성은 김정희를 비롯한 경화사족의 차에 대한 애호를 반영한 것이라 할 수 있다.

조선 후기에 초의가 이룩한 차 문화의 중흥은 초의차의 완성에 따른 북학파 경화사족들의 초의차 애호와 후원에 따른 것이다. 초의차의 애호자는 김정희, 신위, 김명희, 홍현주, 박영보, 정학연, 정학유, 변지화, 권돈인, 신헌, 이만용, 김각, 황상, 허련 등이 있는데, 대부분 조선 후기를 대표했던 지식인들이다. 다른 한편으론 지식인의 반성, 즉 주자학에 편중된 학문적인 방법에 대한 반성과 함께 우리 문화의 자존의식을 높이려했던 사회적인 변화도 경화사족들이 차에 관심을 갖게 된 요인이었다.

초의와 관련하여 조선 후기의 차 문화 흐름을 살펴 볼 수 있는 자료로는 박영보의 「남다병서」와 신위의 「남다시병서」가 있다. 이는 1830년경 초의와 사대부들의 교유가 확산될 무렵에 지은 다시(茶詩)인데, 이들은 조선 후기 차 문화를 복원한 인물이 초의이고 우리 차의 우수성을 초의차를 통해 알았다고 하였다. 초의의 『동다송』은 1837년 홍현주의 요청에 의해 저술되었지만 이는 당시 경화사족들의 차에 대한 관심을 반영한 저술이라 할 수 있다.

『동다송』의 표제는 원래 「동다행」이었다. 지금까지는 초의가 왜 표제를 개명하였는지 밝혀지지 않았으나, 변지화가 초의에게 보낸 편지에서 개명 이유가 확인되었다. 초의는 『초의선과(草衣禪課)』에서 "송(頌)이란 그 뜻을 드러내 칭송하는 것이니 그 중요하고 오묘함을 가려 원류를 소통하는 것이다(頌者頌宣其義 選其要妙 疏通源流)"라고 하였다. 차의 오묘하고 중한 가치를 가려 그 원류를 널리 소통하기 위해서 제명(題名)을 바꾼 것이다.

조선 후기 차 문화 중흥은 초의가 사대부들과 활발히 교유했던 1830~1866년까지 지속되었으나, 초의가 입적한 후로부터 후대까지 이어지지 않았다. 이는 근대로 이어지는 사회적인 혼란 속에서 더 이상 차의 애호층을 확보할 수 없었기 때문이라 여겨진다. 그럼에도 불구하고 초의 다도는 대둔사 다풍으로 정착되어, 그의 제자들에게 이어졌다. 범해는 초의 다도를 이은 다승(茶僧)으로 여러 편의 다시를 남겼고, 이어 송광사에서 수행했던 그의 제자 금명에게 이어졌다. 그러나 금명의 뒤를 이은 제자는 근현대 불교계의 격동기를 거치면서 제대로 맥을 이어가지 못했다. 반면에 범해의 제자인 대둔사 원응으로 이어진 초의 다풍은 응송으로 이어져 박동춘에 전승되었다.

초의차를 통한 차 문화 중흥 요인과 초의 다도 사상, 그리고 초의 다도 전승 문제는 다음 몇 가지로 요약할 수 있다.

첫째, 초의차의 태생적 바탕은 불교이며 대둔사의 다풍을 이었다. 초의 다도의 사상적인 토대는 불교의 불이선(不二禪)이고 제다와 탕법은 중정(中正), 다삼매수(茶三昧手), 다삼매(茶三昧), 명선(茗禪), 전다삼매(煎

茶三昧)로 드러난다. 이는 청허 이후 면면히 이어진 조주의 끽다거 전통을 이으려고 한 것이다. 초의는 육우의 『다경』과 송·명대 다서를 연구하여 차에 대한 이해가 깊어졌으며 이를 토대로 제다와 탕법, 품천(品泉)을 깊이 궁구하여 초의차를 완성하였다.

둘째, 당시 북학파 경화사족들은 급변하는 사회·경제적 현실을 직시하면서 조선의 문화 자존의식을 고양하려는 움직임이 있었다. 그들이 초의차를 통해 우리 차의 가치를 알았던 것도 이런 흐름과 관련이 있다. 특히 그들은 차의 맑고 담박한 가치를 존중하였고 마음과 몸을 순화하는 효능을 공유하려 하였다. 그뿐만 아니라 그들은 초의차를 통해 우리 차의 품격이 중국차보다 뛰어나다는 자긍심을 갖게 되었다.

셋째, 초의가 중흥했던 차 문화의 역동성은 후대까지 이어지지는 못했으나 초의가 이룩한 다도는 범해에게 이어졌고 금명과 응송으로 전해져 한국 차의 독특한 미감인 시원하고 담박한 차의 품색과 기운 찬 차의 기품이 전승될 수 있는 토대를 만들었다.

넷째, 초의의 유품목록인 『일지암서책목록』을 발견하여, 그의 학문적인 토대가 되었던 도서의 종류와 그가 일상에서 사용했던 다구의 재질과 종류, 찻잔의 유형을 규명함으로써 초의의 탕법을 상당히 구체적으로 살펴볼 수 있었다. 그뿐만 아니라 그의 유품이 누구에게 어떻게 전해졌는지를 밝혀 초의의 사승 관계도 조명할 수 있었다. 『일지암서책목록』은 초의가 열반한 후 그의 제자인 서암이 기록한 유품목록으로, 이를 통해 그와 교유했던 사람들이 초의에게 보낸 시문과 첩책의 규모가 드러났고 그가 절차탁마했던 구체적인 도서의 종류도 밝혀졌다. 또한『일지암서책목록』을 통해 그의 도서 규모가 서책 91규, 첩책 56점, 주련 종류 28종,「명한시초」123규이고 일상용품이 36종이었던 것도 확인된다. 이 유품목록에는 초의가 차 이론을 연구하고 천착하는데 기초 자료가 된 당대의『다경』과『다보서기』가 수록되어 있어서 초의차의 이론적 토대를 밝힐 수 있었다. 당시 초의가 사용했던 다구는 동철다관 1좌, 납소다관 1좌, 흑색다관 1좌, 당다종구대 3좌, 백다기구대 1좌 등이다. 그의 다구는 열탕으로 차를 우렸던 탕법을 확인할 수 있는 구체적인 자료라 하겠다.

다섯째,『동다송』의 저술 배경을 새로운 각도로 접근하였다. 초의가『동다송』을 저술하게 된 시대적 배경이나 북학파 경화사족들이 차 문화 중흥에 기여한 것을 주목한 예는 드물었다. 그러므로 초의와 경화사족들 간의 교유 확대의 배경을 살펴봄으로써 초의가 차 문화 중흥에 기여한 이들의 영향을 밝혔다.

여섯째, 초의 다도관은 김정희가 초의차의 경지를 표현한 다삼매(茶三昧), 명선(茗禪), 전다삼매(煎茶三昧) 등으로 정의할 수 있다. 초의의 다도 사상은 불이(不二), 원융(圓融), 자연합일 등으로 나타나며, 그의 제다법과 탕법의 핵심은 중정(中正)이다.

초의의 다도 사상은 일반적으로 다선일미(茶禪一味), 다선일여(茶禪一如) 등으로 언급되고 있지만, 이는 철학적 근거가 제시되지 않은 채 인용될 뿐이다. 선과 차의 원리를 하나로 보는 것이 불합리하다고 생각한다. 종래 선종에서는 정신을 맑게 하고 몸을 따뜻하게 하여 기운을 활성화하는 차의 효능을 선 수행에 활용했을 뿐이다. 그러므로 차는 선의 궁극적인 목적이 아니라 일심(一心)의 극치인 삼매(三昧)로 들어가는 과정에서 몸과 마음을 정화하기 위한 교두보로 응용했던 것이다.

| 참고문헌 |

1. 原典

意恂, 『四辨漫語』(韓國佛教全書 10, 동국대출판부, 1989)

_____, 『茶神傳』(韓國佛教全書 10, 동국대출판부, 1989)

_____, 『東茶頌』(韓國佛教全書 10, 동국대출판부, 1989)

_____, 『一枝庵文藁』(韓國佛教全書 10, 동국대출판부, 1989)

_____, 『一枝庵詩藁』(韓國佛教全書 10, 동국대출판부, 1989)

_____, 『眞墨祖師遺跡考』(韓國佛教全書 10, 동국대출판부, 1989)

覺岸, 『梵海禪師文集』(韓國佛教全書 12, 동국대출판부, 1989)

_____, 『東師列傳』(韓國佛教全書 12, 동국대출판부, 1989)

亘璇, 『禪文手鏡』(韓國佛教全書 10, 동국대출판부, 1989)

寶鼎, 『栢悅錄』(韓國佛教全書 12, 동국대출판부, 1989)

『中論』(大正藏 30)

『金剛三昧經論』(大正藏 34)

『景德傳燈錄』(大正藏 51)

陸羽, 『茶經』

張源, 『茶錄』

顧元慶, 『茶譜』

孫大綬, 『茶譜外集』

顧炎武, 『日知錄』

封演, 『封氏見聞錄』

『中國古代茶道祕本五十種』 1~4(中國圖書館文獻縮微復制中心, 2003)

『宣和奉使高麗圖經』(臺灣古宮博物館)

『論語』

『周書』

『三國遺事』

『三國史記』

『高麗史』

『高麗史節要』

『朝鮮王朝實錄』

『佛祖直傳宗派』, 筆寫本(박동춘 소장)

『萬德寺志』

『大芚寺志』

李奎報, 『東國李相國全集』

金邁淳, 『臺山集』(한국문집총간 294, 민족추진위원회, 2002)

金正喜, 「注箱雲朶」, 親筆 (국립중앙박물관 소장)

_____, 親筆 간찰(개인 소장)

_____, 『擘阮帖』, 필사본(개인 소장)

金命喜, 親筆 간찰(국립광주박물관 소장, 박동춘 기증본)

雲广 金珏, 『雲館軸』, 親筆本(국립광주박물관 소장, 박동춘 기증본)

錦舲 朴永輔, 『南茶幷序』, 親筆本(국립광주박물관 소장, 박동춘 기증본)

_____, 『西冷霞錦集』, 親筆本(고령박씨종친회 소장)

_____, 『衍聰錄』, 親筆本(고령박씨종친회 소장)

_____, 『錦舲文選』, 親筆本(고령박씨종친회 소장)

_____, 『雅經堂詩集』, 親筆本(고령박씨종친회 소장)

_____, 『紫雲吟藁』, 親筆本(고령박씨종친회 소장)

覺岸, 「題茶」, 親筆本(박동춘 소장)

____, 「摘茶」, 親筆本(박동춘 소장)

姜世晃, 『豹菴先生文集』

李德履, 『江心』, 筆寫, 복사본(개인 소장)

李圭景, 『五洲衍文長箋散稿』(이문사, 1993)

金命喜, 「茶法數則」, 筆寫本(개인 소장)

_____, 『淵泉集』(한국문집총간 293, 민족추진위원회, 2002)

金時習, 『梅月堂集』

卞持華, 親筆 간찰 (국립광주박물관 소장, 박동춘 기증본)

서유구 『林園經濟志』(보경문화사, 1983)

서거정 『筆苑雜記』

成俔, 慵齋叢話, 朝鮮古書刊行會, 1909

申緯, 「南茶詩幷序」, 親筆本(국립광주박물관 소장, 박동춘 기증본)

_____, 警修堂全稿 (한국문집총간 291, 민족추진위원회, 2002)

申櫶, 『申櫶全集』 (아세아문화사, 1990)

意恂, 『直指原眞』, 親筆本(국립광주박물관 소장, 박동춘 기증본)

_____, 懺悔錄, 親筆本(국립광주박물관 소장, 박동춘 기증본)

_____, 一枝庵書冊目錄, 筆寫本(국립광주박물관 소장, 박동춘 기증본)

雲皐, 親筆 간찰(국립광주박물관 소장, 박동춘 기증본)

丁學淵, 親筆 간찰(국립광주박물관 소장, 박동춘 기증본)

_____, 「一粟山房記」, 김정희 친필본(국립광주박물관 소장, 박동춘 기증본)

_____, 『酉山詩帖』, 친필본(국립광주박물관 소장, 박동춘 기증본)

_____, 『三倉館集』

映湖, 『石顚文抄』 (東明社, 1939)

崔致遠, 『四山碑銘』, 筆寫本(국립광주박물관 소장, 박동춘 기증본)

黃裳, 「草衣行」, 親筆本(국립광주박물관 소장, 박동춘 기증본)

_____, 『巵園遺藁』, 筆寫本(국립광주박물관 소장, 박동춘 기증본)

許鍊, 親筆 간찰(국립광주박물관 소장, 박동춘 기증본)

許篈, 『荷谷集』

洪淵周, 『淵泉集』 (한국문집총간 293, 민족추진위원회, 2002)

2. 單行本

『蓮潭大師林下錄』, 東國譯經院, 2000

『草衣集外』, 東國譯經院, 2000

『86회 서울옥션 100선 경매 도록』, 2004

국립광주박물관, 『小癡許鍊 200년』, 2008

金達鎭, 『韓國禪詩』, 열화당, 1985

김대성 譯, 『東茶頌』, 동아일보출판부, 2004

_____, 『차문화답사기』 상·중·하, 불교영상, 1994

金東華, 『禪宗思想史』, 보련각, 1985

김명배, 『茶道學』, 학문사, 1984

_____, 『중국의 茶道』, 명문당, 1985

_____ 譯, 『조선의차와 선』, 보림사, 1991

_____ 譯, 『草衣全集』 1, 초의선사문화제집행위원회, 1992

김미선, 『草衣의 禪茶詩』, 이화문화출판사, 2004

金鳳晧 譯, 『草衣選集』, 經書院, 1985

김상엽, 『小癡許鍊』, 학연문화사, 2002

金相鉉, 『韓國의 茶詩』, 民族史, 1970

金雲學, 『傳統茶道風俗研究』, 문화재관리국, 1980

_____, 『韓國의 차문화』, 현암사, 1983

金永鎬 評譯, 『小痴實錄』, 서문당, 2000

金正喜, 『阮堂先生全集』, 민족문화추진회편, 1989

_____, 『阮堂全書』 天·地·人, 과천문화원, 2005

김종명, 『논쟁으로 보는 불교철학』, 예문서원, 1998

裘記平 著·김봉건 譯, 『茶經圖說』, 이른아침, 2005

고영섭, 『나말 禪문화의 형태와 발전』, 선학회, 2001

高亨坤, 『선의 세계』 1, 운주사, 1995

龍雲, 『草衣全集』, 아세아문화사, 1985

무산, 『한국 역대고승의 다시』, 명상, 2000

文一平, 『호암전집』 2, 일성당, 1948

_____, 『湖岩史論史話選集』, 현대실학사, 1996

朴暎熙, 『東茶正統考』, 호영출판사, 1985

박동춘, 『초의스님 전상서』, 이른아침, 2019

_____, 『추사와 초의』, 이른아침, 2015

_____, 『박동춘의 한국차 문화사』, 동아시아, 2016

_____, 『맑은 차 적멸을 깨우네』, 동아시아, 2012

_____, 『고려시대 차 문화연구』, 이른아침, 2021

박정주역, 『북학의』, 서해문집, 2003

邊英燮, 『豹菴姜世晃繪畵研究』, 일지사, 2003

梵海覺岸 撰·金侖世 譯, 『東師列傳』, 광제원, 1991

서은미, 『北宋茶專賣研究』, 국학자료원, 1999

性徹, 『百日法門』 상·하, 장경각, 2004

徐京保, 『禪이란 무엇인가』, 명문당, 1993

석성우, 『茶道』, 백양출판사, 1982

송재소·유홍준 외, 『한국 차문화 천년』 1~6, 돌베개, 2009

유홍준·이태호 편, 『조선시대 계회도와 전별시』, 학고재, 2000

여승구, 『추사秋史를 보는 열 개의 눈』, 화봉문고, 2010

李能和, 『朝鮮佛教通史』(寶蓮閣, 1972)

이병도, 『세한도』, 탐구당, 1970

李穆, 『寒齋文集』, 寒齋宗中管理委員會, 1981

이종찬 외 역, 『한글대장경 草衣集』, 동국역경원, 1997

임해봉, 『다성 草衣와 대둔사의 다맥』, 예문서원, 2001

林明碩, 『秋史와 그 流派』, 대림화랑, 1991

은정희 역주, 『원효의 대승기신론소·별기』, 일지사, 1991

최완수 외, 『진경시대』, 돌베개, 1998

예술의전당, 『金正喜문자반야』, 한국서예사특별전 25, 2006

通光 譯註, 『草衣茶禪集』, 불광출판사, 1996

조영록, 『중국과 동아시아 세계』, 국학자료원, 1997

_____, 『한중문화교류와 남방해로』, 국학자료원, 1997

丁若鏞, 『與猶堂全書』, 民族文化推進會篇, 1995

진홍섭 외, 『한국미술사』, 문예출판사, 2006

정영선, 『한국의 차문화』, 너럭바위, 1990

_____, 『한국의 茶道사상』, 너럭바위, 1996

정민, 『조선 지식인의 내면 읽기 — 미쳐야 미친다』, 푸른역사, 2004

정약용 저·양광식 역, 『강진과 丁若鏞』 5, 강진문헌연구회, 1997

千柄植, 『韓國의 禪詩 作家論』, 국학자료원, 1996

秋史硏究會, 『秋史硏究』, 과천문화원, 2004

최계원, 『우리 차의 재조명』, 삼양출판사, 1983

최규용, 『금당다화』, 이른아침, 2004

최남선, 『조선상식문답』, 민족원, 1997

_____, 『尋春巡禮』, 신문관, 1926

崔凡述, 『韓國의 茶道』, 보련각, 1975

최순희, 『楮隱朴文秀圖書目錄』, 문화재관리국, 1979

曉東院, 『茶香禪味』 1, 비봉출판사, 1986

_____, 『茶香禪味』 2, 保林社, 1989

韓國佛教硏究院, 『大興寺』, 일지사, 1982

韓基斗, 『韓國佛教思想硏究』, 일지사, 1982

_____,『韓國禪思想硏究』, 일지사, 1993

_____ 譯,『草衣全集』2, 초의선사문화제집행위원회, 1992

徐海榮,『中國茶事大典』, 華夏出版社, 2000

新華書店,『中國古代茶道祕本五十種』1~4. 全國圖書館文獻縮微複制中心, 2003

中華茶人聯誼會共著,『中國茶葉五千年』, 人民出版社, 2001

나이	해		생애 주요 사실	관련 인물 사항
1	丙午	1786	여섯 개의 별이 어머니의 품속으로 들어오는 꿈을 꾼 후, 초의를 잉태. 4월 5일, 전남 나주군 삼향면 신기리에서 출생. 貫鄕은 興城, 張籌八의 子, 俗名은 宇恂임. 남평 운흥사 碧峰 敏性에게 출가, 대둔사 玩虎 淪佑에게 법을 받음. 法號는 草衣이고 法名은 意恂, 字는 中孚임. 別號는 紫芋·芋社·海翁·海陽後學·海上也耄人·海老師·艸師·一枝庵·茗禪 등임. 法弟子는 恕庵 善機·月如 梵寅이고, 恩弟子는 乃一이고, 大乘戒 제자는 見香 尙薰·萬休 自欣·普濟 心如·日菴 秀洪·無爲 安忍·梵海 覺岸 등 20여 명임.	6월 3일, 김정희, 충남 예산군 신암면 용궁리에서 출생. 정학유, 출생.
3	戊申	1788		황상, 출생.
4	乙酉	1789		김조순, 동지 겸 서장관으로 燕行.
5	庚戌	1790	급류에 쓸려가는 초의를 어떤 이가 구해 줌.	
7	壬子	1792		이만용, 출생.
8	癸丑	1793		홍현주, 출생. 윤정현, 출생.
9	甲寅	1794		7월 18일, 김상희, 출생.

12	丁巳	1797		조희룡, 출생설.
13	戊午	1798		박제가, 『北學議』進疏本 작성.
14	己未	1799		신위, 문과에 급제. 蓮潭, 열반.
15	庚申	1800	남평 雲興寺에서 碧峰 敏性에게 출가.	김정희, 한산 이씨를 아내로 맞음. 6월 28일, 正祖 붕어. 純祖 즉위. 7월 1일, 대왕대비 정순왕후 김씨, 수렴청정 시작.
16	辛酉	1801	운흥사에서 수행.	2월 26일, 정약용, 유배됨. 9월 16일, 박제가, 鐘城으로 유배됨. 見香, 출생. 박제가, 謝恩使로 燕行.
17	壬戌	1802	운흥사에서 수행.	겨울, 玩虎, 운흥사 관음전에서 수행.
18	癸亥	1803		윤치영, 출생. 玩虎, 미황사에 거처.
19	甲子	1804	월출산에 올라 달을 보고 開悟.	2월 24일, 박제가, 유배에서 풀림. 萬休, 출생.
20	乙丑	1805	운흥사에서 수행.	겨울, 정약용이 兒巖에게 「胎兒庵禪子乞茗疏」를 보냄. 10월 28일, 김노경, 문과에 급제. 박제가, 사망.
22	丁卯	1807	화순 쌍봉사에서 「八月十五日曉坐」를 지음.	1월 13일, 김노경, 통정대부가 됨. 白蓮, 열반.
23	戊辰	1808		김정희, 예안 이씨를 再娶로 맞아들임. 박영보, 출생.

24	乙巳	1809	玩虎를 따라 대둔사로 거처를 옮김. 강진으로 유배 온 정약용을 찾아감. 강진 초당에서 황상을 만남. 대둔사 寺中에서 초의가 정약용의 문하에 출입하는 것을 달가워하지 않아 자유로운 출입이 제한됨. 「奉呈籜翁先生」을 지어 정약용에게 보냄.	玩虎, 대둔사로 거처를 옮김. 정약용, 강진으로 유배. 정학연, 강진 초당에서 초의와 해후. 황상, 초의와 첫 만남. 9월 30일, 김노경, 호조참판이 됨. 10월 28일, 김노경, 동지겸사은부사로 燕行. 김정희, 자제군관으로 아버지를 따라 燕行. 11월 9일, 김정희, 생원에 급제. 허련, 출생.
25	庚午	1810	대둔사에서 「采山蘄行」, 「豁行」, 「題挽日蘭若」를 지음.	1월, 김정희, 태화쌍비관에서 완원을 만나 師弟義를 맺음. 태화쌍비관에서 龍鳳勝雪茶를 맛본 후 자신의 호를 勝雪道人이라 함. 1월 29일, 김정희, 이임송의 안내로 옹방강을 만나 師弟義를 맺음. 신헌, 출생. 신헌구, 출생. 2월 20일, 김노경, 이조참판이 됨.
26	辛未	1811	대둔사에 주석. 천불전이 全燒됨.	6월 6일, 김노경, 예조참판이 됨. 兒巖 惠藏, 열반.
27	壬申	1812	대둔사에서 「悼理贊學者」를 지음. 9월 12일, 정약용을 따라 백운동 이덕휘 댁에 머물며 백운동 12승지를 돌아봄. 정약용의 요청으로 「白雲圖」와 「茶山圖」를 그려 정약용에게 보냄.	7월 18일, 신위, 奏請王世子冊封使書狀官으로 燕行. 9월 12일, 정약용, 백운동 12승지를 유람. 이처사 덕휘 댁에 머묾. 9월 22일, 정약용, 초의에게 「白雲圖」와 「茶山圖」를 그리게 하고 후기를 씀.

28	癸酉	1813	「阻雨未往茶山草堂」, 「賦得池中漁苗」를 지음. 『大屯寺誌』편찬에 관여함.	권돈인, 문과에 급제. 김상희, 進士가 됨.
30	乙亥	1815	늦여름, 첫 상경 길에 전주 한벽당에서 「登寒碧堂」을 지음. 상경 후, 수종사에 머묾. 겨울, 정학연의 소개로 학림암으로 거처를 옮김. 수락산 학림암에서 海鵬을 시봉하다가 김정희를 만남. 김정희의 아우인 산천도인 김명희와 함께 西城에서 눈 내리는 밤, 杜樊川의 시에 차운하여 「御爐香」을 지음. 정학연과 함께 「蔓香閣與西山共賦」를 지음. 「巴塘道中」, 「水鐘寺懷古」, 「又拈昌黎韻」을 지음.	8월 28일, 옹수곤, 사망. 겨울, 김정희, 눈을 헤치고 수락산 학림암으로 海鵬선사를 찾아옴. 해붕과 함께 空覺의 所生을 논함. 김명희, 西城에서 초의를 만나 함께 시를 지음. 정학연, 초의·이노영과 함께 玉磬山房에서 시를 지음.
31	丙子	1816	한양에서 대둔사로 돌아옴. 대둔사로 돌아오던 중에 鶴皐道人 윤정현을 만나 函碧亭에서 「宿函碧亭奉贈鶴皐道人」을 지음. 대둔사에서 「次掣鯨大師寄止止翁韻」을 지음.	윤정현, 函碧亭에서 초의와 시회. 無爲, 출생. 정학유, 『農家月令歌』를 지음.
32	丁丑	1817	한양으로 떠나는 掣鯨을 위해 전별시 「送掣鯨禪師遊漢陽」을 지음. 6월, 경주 불국사에서 「佛國寺懷古」九首를 지음. 당시 초의는 기림사에서 천불전의 불상을 조성하는 일로 불국사를 찾음.	4월 29일, 김정희, 경주 鍪藏寺碑 斷片을 찾음. 掣鯨 應彦, 한양으로 떠남. 8월, 金在元·김경연·김유근·김정희가 초의와 함께 東莊에 모임.

			경상도 감영에 내려온 김정희와 遭遇코자 했으나 만나지 못함. 8월, 東莊에서 「東莊奉別東老金承旨覃齋金承旨黃山金承旨秋史金待敎」를 지음.	
33	戊寅	1818	海南人 尹鍾晶, 尹鍾心, 掣鯨, 尹鍾參 등이 共唱한 『迦蓮幽詞』를 지음. 7월 14일, 「重造成千佛記」를 씀. 7월 23일, 홍석주가 초의에게 차를 보낸 것에 감사하는 편지를 보냄.	윤종정·윤종심·윤종삼 등이 掣鯨·초의와 시회를 가짐. 1월 26일, 옹방강, 사망. 8월 16일, 정약용, 귀양에서 풀림. 12월 27일, 김노경, 예문관 제학이 됨.
34	己卯	1819	대둔사에 주석	4월 25일, 김정희, 문과에 급제. 10월 24일, 권돈인, 서장관으로 연행. 김경연, 書狀官으로 燕行.
35	庚辰	1820		10월 19일, 김정희, 翰林召試에 입격함. 6월 15일, 梵海, 완도에서 출생. 김경연, 사망. 이하응, 출생.
37	壬午	1822	대둔사에서 「題山水圖八帖」을 지음. 茶亭 윤효렴이 冬詞를 지어 보냈기에 春, 夏, 秋詞를 지음. 이를 「四時詞」로 만들어 윤효렴에게 보냄. 대둔사에서 「送茶亭赴京試」, 「金道邨寄一律次韻却寄」를 지음.	윤효렴, 초의에게 冬詞를 지어보냄. 7월 9일, 권돈인, 전라우도 암행어사가 됨. 10월 20일, 김노경, 동지정사로 燕行. 김명희, 자제관으로 燕行. 신위, 병조참판이 됨.

38	癸未	1823	대둔사에서 「金剛石上與彥禪子和王右丞終南別業之作」,「又拈昌黎韻同賦幽居」,「又拈王藍田韻」을 지음. 道邨 김인항의 草庵을 방문하고,「道邨見過草庵」을 지음. 9일, 縞衣·掣鯨·石帆·荷衣와 대둔산을 유람. 營深菴의 舊址와 泛瀛峰 및 像王臺를 오른 후,「九日與縞衣掣鯨石帆荷衣諸師從山」을 지음. 「九日與縞衣掣鯨石帆荷衣諸師從山」을 지었다는 소문을 듣고 道邨이 次韻하여 보내왔기에 다시 和答한 시「道邨聞余遊山之作次韻見寄復和答之」를 지음. 「又敍自懷奉寄」三首를 지음. 대둔사에서「寄姜秀才一炯」을 씀.	玩虎, 열반. 8월 5일, 김정희, 규장각대교가 됨. 9월 6일, 신위, 대사간이 됨.
39	甲申	1824	남평 운흥사에서「松月」을 지음. 茶亭 윤효렴의 시에 차운한「次韻奉酬尹茶亭」을 지음.	윤효렴, 초의에게 시를 보냄. 김정희, 그의 집안에서 과천에 과지초당을 지음. 月如, 출생. 雪竇, 출생.
40	乙酉	1825	5월, 천불전『상량문』을 씀.	12월 4일, 신위, 대사간이 됨.
41	丙戌	1826		6월 25일, 김정희, 충청우도 암행어사가 됨. 6월 26일, 김정희, 비안현감 金遇明을 봉고파직함. 玩虎, 열반. 海鵬, 열반.

42	丁亥	1827	옛날 다산이 자하동에 머물 때 「看花詩」을 지었는데, 이 시에 화운하여 「今和」를 지음.	10월 4일, 김정희, 예조참의가 됨. 10월 7일, 김정희, 예조참의에서 물러남. 김유근, 평안감사가 됨. 8월 6일, 권돈인, 예조참판이 됨. 신위, 부인과 사별. 인생무상을 느낀 후, 친 불교적인 태도를 드러냄.
43	戊子	1828	장마철, 스승을 따라 방장산 칠불암 아자방에 갔다가 『萬寶全書』에서 『茶神傳』을 謄抄함. 완호탑이 완성되어 「玩虎法師碑陰記」를 씀. 남평 운흥사 남암에서 보살계를 내리며 「受菩薩戒牒規」를 지음.	4월 17일, 김유근, 이조판서가 됨. 11월 2일, 권돈인, 성균관대사성이 됨. 신위, 강화유수로 제수. 普濟, 출생.
44	己丑	1829	「道菴十詠」을 지음. 쌍계사에서 「雙溪寺次韻」을 지음. 「奉和韓校理」를 지음.	김정희, 규장각 검교대교겸 시강원 輔德으로 재직.
45	庚寅	1830	「次韻答彦禪子」를 지음. 일지암을 重成하고, 「重成一枝庵」을 씀. 겨울, 醉蓮과 함께 상경하여 수종사에 머묾. 능내리로 정약용을 찾아뵙고, 김정희를 찾아갔지만 우환으로 홍현주 집에서 머묾. 홍현주에게 완호의 탑명을 부탁함. 신위는 홍현주의 부탁으로 완호탑의 서문을 쓰게 됨.	5월 6일, 왕세자 사망. 6월 20일, 김정희, 동부승지가 됨. 7월 27일, 김정희, 동부승지 사직. 8월 27일, 김노경, 김우명·김로에게 탄핵을 당함. 10월 2일, 김노경, 고금도로 위리안치됨. 10월 10일, 박영보, 西泠 江意樓에 머묾. 11월 15일, 박영보, 西泠 江意樓에서 茗士 李山中에게 초의차를 얻음.

			겨울, 수종사에서 「水鐘寺次石屋和尙韻」을 지음. 겨울, 정학연·정학유·匡山 백민수 등 詞伯들과 폭설로 길이 막혀 운길산방(수종사)에서 寺樓의 눈을 감상하며 시를 지음. 「奉和酉山」을 지음. 두릉에서 정학연과 丁學游, 朴鍾林, 朴鍾儒와 함께 시회를 열고 「杜陵詩社與詞伯同賦」를 지음. 菜花亭에서 정학연·정학유·박종림·박종유와 함께 「菜花亭雅集」을 지음. 冬至가 지난 2일에 「菜花亭賦閣梅」를 짓고 「菜花亭聯句」와 「又六言聯句」, 「一言至六言聯句」를 지음. 『茶神傳』을 正書함.	朴永輔가 「南茶幷序」를 지어 초의에게 證交로 보냄. 신위, 溶涇에서 각기병 치료. 신위, 제자 박영보의 「南茶幷序」에 화운하여 「南茶詩幷序」를 지음. 정학연, 초의와 시회를 엶. 신위, 강화유수 사임. 白坡, 龜巖寺 중건.
46	辛卯	1831	1월 중순, 淸凉山房의 寶相庵에서 밤에 시회를 엶. 草衣와 홍현주·윤정진·이만용·정학연·홍희인·홍성모 등이 모여 시를 지음. 이 시를 모아 『淸凉山房詩會帖』을 만듦. 寶相菴에 김정희의 묘향산 금선대에 대한 題詩 三首를 抄함. 다음날 다시 청량산방에서 시회를 엶. 淸凉寺 錦波山房에서 「又遊淸凉山錦波山房」을 지음. 박영보의 집에 머물며 「留宿錦公房」을 짓고, 홍현주에게 보내는 「一絶贈海居」를 씀.	김익정, 초의와 용문산 유람. 김조순, 자신의 집에서 이재의·능산·초의 등과 모임. 신위, 초의에게서 보림백모차를 얻음. 이만용, 두릉으로 정학연을 찾아와 초의와 함께 시회. 신위, 북선원에 머묾. 박영보, 초의와 해후. 봄, 홍현주, 『일지암시고』의 발문을 씀. 4월, 신위가 北禪院의 茶半香初室에서 『일지암시고』 서문을 씀.

「又賦四言」과 정학연에게 보낸 「呈酉山」 및 이만용에게 보내는 「呈東樊」을 지음.

두릉에서 茶詩인 「石泉煎茶」를 짓고, 「洌水泛舟」를 씀.

신위에게 완호의 탑명을 부탁하며 보림백모차를 보냄.

석가탄신일이 2월 8일이라는 신위의 견해에 대한 초의의 견해를 서술한 「奉和紫霞侍郎二月八日之作」을 씀.

4월, 김익정과 龍門山을 유람함. 민화산이 수행하였는데 蘆灘에서 暮泊하고, 이른 아침 斜川의 古寺遺址를 지나 오후에 舍那寺로 들어가 水月菴에서 머묾. 이어 迦葉峰에 오르고 潤筆菴을 지나 저녁에 上院에 이르러 용문사에 도착함.

4월, 洌水에서 구행원을 위해 「具綾山壽宴詩」를 지음.

4월, 이재의·구행원과 함께 金邁淳의 집에 모여 시를 지음.

5월, 두릉으로 이만용이 배를 타고 와 정학연과 함께 시를 지음.

석호정에서 유람하며 정학연·이만용·정학유와 시를 지음.

西園에서 諸公들과 모임.

8월, 北禪院으로 신위를 찾아감.

박영보의 집을 떠나며 「次韻留別錦舲」을 지음.

8월, 漁山莊으로 돌아와 김익정과 유별하는 시 「歸漁山莊留別金夏篆」을 지음.

7월 22일, 홍석주, 사은정사로 燕行.

378

			정학연과 이별하며 「留別酉山」을 지음. 금강산 유람을 계획했지만 실현되지 않음.	
47	壬辰	1832	대둔사에서 오대산의 시에 화답하여 「呉大山昌烈謁酉堂於古湖和石屋閑居韻見寄次韻奉呈」을 지음. 진도 목관으로 부임한 변지화에게 보내는 「花源奉和北山道人卞持華」와 「奉和北山道人詠畵梅畵蘭」, 「次北山牧官韻」을 지음. 봄날, 葫山 정처사의 山莊에서 비 때문에 머묾. 「鄭處士輓詞」를 지음. 해남현감 신태희의 시에 화답하여 「奉和晶陽道人申泰熙」를 지음. 변지화가 前韻에 和答한 시를 보내 와 초의에게 和答을 구하기에 「北山和前韻寄來求和」를 지음. 변지화가 두륜산으로 와 시를 지어 보여 주기에 次韻한 화답시 「北山至頭輪見贈次韻奉和」를 지음.	오대산, 초의에게 시를 보냄. 변지화, 진도목관으로 부임. 초의와 해후. 초의에게 시를 지어 보냄. 해남현감 신태희, 초의와 시를 주고받음. 변지화, 초의에게 시를 보냄. 4월 3일, 김조순 사망. 10월 25일, 권돈인, 함경감사가 됨.
48	癸巳	1833	일지암에서 「種竹」을 지음. 여름, 문춘호가 찾아와 준 시에 차운하여 「文春湖見訪有贈次韻和之」를 지음.	황상, 초의의 「種竹」을 次韻하여 「草衣禪師種竹序」를 지음. 9월 22일, 김노경, 해배. 신위, 귀양. 梵海, 대둔사 한산전에서 출가.

49	甲午	1834	김명희와 琴湖에서 從遊 후, 留別을 회상한 시 「琴湖留別山泉道人」을 지음. 起山 김상희가 「謝茶」長句詩를 보냈기에 次韻하여 和韻하여 올리고, 김정희에게 보내는 시 「起山以謝茶長句見贈次韻奉和兼呈雙修道人」을 지음. 가을, 김정희와 더불어 長川別業에 묵으며 「與雙修道人秋宿長川別業」을 지음. 가을, 茗溪拈司空圖詩品의 '流水今日明月前神' 八字의 辭를 가지고 각각 三韻短律로 「甲午秋菊茗溪拈司空圖詩品流水今日明月前神八字各賦三韻短律余得水字」(賦를 지었는데 나는 水字를 얻었다는)를 지음. 「又拈曺唐」을 지음.	김상희, 초의에게 「謝茶」시를 보냄. 김명희, 금호에서 초의와 시를 짓다. 김정희, 초의와 함께 長川別業에서 묵음. 8월 24일, 권돈인, 함경감사 사직. 11월 13일, 純祖, 붕어. 11월 18일, 憲宗 즉위. 순원왕후 김씨가 수렴청정. 홍석주, 이조판서 역임.
50	乙未	1835	대둔사 한산전에서 허련을 처음으로 만남.	허련, 초의와 첫 만남. 12월 7일, 권돈인, 진하겸사은정사로 燕行. 梵海, 縞衣를 은사로 모심.
51	丙申	1836	가을, 關西의 贊 스님이 법어를 구하자 「關西贊上人求語聊以一偈贈送」을 지어 보냄. 彌陀佛改金募緣疏의 後題인 「題彌陀佛改金募緣疏後」를 씀.	7월 9일, 김정희, 병조참판이 됨. 11월 8일, 김정희, 성균관 대사성이 됨. 권돈인, 進賀兼謝恩使로 燕行. 정약용, 사망. 홍석주, 南膺中의 역모사건에 연루.
52	정유	1837	여름, 『東茶頌』 저술. 「上海居道人書」를 지음.	3월 30일, 김노경, 사망. 7월 4일, 권돈인, 병조판서가 됨.

53	戊戌	1838	봄, 금강산에서 秀洪과 함께 「遊金剛山詩」를 지음. 입춘날, 東皇을 맞으며 「風入松」을 지음. 완호 사리탑 완성. 성동정사에서 「海居道人詩集」 발문을 씀.	홍현주, 초의의 「遊金剛山詩」에 唱和한 시를 씀. 홍현주, 초의에게 시집 발문을 부탁. 4월 8일, 김정희, 초의에게 편지를 보내 초의차가 화후의 조절이 미흡하다고 지적함. 신위, 초의차가 너무 여리다는 지적을 시로 남김. 4월 17일, 권돈인, 경상감사가 됨. 8월, 허련, 월성궁으로 김정희를 찾아감.
54	己亥	1839	두릉에 가는 길에 허련이 임모한 그림을 가지고 가 김정희에게 보임. 박영보를 찾아가 차를 주고 며칠 머묾.	5월 25일, 김정희, 형조참판이 됨. 7월 16일, 권돈인, 이조판서가 됨. 허련, 서울로 오라는 초의의 편지를 받음. 조희룡, 초의에게 詩帖을 보냄. 홍석주, 복직.
55	庚子	1840	9월, 이만소가 찾아와 시를 남겼기에 차운한 시 「乙亥九月李晩蘇見訪留題一絶次韻奉呈」을 지음. 입동날, 全醫를 찾아갔지만 만나지 못하고 이만소가 지은 시에 차운한 시를 이삼만에게 남겨두고 옴. 여름, 전주에 있는 죽림정사에 모여 「夏日會竹林精舍」를 지음. 가을날, 앞 시에 차운하여 吳永河에게 보내는 「秋日用前韻寄吳河槎」를 지음. 가을, 백운동에서 백학을 보고 「白雲洞見白鶴翎有作」을 지음.	가을, 이삼만의 집에서 초의와 만남. 6월, 김정희, 동지부사에 임명됨. 김정희, 黔湖別墅로 거처를 옮김. 8월, 김정희, 예산 고향집으로 내려감. 7월 14일, 권돈인, 형조판서가 됨. 8월 20일, 김정희, 예산에서 끌려옴. 9월 2일, 김정희, 제주도로 유배를 떠남. 9월 20일, 저녁, 일지암에 도착. 9월 21일, 대둔사를 떠나 제주도로 출발.

| | | | | 차나무 분재를 얻어 「借分一株
又疊一首」를 남김.
가을, 이만소를 찾아갔다가 만
나지 못하고 이삼만 집에서 비
오는 밤에 「訪晩蘇不遇留宿蒼
巖夜雨」를 지음.
雲籌樓에서 水使인 심낙신과
함께 「雲籌樓陪水使沈公同賦」
를 짓던 날에 정학연이 시를 보
내왔기에 화답하는 「春日酉山
見寄一絶奉和答之」를 지음.
9월 20일, 저녁, 제주도로 유배
가는 김정희가 대둔사 일지암에
도착하자, 차를 마시며 밤새워
담론함.
9월 21일, 제주도로 출발하는
김정희를 완도 梨津浦까지 배
웅함.
9월 23일, 김정희를 위해 「濟州
華北津圖」를 그림.
憲宗으로부터 「大覺登階普濟
尊者艸衣大禪師」라는 시호를
받음. | 9월 23일, 초의가 김정희에게 제
주 화북진도를 그려줌.
12월 17일, 김유근, 사망.
12월 25일, 憲宗, 親政.
허련, 김정희의 집에 머묾. |
| 56 | 辛丑 | 1841 | | 입춘에 봄을 맞으며 「臨江仙」을
지음.
1월 13일, 憲宗이 지은 「詠新
月」에 화답한 「奉和御題詠新
月」을 지음. | 김정희, 초의차를 극찬하는 글을
남김.
허련, 초의에게 보낸 편지에 대
둔사 寺中 차품을 칭찬하는 글을
보냄.
1월 16일, 권돈인, 이조판서가 됨.
2월, 허련, 대둔사를 거쳐 제주도
로 김정희를 찾아감.
6월 8일, 허련, 작은아버지의 부
음을 듣고 제주도를 떠남. |

				완호탑 완성.
				大隱 朗悟, 열반.
57	壬寅	1842	서상군의 挽詞인「徐處士尙君挽詞」를 지음.	12월 15일, 김정희, 부인의 부고를 받음. 11월 11일, 권돈인, 우의정이 됨. 허련, 강진병영의 兵使 李德敏의 幕下에 있었음. 홍석주, 사망.
58	癸卯	1843	봄, 獨樂齋에서 次韻하여「獨樂齋次韻」을 지음. 雲翁 김각과 月槎가「濟牧李公索詩遂次望京樓韻」의 韻으로 시를 보냈기에 그 韻으로「雲翁月槎用前韻見寄次韻却寄」를 지어 보냄. 柏庄에 유람했는데 김각이 오지 않아「遊柏庄次韻」을 지음. 高逸 사람과 錦城으로 가던 도중 비를 만나 行字로「與高逸人將向錦城途中逢雨得行字」를 지음. 水相인 신관호(신헌)가 시를 보내 이에 화답하는「奉和于石申公見贈」을 지음. 가야산 북쪽 眠湖 가에 있는 海宗庵에서 蓮翁의 시에 차운하여「海宗庵次蓮翁韻」을 지음. 여름, 제주도에서 이연죽에게 답한 시「瀛洲答李然竹」을 지음. 제주목사 이원조가 시를 요구하기에 望京樓를 次韻하여「濟牧李公索詩遂次望京樓韻」을 지음.	김정희, 초의에게 절에서 만든 小團을 구해달라는 편지를 보냄. 7월, 허련, 대둔사에 머물다가 제주목사 이용현의 幕下로 들어감. 김정희, 白坡와 서신을 통해 禪理 논쟁. 10월 26일, 권돈인, 좌의정이 됨. 김정희, 우수사 신관호(신헌)에게 허련을 소개. 허련, 해남 우수사로 부임한 신관호(신헌)의 막하에서 지냄. 신위, 해배. 윤정현, 식년과 급제.

			10월, 운엄도인 김각의 시에 차운하여 「次雲广道人韻」을 지음. 겨울, 縣齋에서 운을 내어 함께 「縣齋拈韻同賦」를 지음. 40년 만에 고향을 찾아 「歸故鄕」을 지음. 木鎭을 지나다가 休將亭에서 차운하여 「過木鎭休將亭次韻」을 지음.	
60	乙巳	1845	정학연이 시를 보내 왔기에 「奉和酉山見寄」를 지어 화답함. 정학연의 「茶詩」에 화답하여 「奉答酉山茶詩」를 지음. 정학유의 「茶詩」에 화답하여 「奉答耘逋茶詩」를 지음.	허련, 憲宗을 알현함. 헌종이 허련에게 초의에 대해서 물음. 정학연, 초의에게 「茶詩」를 보냄. 정학유, 초의에게 「茶詩」를 보냄. 1월 11일, 권돈인, 영의정이 됨. 정학연, 『유산시첩』에서 황상의 室名 중 동쪽을 石影室이라 했는데 이는 김정희가 지은 것임을 밝힘. 황상, 두릉을 방문하고, 정약용의 10주기에 참석함. 정학연과 黃丁契를 맺음. 신위, 사망.
61	丙午	1846		1월, 허련, 신관호(신헌)를 따라 상경하여 권돈인의 집에 머묾. 신관호, 귀경, 8월, 권돈인, 영의정 사직. 박영보, 평안도 청북암행어사가 됨.
62	丁未	1847	『震黙祖師遺蹟攷』 편찬.	봄, 허련, 제주도로 김정희를 찾아감. 이삼만, 사망.

63	戊申	1848		8월, 신관호(신헌), 허련에게 상경하여 入侍하라는 왕명을 전함. 허련, 신관호(신헌)의 주선으로 전주에서 古阜監試에 급제. 9월 13일, 허련, 초동의 신관호(신헌)의 집에 머물며 憲宗에게 그림을 진상. 10월 11일, 허련, 초시에 합격. 10월 28일, 허련, 春塘臺會試에 합격. 12월 6일, 김정희, 해배됨. 金潭 普明, 열반.
64	乙酉	1849	황상의 「草衣行」에 화답하여 「一粟菴歌幷序」를 씀.	겨울, 황상, 초의를 찾아감. 황상, 초의에게 「草衣行」, 「乞茗詩」를 써 보냄. 1월, 김정희, 상경하여 江上에 머묾. 1월 15일, 허련, 御前入侍. 1월 17일, 신관호(신헌), 금위대장에 임명됨. 3월, 서양선박이 출몰, 민심동요. 6월 6일, 憲宗, 붕어. 권돈인, 영의정에 임명됨. 哲宗, 왕으로 추대됨. 순원왕후, 수렴청정. 7월 23일, 신관호(신헌), 유배됨.
65	庚戌	1850	김명희의 「謝茶」에 화답하여 「奉和山泉道人謝茶」를 지음.	김명희, 「謝茶」를 지어 초의에게 보냄. 김정희, 허련에게 초의암에서 차를 구해 보내라는 편지를 보냄. 허련, 대둔사로 내려감.

66	辛亥	1851	大光明殿, 신축. 대광명전을 단청함. 『一枝菴詩稿』완성.	신관호(신헌), 『一枝盦詩稿』의 跋文을 씀. 7월 13일, 권돈인, 狼川에 中途付處의 流刑을 받음. 7월 22일, 김정희, 북청으로 유배됨. 9월 16일, 윤정현, 함경감사가 됨. 10월 12일, 권돈인, 순흥에 유배됨. 김상희, 과천으로 放逐됨. 12월, 김정희, 북청에서 해배됨. 尙薰에 대한 깊은 애정을 토로하는 편지를 초의에게 보냄.
67	壬子	1852	일지암을 떠나 一爐香室에 거처함.	8월 19일, 김정희, 초의가 절을 지었다는 것과 차품의 품격이 높다고 언급한 편지를 허련에게 보냄. 8월 13일, 권돈인, 해배. 4월 30일, 신관호, 유배지를 옮김. 12월 15일, 윤정현, 함경감사 사직. 범해, 남암에서 「茶藥說」을 지음. 白坡 亘璇, 열반. 荷衣, 열반. 윤정현, 함경도 관찰사 재임.
68	癸丑	1853	快年閣에 머묾.	허련, 초의를 찾아감.
70	乙卯	1855		허련, 정학연을 처음 만남. 허련, 과지초당으로 김정희를 찾아옴. 정학유, 졸. 정학연, 「一粟山房記」를 지음.
71	丙辰	1856		5월, 김정희, 「海鵬大師畵像贊」을 씀. 10월 10일, 김정희, 서거. 허련, 진도에 운림산방을 마련함.

72	丁巳	1857	봄, 해남을 출발. 김정희를 조문하는 일과 신위에게 완호의 비문을 받기 위해 상경함. 과천 과지초당에서 겨울을 지냄.	1월 4일, 신관호(신헌), 해배. 김명희, 졸. 윤치영, 졸.
73	戊午	1858	2월, 김정희 영전에 「阮堂金公祭文」을 지어 조문. 6월, 「樹先師塔碑祭文」을 씀.	정학연, 전주관영에 편지를 보내 초의의 歸寺에 도움을 요청.
74	己未	1859	「表忠祠移建記」를 씀.	정학연, 졸. 권돈인, 졸.
75	庚申	1860	대둔사에 머묾. 「海印寺大雄殿及大藏閣重修勸善文」을 씀. 「赤蓮庵改金募緣疏」를 지음.	海鵬의 제자인 雲皐가 초의에게 안부편지를 보냄.
76	辛酉	1861	2월 「表忠祠移建記」를 씀.	1월 19일, 錦溟 寶鼎, 곡성에서 출생. 2월 3일, 김상희, 졸.
77	壬戌	1862	대둔사에 머묾.	박영보, 동지사 부사로 燕行.
78	癸亥	1863	「珍島雙溪寺大雄殿佛像改金疏」를 씀.	황상, 졸.
79	甲子	1864	「樂棲庵重修記」를 씀.	
80	乙丑	1865		홍현주, 졸.
81	丙寅	1866	7월 2일, 快年閣에서 열반.	조희룡, 사망설.
死後 1년	丁卯	1867		서암, 『一枝庵書冊目錄』을 씀.
死後 2년	戊辰	1868	초의의 衣鉢이 진불암에 보관됨.	허련, 초의 終喪 齋에 나아가 곡함. 縞衣, 열반.

死後 6년	辛未	1871	草衣塔 建立.	봄, 이희풍, 「草衣大師塔銘幷序」를 씀.
死後 7년	壬申	1872		박영보, 졸.
死後 10년	乙亥	1875		10월, 신헌구, 月如禪室에서 『一枝菴詩稿』 발문을 씀. 錦溟, 송광사에서 출가. 萬休, 열반. 普濟, 열반.
死後 11년	丙子	1876		恕庵, 열반. 신헌, 「草衣大宗師塔碑銘」 撰함. 신정희, 「草衣大宗師塔碑銘」을 篆함.
死後 12년	戊寅	1878		梵海, 「草衣茶」를 지음.
死後 24년	庚寅	1890		5월, 梵寅, 『一枝庵文集』 편집.
死後 40년	丙午	1906		祥雲·雙修, 『草衣詩集』 간행.
死後 47년	癸丑	1913		高碧潭, 『禪門四辨漫語』 간행.
死後 75년	辛巳	1941		4월, 應松, 초의대종사탑비 재건립. 石顚 朴漢永, 초의대종사탑비 陰記를 씀.

南茶湖嶺間産也 草衣雲遊其地 茶山承旨及秋史閣學 皆得以文字交焉
庚寅(1830)冬來訪于京師 以手製茶一包爲贄 李山中得之 轉遺及我 茶之閱
人 如金縷玉帶 亦已多矣 淸座一啜 作長句二十韻 以寄禪師 慧眼正之 兼
求郢和

古有飮茶而登仙 下者不失爲淸賢
雙井日注世已遠 雨前紅穀名今傳
花瓷綠甌浪珍賞 眞味中華已經煎
東國産茶茶更好 名如芽出初芳姸
早或西周晚今代 中外雖別太相懸
凡花庸草各有譜 土人誰識茶之先
鷄林商客入唐日 携渡滄波萬里船
康南之地卽湖建 (南方海山間多有之康津海南其最也) 一去投種遂如捐
春花秋葉等閒度 空閣靑山一千年
奇香鬱沈久而顯 採春筐筥來賨緣

389

天上月撱小龍鳳　法樣雖麤味則然

草衣老師古淨業　濃茗洗積參眞禪

餘事翰墨倒寥辨　一時名士瓣香處

雪飄裂裘度千里　頭綱美製玉團圓

故人贈我伴瓊玖　撒手的皪光走筵

我生茶癖卽水厄　年深浹骨冷淸堅

三分飡食七分飮　沈家薑椒瘦可憐

伊來三月抱空椀　臥聽松雨出饞涎

今朝一灌洗腸胃　滿室霏霏綠霧烟

只煩桃花乞長老　愧無菊虀酬樂天

庚寅 十一月 望日 錦舲 朴永輔 盥水和南

남쪽에 나는 차는 영남과 호남 사이에서 난다. 초의가 그곳에 사니 정약용 승지와 김정희 교각이 모두 문자로서 교유하였다. 경인(1830)년 겨울 한양에 예방하실 때 예물로 가져온 손수 만든 차 한 포를 이산중이 얻었다는데, 그 차가 여기저기 거쳐 나에게까지 오게 되었다. 차가 여러 사람을 거치면서 마치 금루옥대처럼 귀하게 여긴 지도 이미 오래되었다. 자리를 깨끗이 하고 앉아 마시고 장시 20운을 지어 선사에게 보내니 혜안으로 정정하시고 아울러 화운을 보내 주소서.

옛적에 차를 마시면 신선이 되었고
하품의 사람도 청현한 사람됨을 잃지 않는다.
쌍정과 일주 차, 세상에 나온 지 이미 오래라 하고
우전과 홍곡은 지금까지 전해진다.
아름다운 찻그릇에 명차를 감상하여,
중국차의 진미는 이미 경험했다.
우리나라에서 나는 차가 더 좋아
처음 돋은 차 싹, 여리고 향기로워라.
이르기는 서주 시대요, 늦게는 지금이라
중외가 비록 다르지만, 너무 서로 통한다네.
모든 꽃과 풀들은 각기 족보가 있는데
사람 중에 누가 먼저 차를 알았을까
계림의 상인이 당에 들어간 날,
만 리 길, 푸른 물결을 건너 배를 타고 (차씨를) 들여왔네.

강진 해남 땅, 호주나 건주 지방 같다.(남쪽 바다와 산 사이에 흔히 있는데 강진과 해남이 최고이다.)

한 번 파종하고 버려두곤

꽃 피고 잎 지는 세월 하릴없이 지나

공연히 홀로 청산에서 지냈다네.

기이한 향기 오래도록 막혔다가 드러나니

봄에 딴 찻잎, 대광주리에 가득하네.

하늘에 뜬 달처럼 둥근 소룡단은

법제한 모양이 비록 거칠어도 맛은 좋네.

초의 노사는 옛날부터 염불에 힘써서

농차[濃茶]로 적체를 씻고 진선을 참고하여 연구하네.

여가에 글 쓰는 일로 깊은 시름 밝혀

당시의 명사들이 존경하며 따른다지.

눈보라 치는 천 리 길을 건너온 초의

두강 같은 둥근 차 가지고 왔네.

오랜 친구, 나의 짝 단차를 보내니

그냥 둬도 선명한 광채 자리에 찬란하다.

나에게 수액인 차 마시는 버릇이 생기니

나이 들어 맑은 몸이 견고해졌다네.

열에 셋은 밥을 먹고 일곱은 차를 마시니

집에서 담근 강초처럼 비쩍 말라 가련하다.

이제껏 석 달씩이나 빈 잔을 잡고 있으니

물 끓는 소리만 들어도 군침이 돈다.
오늘 아침, 차 한 잔에 마음과 몸이 씻기니
방안 가득 차 향기 자욱하게 피어난다.
도화동 신선에게 오래 살기를 비는 건 번거로우나
차 없어 백낙천과 함께 시 짓지 못함이 부끄럽네.

경인(1830) 11월 15일 錦舲 朴永輔 鹽水和南

南茶湖嶺間所産也 勝國時人 以中州茶種播諸山谷之間 種種有萌芽者
然後 之人以蓬蒿之屬 視之 不能辨其眞贋 近爲土人採之 煎而飮之 乃茶
也 草衣禪師親自蒸焙 以遺一時名士 李山中得之 分于錦舲 錦舲爲我煎嘗
因以南茶歌示余 余亦和其意焉

吾生澹味癖於茶 飮啜令人神氣華
龍團鳳尾摠佳品 酪漿金盤空太奢
假此一甌洗粱肉 風腋來從玉川家
江南迢遞憶桑苧 獨抱遺經書密斜
苔錦主人 苔錦館 (錦舲室名夕邀我) 先將土銼生澹霞
爲言此種種湖嶺 碧山千年空結花
雲衲踏盡等莓苔 樵童芟去兼杈枒
無人識得谷蘭馨 草衣掬擷雙手叉
僧樓穀雨細飛節 (王阮亭謝孫思遠詩 寄茶有燒筍 僧樓穀雨闌)
新餅蒸焙囊絳紗 (歐陽脩歸田錄 近歲製作尤精束茶以絳紗)

供佛餘波及詩侶 紗帽籠頭添品嘉（盧仝謝孟簡儀茶詩 有紗帽籠頭手自煎）

苔士得之寄江屋（苔士李山中自號也）白甄封題綠雪芽（唐僧齊已詩 白甄封題記火前）

大勝薑桂老愈辣 却與蔘朮籠裏加

沈碧寒雲水生痕（施愚山茶詩 沈碧寒雲杉）釵頭玉茗須莫誇（方翁 釵頭玉茗天下妙）

德操與墨自相反溫公曰茶欲白墨欲黑東坡曰奇茶妙墨俱香 是其同德也皆堅是其同操也 溫公曰茶墨相反 抱向高人三歎嗟

建州葉氏歲多貢 勞人絡繹途里遐

此品流來不煩力 寄到京華如蝶槎

南鄉到今好風味 便是句漏生丹砂

記得親包社前筍 齊已妙製香生牙

春陰蚓鳴驟雨來 未啜流涎逢麵車

詩情賴有合得嘗 江意樓是黷官衙（薛能謝茶詩 黷官寄與真拋却 賴有詩情合得嘗 唐人舊俗以不歷臺省出領兼軍節鎮者 爲黷官）

395

남다는 호남과 영남에서 난다. 전대[勝國]에 사람들이 중국[中州]에서 차씨를 가져와 산곡(山谷)에 심었다. 종종 차 싹이 돋았으나 후인들은 쓸모없는 잡초라 여겨 그 (차의) 참과 거짓을 분별할 수 없었다. 근래에 차가 나는 산지의 사람들이 차를 따다가 (차를) 쪄서 마셨으니 (이것이) 곧 차이다. 초의는 몸소 차를 만들어 당대의 명사에게 보냈는데 이산중이 (초의차를) 얻어 금령에게 나누어 주었다. 금령이 나를 위해 (초의차를) 달여 맛보고, 「남다가」를 지어 나에게 보이니 나 또한 그의 뜻에 화답하노라.

내 삶은 담박하나 다벽(茶癖)이 있어
(차를) 마시니 정신이 환하네.
용단봉차는 모두 가품(佳品)이라
화려한 그릇에 낙장(酪漿)은 공연히 너무 사치하네.
한 잔의 차로도 기름진 음식 씻어내고
겨드랑이에서 바람이 인다는 것은 옥천자[盧仝]가 경험했네.
강남 아득히 육우(陸羽)를 생각해
홀로 다경을 품고 은밀히 베끼네.
금령은 늦게 나를 불러(苕錦館은 錦舲의 堂號이다)
질화로를 가져다가 우선 차를 달이네.
이 차씨 영호남에 파종해
푸른 산에서 천년을 홀로 피고 맺네.
스님들 이리저리 이끼처럼 밟고 다니고

나무꾼은 (차나무를) 베고 또 쪼개내네.

아는 사람 없는 골짜기에 난향처럼 은근한 향기,

초의스님 차 따기에 두 손이 분주하구나.

승루에는 곡우절 봄비 내리고(왕완정이 「謝孫思遠詩」에 "근래에 보낸 차, 여린 싹으로 만들었고 승루엔 곡우 비에 막혔네"라는 구절이 있다.)

새로 만든 덩이차, 붉은 비단에 쌌네.(구양수의 「歸田錄」에 "근래 만든 차 더욱 정미해 붉은 비단으로 차를 쌌다"라고 하였다)

부처께 공양하고 남은 차는 시인의 벗이요,

묵객의 품격을 아름답게 높여 주네.(노동의 「謝孟簡儀茶詩」에 사모 쓰고 손수 차를 달인다는 구절이 있다.)

초사(이산중)가 얻어서 강옥의 금령에게 보내니(초사는 이산중의 자호이다)

봉한 백자항아리에는 녹설이라 썼네(당나라 승려 제이의 시에 "봉한 백자 항아리에 화전이라고 썼다네"라고 하였다.)

생강과 계피는 묵을수록 맵고

도리어 삼과 창출 그릇에서

약효가 더한 것보다 훨씬 낫네.

푸른 하늘 흰 구름에 물결 흔적이 남아 있고(시우산의 다시에 "찬 구름 삼나무에 푸른빛이 더하다"라고 하였다.)

화려하게 장식한 옥명차, 자태를 뽐내지 말라.(옹방강은 "화려하게 장식한 옥명차가 세상에서 가장 신묘하다"고 하였다.)

차와 먹은 상반되지만 그윽한 향 단단함은 서로 같아서(온공이 이르기를 "차는 희어지려 하고 먹은 검어지려 한다"고 하였고 동파는 "기이한 차나 은은한 먹은 모두 향이 있어서 그 덕이 같으며 모두 견고하니 절개가 같다"고 하였다. 온공은 차와 먹은 상반된다고 하였다.)

(차) 끼고 가는 고인(高人) 몇 번이나 감탄했었지.

건주의 섭씨 해마다 공물이 많아

차를 지고 가는 사람 먼 길까지 이어졌네.

이 차의 유래야 원래 사람을 번거롭게 하는 것이 아니었지만

경화에 부쳐온 것, 마치 나비 떼 같아라.

남쪽은 지금 풍미가 좋을 때니

이는 구루 지역에서 단사가 나오는 격이지.

몸소 차를 포장하던 일 떠올리니

제이가 만든 묘한 차처럼 차향이 이 사이로 피어나네.

이월에 주룩주룩 소나기 내리는데

누룩 수레 만나도 철철 넘치게 마시지 못해 침만 흘리네.

시정(詩情)이 뜻에 맞는 건 (차를) 맛봄과 부합하는 것이니

금령이 있는 강의루가 곧 추관아라. (설능의 「사다」시에 추관이 "진발에게 부친 것은 도리어 시정에 합치됨을 맛봄에 있다"고 하였다. 당나라 사람들의 구속(舊俗)에는 대성출령과 군절진을 거치지 않은 자를 추관이라 한다.)

【ㄱ】

【 ㅈ 】